McKinsey & Company, Inc.

Rolf-Dieter Kempis / Jürgen Ringbeck
R.Augustin/G.Bulk/Chr.Höfener/B.Trenkel-Bögle

do IT smart

Chefsache InformationsTechnologie
Auf der Suche nach Effektivität

UEBERREUTER

Die Deutsche Bibliothek - CIP-Einheitsaufnahme

Do it smart : Chefsache Informationstechnologie; Auf der Suche nach Effektivität / McKinsey & Company, Inc. Rolf-Dieter Kempis, Jürgen Ringbeck ... -
Wien : Ueberreuter, 1998
(Manager-Magazin-Edition)
ISBN 3-7064-0434-6

S 0394 1 2 3 / 00 99 98

Umschlag: Kurt Rendl
unter Verwendung eines Bildes der Bildagentur Image Bank

Printed in Germany

Inhalt

Vorwort

Im Zeitalter des Internet ist die Ausstattung der Unternehmen mit Informations- und Kommunikationstechnologie zu einer Selbstverständlichkeit geworden. Doch noch immer stellt sich die Frage, welchen Beitrag Hardware, Software und Netzwerke tatsächlich zum Unternehmenserfolg leisten. In welchem Umfang hängt der Nutzen der Informationstechnologie von ihrer Funktionalität ab? Welchen Einfluß haben Faktoren wie die Qualität der Infrastruktur oder die Ausgestaltung der einzelnen Geschäftsprozesse? Und schließlich: Wieviel darf die Technologie kosten?

Diesen Fragen sind meine Kollegen Dr.-Ing. Rolf-Dieter Kempis und Dr. Jürgen Ringbeck mit einem Team von Mitarbeitern des Instituts für Produktionstechnik und Spanende Werkzeugmaschinen der TU Darmstadt (PTW) und McKinsey-Beratern am Beispiel der produzierenden Industrie nachgegangen. Im Rahmen eines 15monatigen Forschungsprojektes haben sie international führende Unternehmen untersucht und ihre Analysen um zahlreiche Gespräche mit Top-Managern und Experten ergänzt.

Ein wesentliches Ergebnis der Untersuchung ist, daß die smarte Lösung der Frage, *wofür* die Informationstechnologie eingesetzt wird, die IT-Effektivität, deutlich stärker zum Unternehmenserfolg beiträgt als die Konzentration auf das *Wie* der IT-Unterstützung, die IT-Effizienz.

Besonders erfolgsträchtig ist selbstverständlich die simultane Beherrschung beider Tugenden. Aber nur rund ein Viertel aller teilnehmenden Unternehmen wiesen sowohl eine überdurchschnittlich hohe IT-Effizienz als auch eine überdurchschnittlich hohe IT-Effektivität auf – sie verdienten sich damit die Bezeichnung „IT-Profis". Selbst innerhalb dieser Gruppe zeigten sich noch Unterschiede zwischen „einfachen" Profis und den Besten der Besten. Sie stellen in vielerlei Hinsicht hervorragende Benchmarks dar.

Einer der wesentlichen intellektuellen Durchbrüche dieser Untersuchung liegt in der Entwicklung und Anwendung eines Maßstabs für die IT-Effektivität. Damit steht endlich eine Metrik für eine Größe zur Verfügung, die jeder Manager bisher zwar intuitiv erahnte, aber nicht in Zahlen fassen konnte. Nunmehr kann die Qualität des IT-Einsatzes in einzelnen Geschäftskernprozessen hinsichtlich Funktionalität, Verfügbarkeit und Nutzung als Maß für die Effektivität des IT-Einsatzes herangezogen werden. Für Produktentwicklung, Marketing und Vertrieb, Materialwirtschaft, Produktion und Logistik sowie Service wurden dazu jeweils eine Vielzahl von Indikatoren zu einem Effektivitätsindex kombiniert – eine empirisch und analytisch äußerst anspruchsvolle Leistung.

Das maßgebliche Bindeglied in der Ursache-Wirkungs-Kette zwischen IT-Effektivität und dem angestrebten Unternehmenserfolg ist die Prozeßleistung in den mit IT unterstützten Geschäftsprozessen. Voraussetzung für ihre Verbesserung ist das Design bzw. Redesign der Geschäftsprozesse. Viele Unternehmen haben diesen Zusammenhang erkannt und versucht, im Rahmen von Reengineering-Projekten die Voraussetzungen für eine effektivere IT-Unterstützung zu schaffen, die – professionell umgesetzt – auch noch effizienter ist, also kostengünstiger und schneller.

Kempis, Ringbeck und ihr Team beschränken sich allerdings nicht auf die Darstellung der Untersuchungsergebnisse, sie beschäftigen sich darüber hinaus intensiv mit den Zukunftsperspektiven der Informationstechnologie. Dabei unterliegen sie keineswegs der üblichen „IT-Euphorie", sondern ziehen eine nüchterne Bilanz praktischer Erfahrungen und erkennbarer Trends: Mut zu Innovationen wird auch künftig belohnt, allerdings wird die Beherrschung der innovativen Technologien noch wichtiger als bisher. Angesichts der weiterhin zunehmenden Leistungsfähigkeit der Informationstechnologie und der immer kürzeren Innovationszyklen bedeutet das zum einen Schnelligkeit und zum anderen die Fähigkeit, die Kräfte auf das Wesentliche zu konzentrieren: die konsequente Integration der verschiedenen Informationstechnologien und ihre Standardisierung.

Neue Integrationskreise werden künftig sowohl innerhalb des Unternehmens als auch weit über Unternehmensgrenzen hinaus gezogen. Dabei werden die „Learning Communities" innerhalb der Unternehmen ihre Intranet-Lösungen weiter öffnen und sie z. B. von der Entwicklung über die Fertigung bis zu den Bereichen Marketing, Vertrieb und Service erweitern. Ausgewählte externe Geschäftspartner werden sukzessive in die Communities integriert. Auch wenn eine gesunde Skepsis gegenüber den Prophezeiungen über die „Internet-Zukunft" angebracht ist, Kommunikationsnetzwerke wie das „Automotive Network Exchange (ANX)" von Chrysler, Ford und GM belegen die enormen Produktivitätsreserven, die durch die smarte Anwendung dieser neuen Technologien erschlossen werden können.

Die Integration der verschiedenen Informationstechnologien muß eng verzahnt mit ihrer Standardisierung gesehen werden. Dabei ist die Verständigung auf einheitliche, verbindliche Kommunikationsstandards und Daten(austausch)formate ebenso wichtig wie der zunehmende Einsatz von integrierender Standardsoftware bis zur Festlegung einzelner unternehmensübergreifender „Brainware-Standards", die eine Koordination virtueller Unternehmensverbände erst ermöglichen – Standardisierung wird so zum Garanten für Flexibilität.

Ausrichtung und Steuerung derart umfassender Integrations- und Standardisierungsansätze ist Aufgabe des Top-Managements. Je mehr Aufmerksamkeit die Führungskräfte auf diese wichtigen IT-Aufgaben fokussieren, um so erfolgreicher das Unternehmen.

Düsseldorf, im Mai 1998

Detlev J. Hoch

Director, McKinsey & Company

Wir hätten dieses Buch nicht schreiben können ohne vielfältige Unterstützung, sorgfältige Vorarbeit und konstruktive Kritik. Dafür danken wir Professor Dr.-Ing. Herbert Schulz und Markus Haag vom *Institut für Produktionstechnik und Spanende Werkzeugmaschinen* an der Technischen Universität Darmstadt sowie Hans-Georg Frischkorn, Carolin Elger, Carsten von der Ohe, Bengt Starke, Georg Klymiuk, Torsten Oltmanns, Dorte Landwehr, Michaela Schneider, Feridun Keskin, Judith Burmann und vielen anderen unserer Kollegen bei McKinsey.

Einführung

Kaum ein Thema wird seit nunmehr 20 Jahren so heftig diskutiert wie der Einsatz von Informationstechnologie in Fertigungsunternehmen.

Auf der einen Seite malen die Optimisten die Chancen des IT-Einsatzes in leuchtenden Farben und schwärmen von papierlosen Büros, menschenleeren Fabriken oder auch virtuellen Unternehmen. Auf der anderen Seite mangelt es nicht an Skeptikern, die auf derart enthusiastische Schilderungen – angesichts der Realität in den Unternehmen – nur mit Sarkasmus reagieren: „Ein Unternehmen kann man auf mehrere Weisen ruinieren: Spielen – das geht am schnellsten ... EDV-Einsatz – das ist am sichersten."

Der Streit zwischen IT-Enthusiasten und EDV-Skeptikern spaltet nicht nur das Top-Management in den Fertigungsunternehmen, sondern setzt sich fort bis in die Fachfunktionen:

- *Forschung & Entwicklung:* „Das neue Konstruktionsinformationssystem wird online Zugriff auf alle Patentdatenbanken haben, unter der bewährten CAD-Oberfläche laufen und daher an einem Arbeitstag erlernbar sein", schwelgen die einen. „Mit IT ist es unseren Entwicklern gelungen, eine Variantenvielfalt zu erzeugen, die wir in der Fertigung heute nicht mehr in den Griff bekommen", resignieren die anderen.

- *Vertrieb*: Urteilt die eine Seite: „Die Einführung des Produktkonfigurators hat unsere Kundenberatung grundlegend verbessert. Wir konnten die Zahl der Sonderwünsche enorm reduzieren", so kontert die andere: „Unser Informationssystem ist so unflexibel, daß es die dringend notwendige Reorganisation der Auftragsabwicklung behindert."

- *Einkauf:* „Erst das integrierte Materialwirtschaftssystem erlaubt uns eine umfassende und aktuelle Lieferantenbewertung, zuverlässige Make or Buy-Analysen und die optimale Planung von Logistiksystemen", versichert die eine Seite, um von der anderen Seite die Warnung zu hören: „In unserer Industrie spielt eine IT-Unterstützung des Einkaufs überhaupt keine Rolle. Unsere Schnittstelle zum Lieferanten ist so komplex, daß Verträge nur über hervorragende persönliche Kontakte unserer Mitarbeiter zustande kommen."

- *Produktion*: „Mit der neuen integrierten Standardsoftware werden wir unsere Produktionsstabilität verbessern, die Liefertreue erhöhen und den Lagerumschlag verzehnfachen", läßt sich der IT-Enthusiast vernehmen, während der IT-Kritiker entgegnet: „Unsere Produktionsplaner stecken ihre gesamte Kreativität in den Versuch, das PPS-System zu überlisten. Für Variantenfertiger wie uns ist es völlig ungeeignet."
- *Administration:* „Unser extrem flexibles Executive-Information-System baut auf dem Data-Warehouse-Konzept auf. Mit seiner Hilfe können wir, konsistent und aktuell, Probleme bis ins kleinste Detail am PC analysieren. Damit treffen wir bessere Entscheidungen und sparen eine Menge Papier für aufwendige Reports", so der Optimist. Der Skeptiker hält dagegen: „Die Schnittstellen zwischen den Finanzbuchhaltungssystemen unserer Werke sind unzureichend; wir müssen deshalb jede Transaktion nochmals von Hand überprüfen."

Diese Beispiele zeigen, in welchem Spannungsfeld sich die Informationstechnologie bewähren muß: Vergleicht man das hohe Nutzenpotential der Informationstechnologie mit den tatsächlichen Erfahrungen der Anwender, so zeigt sich quer durch die Branchen der produzierenden Industrie eine beachtliche Kluft zwischen Anspruch und Wirklichkeit. Ein systematischer Zusammenhang zwischen dem Einsatz hochentwickelter Hard- und Softwaresysteme und dem Geschäftserfolg von Unternehmen ließ sich bisher nicht belegen – auch wenn Einzelbeispiele immer wieder eindrucksvoll demonstrieren, welche Kosten- und Wettbewerbsvorteile die professionelle Informationstechnologie erschließen kann.

Mit unserem Projekt „Nutzen der Informationstechnologie in der produzierenden Industrie" haben wir versucht, die Forschungslücke zu schließen.

Gemeinsam mit dem „Institut für Produktionstechnik und Spanende Werkzeugmaschinen" der Technischen Universität Darmstadt haben wir von Juli 1996 bis September 1997 mehr als 70 führende Industrieunternehmen aus Europa, den USA und Ostasien in den Branchen Komponentenbau, Automobilzulieferung, Elektronik, Maschinenbau und Prozeßindustrie analysiert, um Aufschlüsse über den Zusammenhang zwischen der IT-Nutzung und dem Unternehmenserfolg zu erlangen. Insbesondere wollten wir die Erfolgsmuster der Besten für das IT-Management kennenlernen. Ergänzt wurde die Erhebung durch Interviews mit Experten und Top-Managern zu Einzelthemen wie der Nutzung integrierter Standardsoftware, dem Outsourcing von DV-Leistungen, dem Einsatz von Produktkonfiguratoren, dem Rapid Prototyping sowie dem Aufbau „virtueller Unternehmen".

Anhand der Analyse von Prozeßleistungsgrößen und Managementstellhebeln haben wir Erfolgsmuster für die IT-Nutzung in den verschiedenen Bereichen der produzierenden Industrie identifiziert. Mit diesem Ansatz wurde es erstmals möglich, in einem strikt empirischen Vorgehen den Einfluß von Informationstechnologie auf den Unternehmenserfolg zu ermitteln und spezifische Erfolgsvoraussetzungen herauszuarbeiten. Die Resultate dieser Untersuchung machen wir im vorliegenden Buch erstmals einem breiten Leserkreis zugänglich.

Die Führungskräfte in Fertigungsunternehmen sollen dadurch mit den Chancen der Informationstechnologie und den Herausforderungen an ein smartes Informationsmanagement vertraut gemacht werden – und zwar ganz bewußt aus der Sicht der IT-Nutzer: Das Buch versteht sich nicht als ein weiteres Handbuch für Anwendungsprobleme, sondern richtet sich vielmehr an all jene Manager, die Grundsatzentscheidungen zu IT-Strategie und IT-Investitionen zu treffen haben, sowie an verantwortliche Anwender in Fachabteilungen und Funktionen, die sich über den strategischen und operativen Nutzen von IT-Systemen informieren wollen. Im Mittelpunkt der Betrachtung stehen die Themen „IT und Geschäftsnutzen", „IT-Nutzung in Kernprozessen", „Erfolgreiches Informationsmanagement" und die „Zukunftsperspektiven des IT-Einsatzes".

Kapitel 1

IT und Geschäftsnutzen

Einleitung

Was ist eine gute IT-Leistung? Der IT-Freak wird auf Meßgrößen wie MIPS, MB/s etc. hinweisen, aber was interessiert eigentlich den Nutzer?

Aus Nutzersicht umfaßt die IT-Leistung sowohl Effizienz- als auch Effektivitätsaspekte. Bei der IT-Effizienz geht es im wesentlichen um die IT-Kosten und die Qualität der Projektabwicklung, gemessen als Abweichung von Projektbudget und -zeitplan. Bei der IT-Effektivität geht es darum, *wie* funktional die einzelnen Systeme sind, *wie* verfügbar und *in welchem Maße* sie tatsächlich genutzt werden.

Der Einfluß der IT-Effizienz auf den Unternehmenserfolg ist direkt meßbar. Die Folgen der IT-Effektivität dagegen lassen sich nur indirekt erfassen, über die Prozeßleistung in der Produktentwicklung, in den operativen Kernprozessen – Marketing und Vertrieb, Materialwirtschaft und Logistik sowie Produktion und Service – und in der Verwaltung (Schaubild 1.1).

IT-Effizienz ist direkt, IT-Effektivität nur indirekt meßbar

Zusammenhang zwischen IT und Unternehmenserfolg

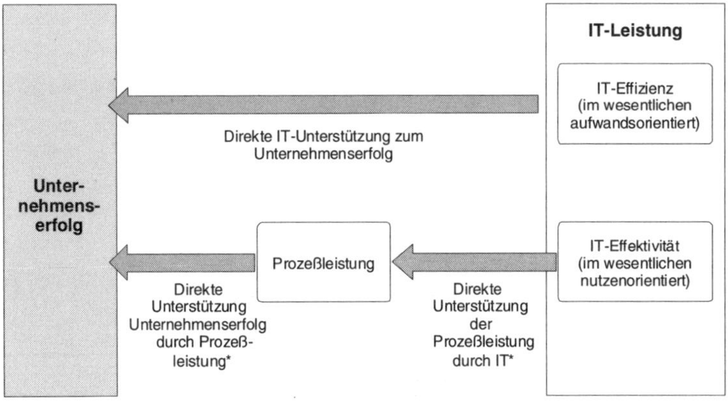

* D. h. nur indirekte Unterstützung des Unternehmenserfolgs durch IT

Quelle: McKinsey & Company, Inc. **Schaubild 1.1**

Der betriebswirtschaftliche Nutzen des IT-Einsatzes schließlich sollte in Indikatoren für den Unternehmenserfolg – Umsatzrendite und ihre Veränderung sowie die Veränderungen von Umsätzen und Marktanteilen – zum Ausdruck kommen, also in all den Kennziffern, die gemeinhin die Leistungsfähigkeit eines Unternehmens abbilden.

1.1 Exzellentes Informationsmanagement: Was die „Profis" von den übrigen IT-Nutzern unterscheidet

Nur wenige Industrieunternehmen haben ein exzellentes Informationsmanagement, während fast die Hälfte der betrachteten Unternehmen das Klassenziel in beiden Dimensionen (Effektivität und Effizienz) nicht erreicht – so lautet das ernüchternde Ergebnis unserer Untersuchung. Ordnet man die Teilneh-

Nur wenige Unternehmen haben ein effektives und effizientes Informationsmanagement

Effektivität und Effizienz der IT in Prozent der Unternehmen

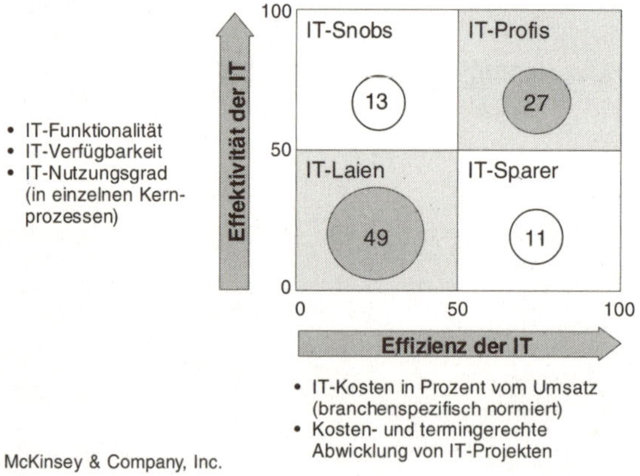

Quelle: McKinsey & Company, Inc.

Schaubild 1.2

mer in eine Matrixdarstellung gemäß ihrer IT-Effektivität und -Effizienz ein, so lassen sich, entsprechend der Leistungsfähigkeit ihres Informationsmanagements, vier Gruppen von Unternehmen unterscheiden (Schaubild 1.2, Seite 18):

IT-Laien: Sie bilden mit 49 Prozent die mit Abstand größte Teilnehmergruppe und erzielen trotz hoher IT-Kosten nur einen schwachen IT-Nutzen. Charakteristisch für sie sind rückständige Organisationsstrukturen, fehlendes Serviceverständnis und schlechtes Projektmanagement. Sie haben häufig nur vage Vorstellungen vom potentiellen IT-Nutzen, auch die Kosten und Folgekosten des IT-Einsatzes bleiben weitgehend undurchsichtig.

IT-Sparer: 11 Prozent der untersuchten Unternehmen sind effizienzorientiert und kontrollieren ihre IT-Ausgaben über knappe IT-Budgets. Ausufernde IT-Kosten lassen sich durch diese „Deckelung" zwar vermeiden, die Geschäftsprozesse werden jedoch in solchen Unternehmen nur unzureichend unterstützt, d. h. sie schöpfen die Potentiale der IT-Technologie nicht annähernd aus. Der Grund dafür ist aber nicht nur die Fixierung auf Kostenoptimierung – häufig aufgrund aktueller Geschäftsprobleme, z. B. Turnaround etc. –, sondern auch die zu geringe Aktivität der DV-Verantwortlichen: Eine bessere Leistung wird durch die weitgehend passive Rolle der DV-Abteilungen verhindert, die vor allem rein unterstützend tätig sind, ohne je Vordenkeraufgaben zu übernehmen!

IT-Snobs: 13 Prozent der Unternehmen erreichen einen überdurchschnittlichen IT-Nutzen – betreiben dazu allerdings überproportionalen Aufwand. Sie setzen an IT-Anwendungen nahezu alles ein, was überhaupt nur sinnvoll erscheint, und scheuen keine Kosten. Vielfach werden teure Individual-Softwarelösungen den häufig deutlich preiswerteren Standardlösungen vorgezogen, um vermeintliche Spezialisierungsvorteile zu erzielen.

IT-Profis: Sie erreichen bei vergleichsweise niedrigen Kosten einen sehr guten IT-Nutzen. In solchen Unternehmen verfügen die Anwender durchweg über gutes IT-Know-how, und der IT-Bereich selbst versteht sich als prozeßorientierter, interner IT-Dienstleister. Leider konnten wir nur 27 Prozent der Teilnehmer an der Untersuchung dieser Kategorie zuordnen.

1.2 Höhere IT-Effektivität – der Schlüssel zum Unternehmenserfolg

Was nützt es nun den IT-Laien, wenn sie ihr Informationsmanagement „auf Vordermann“ bringen? Und in welchem Umfang spiegeln sich höhere Effektivität und Effizienz der IT wirklich in einem besseren Unternehmenserfolg wider?

Um diese Fragen zu beantworten, haben wir die Unternehmen mit Hilfe eines einheitlichen Finanzindikators bewertet. Dieser umfaßte die Umsatzrendite sowie die Veränderungen bei Umsatz, Umsatzrendite und Marktanteilen.*) Der jeweilige Unternehmenserfolg ließ sich so auf einer Skala von 0 (unbefriedigend) bis 100 (exzellent) darstellen. Gemessen an diesem Indikator schnitten die IT-Profis deutlich besser ab als die IT-Laien und die IT-Sparer (Schaubild 1.3).

Effektivere IT ist mit höherem Unternehmenserfolg verbunden

Index 0-100 (schlechte – sehr gute wirtschaftliche Situation)

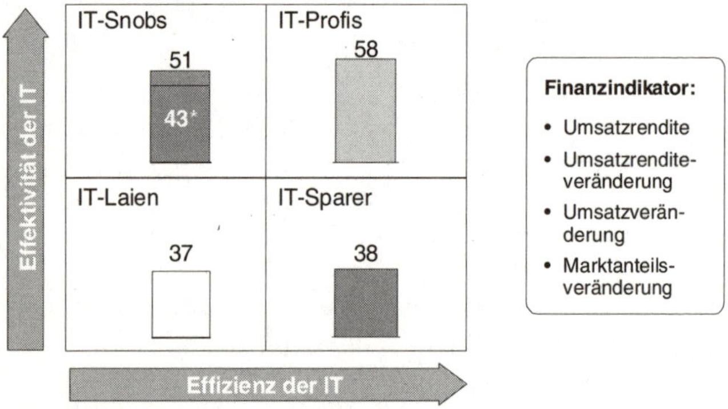

* Ohne Unternehmen mit marktbeherrschender Stellung aufgrund von Patenten etc.; marktbeherrschende Unternehmen sind in den anderen Feldern nicht vertreten.

Quelle: McKinsey & Company, Inc. **Schaubild 1.3**

*) Siehe Anhang, S. 224 ff

Auffällig ist, daß bei gleichbleibend niedriger Effektivität eine Steigerung der Effizienz lediglich hilft, die IT-Kosten zu senken. Was den Unternehmenserfolg angeht, liegen die IT-Sparer im Durchschnitt nur geringfügig über den IT-Laien.

Sehr viel stärker sind dagegen die Effekte, die sich mit einer Verbesserung der Effektivität erzielen lassen. IT-Snobs*) und IT-Profis schneiden hier deutlich besser ab als IT-Laien und IT-Sparer, die ihnen hinsichtlich Effektivität klar unterlegen sind. Mit Blick auf den Unternehmenserfolg ist die Effizienzverbesserung wirkungsschwächer als ein effektivitätsorientierter Ansatz der Differenzierung über eine sinnvolle IT-Prozeßunterstützung (Schaubild 1.4).

IT-Effektivität wirkt stärker ...

Erfolgsfaktoren IT-Management

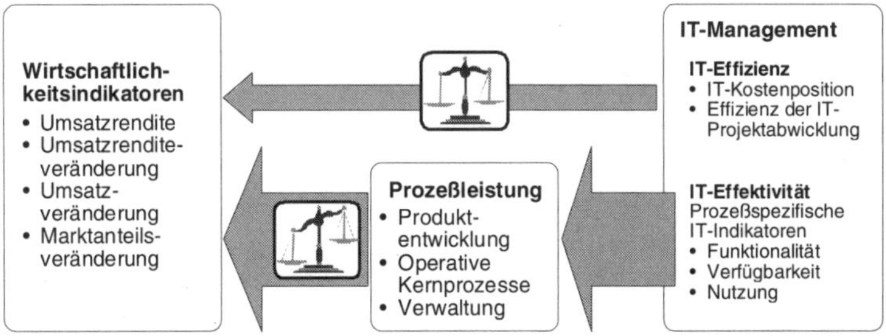

Quelle: McKinsey & Company, Inc.

Schaubild 1.4

Wie lassen sich nun diese Unterschiede in der Hebelwirkung von IT-Effektivität und -Effizienz erklären? Eine Detailanalyse des Indikators für Unternehmenserfolg gibt darauf die Antwort (Schaubild 1.5, Seite 22):

*) Der relativ hohe Wert des Finanzindikators der IT-Snobs ist hier mit Vorsicht zu betrachten, da einige untersuchte Unternehmen, die wir als IT-Snobs eingestuft haben, marktbeherrschende Stellung besitzen und über die damit verbundene Ertragskraft die Durchschnittswerte der Kategorie anheben.

IT-Profis wachsen schneller und profitabler

Vergleich Wachstumsindikatoren

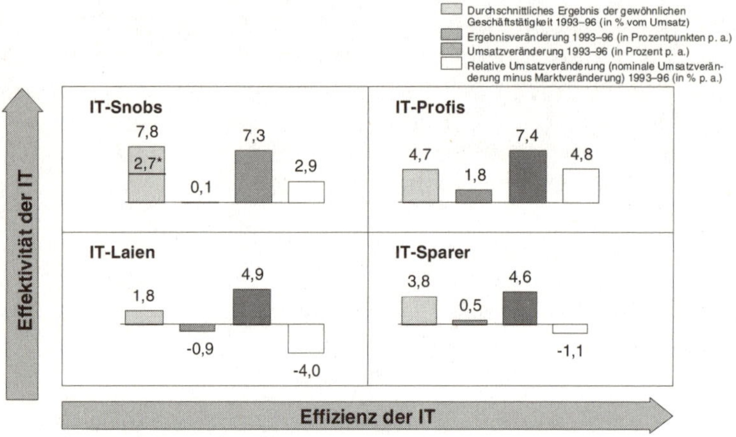

* Ohne Unternehmen mit marktbeherrschender Stellung aufgrund von Patenten etc.; marktbeherrschende Unternehmen sind in den anderen Feldern nicht vertreten; kein nennenswerter Einfluß der Marktbeherrschung auf Umsatzgrößen

Quelle: McKinsey & Company, Inc.

Schaubild 1.5

- *IT-Effizienz verbessert die Rendite:* Betrachtet man die durchschnittlichen Ergebnisse der gewöhnlichen Geschäftstätigkeit für den Zeitraum 1993 bis 1996 (*Return on Sales* in Prozent vom Umsatz), so erzielen Unternehmen mit höherer IT-Effizienz einen Renditevorteil von zwei Prozentpunkten gegenüber Unternehmen mit geringer IT-Effizienz. Diese Differenz ist stabil – unabhängig davon, ob das Unternehmen eine niedrige oder hohe IT-Effektivität aufweist.*) Beachtlich ist auch der Selbstverstärkungseffekt: Die Ergebnisveränderung in Unternehmen mit hoher IT-Effizienz in den Jahren 1993 bis 1996 war klar positiv, die Ergebnisveränderung in Unternehmen mit geringer Effizienz der IT dagegen negativ bzw. nur marginal positiv (IT-Snobs).

*) Die Sonderstellung der Unternehmen mit marktbeherrschender Stellung wurde bei dieser Betrachtung wiederum ausgeblendet.

- *IT-Effektivität fördert das Wachstum:* Hohe Effektivität des IT-Einsatzes erweist sich als Wachstumstreiber. Zwischen 1993 und 1996 lag die Umsatzveränderung in Unternehmen mit hoher IT-Effektivität bei 7,3 bzw. 7,4 Prozentpunkten p. a. Unternehmen mit geringer IT-Effektivität erreichten im gleichen Zeitraum lediglich 4,9 bzw. 4,6 Prozentpunkte p. a. Noch klarer zeigt sich dieser Zusammenhang in der relativen Umsatzveränderung – definiert als nominale Umsatzveränderung abzüglich der Marktveränderungen im Vergleichszeitraum: Unternehmen mit hoher IT-Effektivität gewinnen Marktanteile, Unternehmen mit geringer IT-Effektivität verlieren Marktanteile. Dieser Effekt ist nahezu unabhängig davon, ob das Unternehmen seine IT mit hoher oder geringer *Effizienz* einsetzt.

Erstaunlich ist, daß es offenbar keine Trade-offs gibt. Wie die IT-Profis demonstrieren, läßt sich hohe IT-Effektivität erreichen, ohne daß es zu Lasten der IT-Effizienz gehen muß.

Dieser Tatbestand wird noch deutlicher, wenn man die Ergebnisse der IT-Profis vertieft analysiert (Schaubild 1.6). Diese Gruppe ist keineswegs homogen, selbst hier gibt es noch erhebliche Leistungsreserven.

Selbst die IT-Profis können noch besser werden ...

Verbesserungspotentiale IT-Profis

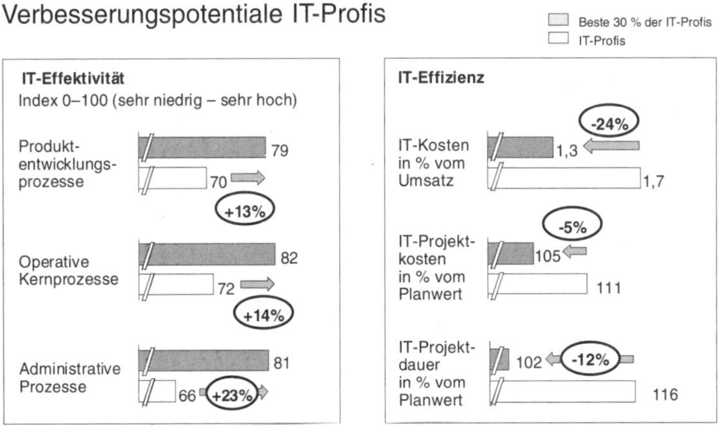

Quelle: McKinsey & Company, Inc.

Schaubild 1.6

Im Hinblick auf die IT-Effektivität erreichen die Besten unter den Besten in Produktentwicklung, operativen Kernprozessen und Administration jeweils um ca. 10 bis 25 Prozent bessere Ergebnisse als der Durchschnitt der jeweiligen Kategorie. Auch bei der IT-Effizienz nehmen die Besten der Besten eine Sonderstellung ein: Gemessen am weitgefaßten IT-Kostenbegriff unserer Untersuchung wenden sie im Schnitt lediglich 1,3 Prozent ihres Umsatzes für IT auf; der Durchschnitt der Profis bringt es dagegen auf 1,7 Prozent. Diese Überlegenheit manifestiert sich ebenfalls deutlich im Projektmanagement: Projektkosten und Projektdauer werden mit einer Genauigkeit von ca. 5 Prozent abgeschätzt, während die „durchschnittlichen" IT-Profis lediglich 10 bis 15 Prozent erreichen. Mit anderen Worten: Auch wenn sich die IT-Profis deutlich von den anderen IT-Nutzergruppen abheben, so gibt es immer noch Möglichkeiten, sich innerhalb der Kategorie durch Spitzenleistungen weiter zu differenzieren. Dies bedeutet: Nicht die Informationstechnologie an sich unterscheidet die Besten der Besten von den übrigen Profis, sondern ihr überlegener Einsatz.

Exzellentes Informationsmanagement erweist sich somit als eine wesentliche Voraussetzung für den Erfolg. Für das Top-Management ist es genauso wichtig, wie die anderen Stellhebel strategischer Unternehmensführung die Managern geläufiger sind: Komplexitätsmanagement, Marktorientierung etc. Nur die wenigsten Unternehmen können sich dabei den Luxus der IT-Snobs leisten und alles einsetzen, was gut und teuer ist. Daher gilt es, das IT-Leistungsangebot zielorientiert zu hinterfragen und die Projektziele konsequent nachzuhalten. Natürlich gibt es keine Patentrezepte für das „richtige" Informationsmanagement, jedes Unternehmen muß seinen eigenen Weg finden. Dennoch lassen sich aus den Erfolgsmustern der IT-Profis interessante Schlußfolgerungen ziehen und wichtige Anregungen ableiten.

1.3 IT-Erfolgsmuster: Was man von IT-Profis lernen kann

Wie gelingt es den IT-Profis, mit Hilfe von IT ohne Einbuße an Effizienz überlegenen Geschäftsnutzen zu realisieren? Als Faustregel läßt sich festhalten: Was die IT-Profis auf der ganzen Welt und quer durch die Branchen und Geschäftsfelder verbindet, ist weniger das Entwickeln ausgefeilter Werkzeuge für das IT-Management als vielmehr deren überlegener Einsatz.

IT muß Chefsache sein

Ist IT nicht längst zur Chefsache geworden, fast automatisch – allein schon durch die exorbitanten EDV-Kosten, die ewigen Systemänderungen, den Dauerkonflikt zwischen IT-Anbietern und -Nutzern im Unternehmen? Selbstverständlich ist die ausreichende Einbindung des Top-Managements indes nicht, das zeigt der Blick auf die Realität in den Unternehmen.

In unserer Untersuchung haben wir die Frage gestellt, in welchem Umfang sich Vorstand bzw. Geschäftsführung und erste Führungsebene mit dem Thema Informationstechnologie beschäftigen. Das Ergebnis ist eindeutig: Bei IT-Laien wendet das Top-Management ca. 20 Arbeitsstunden pro Monat für IT-Fragen auf, bei Profis dagegen ca. 45 Stunden (Schaubild 1.7, Seite 26).

Noch größer sind die Unterschiede, die sich hinter diesen Zahlen verbergen. Bei den IT-Laien verteilen sich die 20 Stunden pro Monat im Durchschnitt auf fünf Top-Manager, so daß sich jeder lediglich ca. vier Stunden pro Monat mit dem Thema beschäftigt. Ganz anders bei den IT-Profis; hier sind im Durchschnitt nur drei Top-Manager mit IT-Fragen befaßt, von denen jeder rund 15 Stunden pro Monat für diesen Bereich aufbringt. Der Vorteil liegt auf der Hand.[*)] 15 Stunden reichen aus, um sich intensiv

[*)] In vier Stunden pro Monat kann man allenfalls Routinetätigkeiten wie Budgetkontrolle oder Projektaudits durchführen; unternehmerische Akzente lassen sich auf diese Weise nicht setzen.

mit den anstehenden Themen zu beschäftigen, inhaltliche Fragen zu klären und vor allem, um Unternehmensstrategie und IT-Einsatz miteinander abzustimmen. Das Erfolgsprinzip ist einfach: Wenige Mitglieder der Geschäftsführung sollten sich mit IT beschäftigen, dafür aber intensiv.

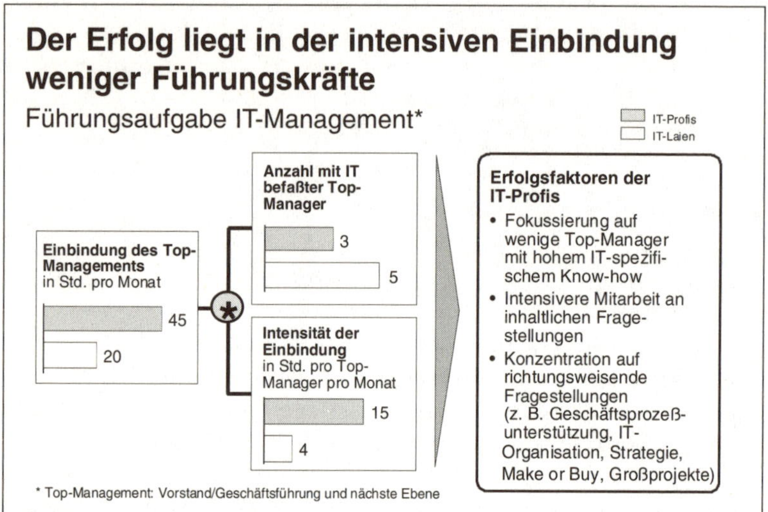

Quelle: McKinsey & Company, Inc.

Schaubild 1.7

Kongruenz zwischen Geschäftsstrategie und IT-Strategie herstellen

Beste Garantie für die Kongruenz von Geschäftsstrategie und IT-Strategie ist die konsequente Einbindung der Geschäftsleitung. Auch hier können die IT-Profis Vorbild sein: In fast jedem zweiten Unternehmen dieser Gruppe werden die IT-Ziele direkt aus dem Geschäftsplan abgeleitet, in jedem dritten die Ziele zumindest mit dem Top-Management gemeinsam festgelegt. So, und nur so, läßt sich die Konsistenz von strategischer Ausrichtung der Unternehmen und IT-Anforderungsprofilen in den einzelnen Nutzerbereichen und auch in der DV-Abteilung sicherstellen.

An dieser Stelle mag man einwenden, daß diese Best-Practice-Beispiele schön und gut seien, aber die Realität ganz anders aussehe. Statt IT-Projekte direkt aus den Geschäftsplänen abzuleiten, gilt es, Dringlicheres zu tun. Vielfach zwingen gerade operative Erwägungen, Projekte von geringerer strategischer Bedeutung vorrangig anzugehen, um den Geschäftsbetrieb sicherzustellen. Man kommt also gar nicht dazu, strategische Prioritäten zu setzen, nach dem Motto: „Ich habe keine Zeit, meine Axt zu schärfen, ich muß Holz hacken."

Handlungsblockaden dieser Art sollten durchbrochen werden – eine Aufgabe, die nur das Top-Management leisten kann. Gegebenenfalls müssen externe Dienstleister hinzugezogen oder die eigenen IT-Kapazitäten temporär aufgestockt werden. Auch eine detaillierte Prüfung des monatlichen Projektaufwands und der erforderlichen Leistungsfähigkeit/*Funktionalität* kann häufig Engpässe in der DV beseitigen bzw. helfen, Freiräume für neue Themen zu schaffen. Solche kreativen Freiräume sind unabdingbar, um IT zielgerichtet zur Verbesserung der *Kernprozesse* einsetzen zu können.

Dabei erfordert die vollständige Bewertung des Nutzens von IT-Anwendungen die Integration zweier grundsätzlich unterschiedlicher Vorgehensweisen (Schaubild 1.8).

IT-Nutzen läßt sich auf zwei Wegen ermitteln

Bewertung IT-Anwendungen

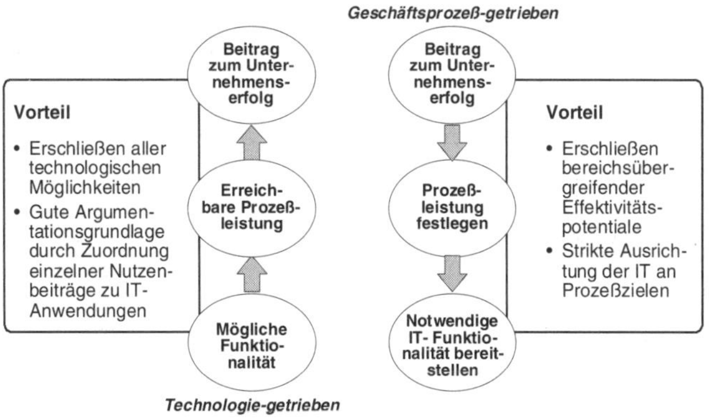

Quelle: McKinsey & Company, Inc. **Schaubild 1.8**

- *Technologie-getriebenes Vorgehen* stellt sicher, daß das Potential der am Markt verfügbaren Informationstechnologie auch genutzt wird: Hardware, Software, Anwendungen. Dies gilt um so mehr, als gerade IT eine extreme Angebotsdynamik aufweist. Nur ein kontinuierliches Screening des Marktes stellt sicher, daß nichts, was zur Steigerung des Unternehmenserfolges einsetzbar ist, übersehen wird.
- *Geschäftsprozeß-getriebenes Vorgehen* garantiert, daß nach entsprechend erkanntem Verbesserungsbedarf die passende IT-Unterstützung gesucht und implementiert wird. Überflüssige Extras lassen sich so von vorneherein ausschließen.

Die Integration beider Vorgehensweisen erfordert die Zusammenarbeit von IT-Nutzern und Fachfunktion; beide Seiten sind aufgefordert, im Rahmen einer gemeinsamen IT-Planung die Kongruenz zwischen Geschäftsstrategie und IT-Strategie sicherzustellen. Die Aufgabe des Top-Managements besteht darin, diesen Prozeß zu koordinieren und zu steuern.

Professionelle IT-Organisation beginnt mit professioneller Zielsetzung und -verfolgung

Professionelles Projektmanagement und Aufbau interner Kunden-Lieferanten-Beziehungen sind heute nahezu selbstverständliche Führungskonzepte. Viel schwieriger ist es, solche Ansätze in einer bestehenden IT-Organisation umzusetzen und mit Leben zu erfüllen. Ohne genaue Zielvorgaben und Transparenz über den Zielerreichungsgrad ist dabei jeder Implementierungsversuch zum Scheitern verurteilt.

Von den IT-Profis kann man lernen, wie Zielvorgaben ergebnisorientiert formuliert und mit einem verbindlichen Zeitrahmen hinterlegt werden. Für sie sind Ziele wie „Erhöhung der Angebotstrefferquote von 32 auf 45 Prozent innerhalb von zwei Jahren" oder „Ausbau der Intranet-Anwendung in den Vertriebszentren von 30 auf 80 Prozent in sechs Monaten" eine Selbstverständlichkeit, während IT-Laien diese Konkretheit in der Regel nicht erreichen. Sie begnügen sich statt dessen häufig mit

Pauschalvorgaben wie „Verbesserung der Marktposition in allen Geschäftsfeldern", „Verbesserung der Intranetpräsenz durch Mehrfarbengrafik" oder – völlig unverbindlich – „schnellere Zugriffszeiten". Solche Ziele sind sicherlich gut gemeint, aber – *wer* kontrolliert sie und *wie* können sie überhaupt kontrolliert werden? Gerade in der Meßbarkeit der Zielsetzung unterscheiden sich die Profis von den Laien.

Transparenz über den Zielerreichungsgrad schafft Transparenz für den Leistungsvergleich: Bei den IT-Profis werden Informationsmanagement und IT-Mitarbeiter nach dem Zielerreichungsgrad beurteilt. Hohe Leistungstransparenz läßt sich so mit der Einforderung anspruchsvoller Leistungsvorgaben verbinden. Beides wird von Mitarbeitern sehr positiv aufgenommen, gibt es ihnen doch die Möglichkeit, die Auswirkungen ihrer Arbeit zu ermessen und ihren Anteil am Unternehmenserfolg zu reklamieren. So ist denn auch der Zufriedenheitsgrad des Top-Managements mit der eigenen IT-Abteilung und vice versa bei den Profis jeweils deutlich höher als bei den Laien.

Externe Berater zielgerichtet einsetzen

Fast alle befragten Unternehmen halten es für sinnvoll, externe Dienstleistungs- und Beratungsunternehmen zur Entwicklung einer EDV-Strategie oder zur Einführung neuer Systeme hinzuzuziehen. Der Unterschied zwischen IT-Profis und IT-Laien zeigt sich in der Effizienz, mit der sie die externen Dienstleister nutzen.

Ein Beispiel: Für die Einführung eines bekannten Standardsoftwaresystems benötigt das Unternehmen A (IT-Laie) mit sechs Jahren doppelt so lange wie das Unternehmen B (IT-Profi), obwohl es deutlich kleiner ist. Die Kosten von externer Beratung und Implementierungsunterstützung dürften für Unternehmen A darüber hinaus ein Vielfaches dessen betragen, was Unternehmen B für die Leistung des Externen ausgibt. Zurückzuführen sind diese Abweichungen auf die unterschiedliche Intensität, mit der die Unternehmen ihre eigenen Mitarbeiter in die Systemeinführung einbeziehen (Schaubild 1.9, Seite 30).

Auf die richtige Einbindung kommt es an

Beratereinsatz bei Systemeinführung

	Unternehmen A	Unternehmen B
• Unternehmensgröße (Umsatz in Mio. US-$)	• 500	• 1.000
• Einführungsstrategie	• Flächendeckende Einführung	• Pilotprojekt in kleiner Einheit (Umsatz 125 Mio. US-$) • Rolloutdurch Mitarbeiter aus Pilotteam
	Arbeitsaufwand Eigen: Fremd = 30:70	**Arbeitsaufwand Eigen: Fremd = 90:10**
• Einführendes Team (Anzahl Mitarbeiter und Freistellungsgrad)		
– IT-Mitarbeiter	5/50 %	5/100 % je Teilprojekt
– Anwender	70/10 %	8/100 % je Teilprojekt
– Berater	40/60 %	2/80 % nur im Pilotprojekt
• Einführungsdauer (Jahre)	6	3 (max. 12 Monate je Teilprojekt)

Quelle: McKinsey & Company, Inc.

Schaubild 1.9

- *Unternehmen A* setzt zwar fünf eigene IT-Mitarbeiter für die Einführung ein, diese werden aber nur zu 50 Prozent freigestellt – eine Rolle als Motor des Projekts können sie so nicht spielen. Die Mitarbeiter des Unternehmens werden von 40 externen Beratern unterstützt; im Rahmen der Anwenderschulung werden nicht weniger als 70 Nutzer jeweils zu 10 Prozent ihrer Zeit für das Projekt abgestellt, um sich mit dem neuen Software-System vertraut zu machen. Auf diese Weise können viele Anwender ihre Wünsche ins Projekt einbringen, aber ein kritisches Hinterfragen der Lösungen und das Bewerten der einzelnen Optionen sind kaum möglich – ganz zu schweigen von einem eventuell erforderlichen Überdenken der Arbeitsprozesse aus Unternehmenssicht.

- *Unternehmen B* stellt fünf IT-Mitarbeiter und acht Anwender für das Pilotprojekt zu 100 Prozent frei und läßt sich nur für die Dauer der Pilotprojekte von zwei Externen unterstützen. Ziel ist es, nicht nur das System im Pilotbereich einzuführen, sondern insbesondere die eigenen Mitarbeiter mit dem Einführungsmanagement vertraut zu machen. Der Zeitrahmen des Pilotprojektes ist bewußt auf zwölf Monate begrenzt. Das flächendeckende Rollout erfolgt jeweils im Zwölfmonatstakt durch die eigenen Mitarbeiter.

Das Beispiel zeigt: Zur Auffrischung des eigenen Know-hows externe Unterstützung in Anspruch zu nehmen, ist sicherlich richtig. Das Vorgehen muß jedoch durchdacht sein; es gilt, möglichst rasch von den Externen zu lernen und gleichzeitig auch das neue Know-how schnell im Unternehmen selbst aufzubauen. Dies gelingt nur, wenn die Projektmitarbeiter von der Tagesarbeit weitestgehend freigestellt und fest in die Projektorganisation eingebunden werden.

Redesign bestehender Kernprozesse vorantreiben

Um sich im Wettbewerb zu differenzieren, sind gerade die erfolgreichen Unternehmen bestrebt, ihre Kernprozesse und die IT schneller und gründlicher aufeinander abzustimmen als mögliche Wettbewerber.

Wer den IT-Einsatz dabei auf die Digitalisierung bestehender Abläufe verkürzt, beschränkt den IT-Nutzen im Extremfall auf die Beschleunigung des Postweges durch E-Mail oder einen schnelleren Datenzugriff durch Information-Browser, die das Durchblättern von Akten übernehmen.

Wer dagegen die Potentiale der IT-Nutzung ausschöpfen will, sollte mit einer ganzheitlichen Betrachtung der zentralen Geschäftsprozesse beginnen. Im Rahmen dieser Prozeßorientierung gilt es, unnötige Schnittstellen aufzuspüren und traditionelle Abteilungsgrenzen zu überwinden. So werden auf allen Wertschöpfungsstufen, quer durch die einzelnen Funktionen, optimale Geschäftsabläufe gewährleistet.

Dabei sind drei Kernprozesse zu unterscheiden: Produktentwicklung, Produkterstellung und Verwaltung. Ihr Stellenwert ist von Unternehmen zu Unternehmen z. T. sehr unterschiedlich: Ein Unternehmen der Modebranche dürfte sich vor allem auf den Entwicklungsprozeß konzentrieren, die Produktion hingegen ist in den meisten Fällen weniger wichtig, da man sie ohnehin „fremdvergeben“ hat. Ein Unternehmen, das als verlängerte

Werkbank für einen Systemintegrator arbeitet, wird sich vermutlich auf seinen Produktionsprozeß konzentrieren, da ihm die Entwicklung von der Auftraggeberseite her vorgegeben ist.

Natürlich kann eine arbeitsteilige Organisation nie völlig ohne Schnittstellen auskommen. Unvermeidlich sind sie beispielsweise zwischen den Produktionsprozessen und der Verwaltung und/oder dem Entwicklungsprozeß. Aber: Entscheidend ist, daß sie jeweils nur dort bestehen, wo sie sich zwingend aus den Arbeitsabläufen im Unternehmen ergeben.

Welcher Kernprozeß für ein Unternehmen wirklich erfolgskritisch ist, sollte im Hinblick auf die fortschreitende Integration der IT-Landschaft vordringlich geklärt werden. Die IT-Ausstattung muß selbstverständlich imstande sein, *diesen* Prozeß optimal zu unterstützen. Kontraproduktiv wäre es beispielsweise, den Produktionsprozeß mit einer weniger geeigneten Software zu unterstützen, nur weil das Softwarepaket exzellent mit der für den Verwaltungsprozeß eingesetzten Standardsoftware kommuniziert. In einem solchen Fall wäre es wohl sinnvoll, für den Produktionsprozeß eine separate Softwarelandschaft zu schaffen und die Schnittstellenprobleme zwischen Administrations- und Produktionsprozeß mit geeigneten Kommunikationstools anzugehen.

Um schwerwiegende Ausstattungsfehler zu vermeiden, sollte jeder IT-Strategieentwicklung eine gründliche Analyse der einzelnen Kernprozesse aus geschäftsstrategischer Sicht vorangehen. Nur so läßt sich sicherstellen, daß der IT-Support genau an den Hebeln ansetzt, die für den Unternehmenserfolg entscheidend sind.

Kapitel 2

IT-Nutzung in Kernprozessen

Einleitung

Professionalität im Informationsmanagement schlägt sich in besseren Renditen und höheren Wachstumsraten nieder. Um diesen Zusammenhang genauer zu begreifen, ist es nötig, die zentralen Geschäftsprozesse in den Unternehmen näher zu betrachten. Folgt man der Wertschöpfungskette von Fertigungsunternehmen, so lassen sich drei Kernprozesse unterscheiden:

- *Produktentwicklung und Markteinführung:* von der Produktkonzeption über die Design- bzw. Detaillierungsphase bis hin zur Produkteinführung.
- *Produkterstellung:* der operative Kernprozeß mit den Funktionen Marketing und Vertrieb, Auftragsabwicklung – d. h. Materialwirtschaft, Logistik und Produktion – sowie Service.
- *Administration*: Finanz- und Rechnungswesen, Controlling und Personalwesen.

Bei der Betrachtung dieser Kernprozesse haben wir uns in unserer Analyse an folgenden Kernfragen orientiert:

- Wie läßt sich die Prozeßleistung für einzelne Geschäftsprozesse messen und ihr jeweiliger Einfluß auf den Unternehmenserfolg nachweisen? Welchen Beitrag liefert z. B. eine überlegene Produkterstellung zum Unternehmenserfolg?
- Welcher Zusammenhang besteht zwischen erfolgreichem Informationsmanagement und dem Erfolg in einzelnen Kernprozessen? Sind bessere Informationsmanager auch wirklich bessere Produktentwickler?
- Wie setzen die besseren Prozeßmanager in den einzelnen Geschäftsprozessen Informationstechnik konkret ein? Welche Anwendungssysteme sind heute allgemeiner Standard? Mit Hilfe welcher Systeme differenzieren sich die erfolgreichen Manager vom Wettbewerb, z. B. in der Entwicklung oder im Vertrieb?

Überdurchschnittliche Unternehmensleistungen gründen auf Überlegenheit in den Kernprozessen: Um diesen Kausalzusammenhang erstmals objektiv nachzuweisen, haben wir Zeit, Qualität und Kosten der Kernprozesse anhand differenzierter Kennzahlen abgebildet, die sich zusammensetzen aus den im Management üblichen operativen Steuerungsgrößen.

Gute operative Leistung verbessert das Ergebnis, gute Entwicklung fördert das Wachstum

Kernprozesse* – Kennzahlen im Vergleich

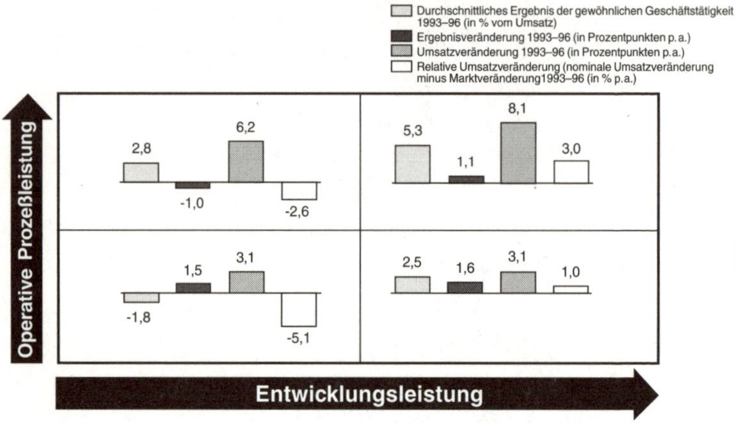

* Die Verwaltungsprozesse haben keinen nachweisbaren Einfluß auf den Unternehmenserfolg.

Quelle: McKinsey & Company, Inc. **Schaubild 2.1**

Vergleicht man den Geschäftserfolg von Unternehmen hinsichtlich dieser Leistungskennzahlen, so ergibt sich folgendes Bild: Höhere Leistungen im Kernprozeß Produktentwicklung und Markteinführung sowie in der operativen Produkterstellung schlagen sich – wie vermutet – in einem besseren Unternehmensergebnis nieder. Unternehmen mit überlegener Produktentwicklung erzielen überdurchschnittliche relative Umsatz- und Marktanteilszuwächse, Unternehmen mit überlegener Produkterstellung erwirtschaften deutlich höhere Umsatzrenditen (Schaubild 2.1). Dagegen können sich Unternehmen mit guten Verwaltungsprozessen in aller Regel nicht wesentlich differenzieren, wenngleich eine effizientere Verwaltung Kostenvorteile schafft und so den finanziellen Erfolg fördert.

Bessere Informationsmanager sind auch bessere Prozeßmanager: Die Unternehmen der Untersuchung mit den besten IT-Leistungen, die sogenannten IT-Profis, erweisen sich auch als überlegene Entwickler. Dagegen sind 60 Prozent der schwächsten Unternehmen unserer Untersuchung, die IT-Laien, in der Produktentwicklung deutlich weniger erfolgreich. Dies verwundert kaum, wenn man die weitgehenden Übereinstimmungen zwischen IT-Projektmanagement und F&E-Projektmanagement berücksichtigt. Offensichtlich gelten hier vergleichbare Managementprinzipien – wer sie beherrscht, ist eben in beiden Disziplinen firm.

IT-Profis zählen in der Regel auch zu den operativ guten Unternehmen. Nicht weniger als 75 Prozent der IT-Profis zeichnen sich durch ihr überlegenes operatives Prozeßmanagement aus. Umgekehrt findet man gerade bei Unternehmen mit guter operativer Prozeßleistung auch das effizientere Informationsmanagement.

Mithin belegt die Untersuchung einen engen empirischen Zusammenhang zwischen überlegenem Informationsmanagement und überlegenem Prozeßmanagement.

Bessere Prozeßmanager setzen auf smarte IT-Anwendungen und breitere Umsetzung: Wie setzen eigentlich Firmen mit besserem Prozeßmanagement Informationstechnologie in ihren Kernprozessen ein? Wo differenzieren sie sich von den Mitbewerbern?

Der technologische Standard der Informationstechnologie ist nach über 30 Jahren Datenverarbeitung in den Unternehmen hoch. Alle Unternehmen besitzen heute eine mehr oder weniger umfangreiche DV-Landschaft. Über die konventionellen Finanz- und Rechnungswesensysteme, die Materialwirtschaft oder den Vertrieb hinaus hat die Informationstechnik immer weitere Anwendungsfelder erschließen können. Seit Beginn der achtziger Jahre ist mit der Einführung von CAD-Systemen auch der Entwicklungsbereich zu einer IT-Domäne geworden, in der Fertigung hat die DV die Leitstandebene erreicht. Neben dem konventionellen Großrechnersystem haben sich lokale PC-Netze und Spezialrechnernetze, z. B. für Simulationsaufgaben, in den Unternehmen etabliert. Auch in Zukunft wird sich dieser Trend fortsetzen. Die Untersuchungsteilnehmer planen eine weitere Abkehr von Großrechner-Systemen hin zu Mittlerer Datentechnik und Personalcomputern (Schaubild 2.2).

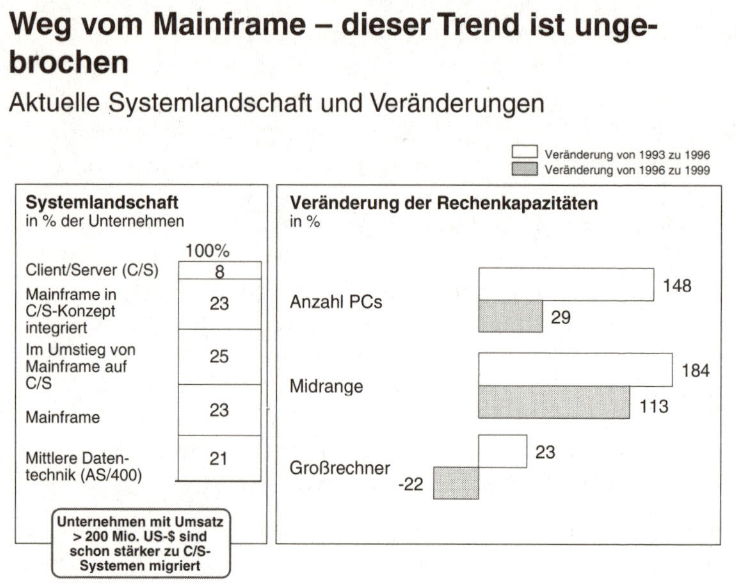

Quelle: McKinsey & Company, Inc.

Schaubild 2.2

Begünstigt wird die Abkehr von Mainframe-Lösungen durch die massiven Standardisierungstrends im Softwarebereich. Mehr als 65 Prozent der untersuchten Unternehmen setzen heute als Kernsystem im Unternehmen Standardsoftware ein. Sie ist inzwischen in allen operativen Funktionen weit verbreitet, mit über 80 Prozent am stärksten in den Verwaltungsbereichen Personal-, Rechnungswesen und Controlling (Schaubild 2.3, Seite 39).

Wie können sich Fertigungsunternehmen heute noch durch Informationstechnologie differenzieren? Ist IT nicht zu einer Art „Standardinfrastruktur" geworden, die „von der Stange" gekauft und von allen Unternehmen selbstverständlich genutzt wird, ohne daß daraus ein echter Wettbewerbsvorteil entstehen könnte? Tatsächlich hat die Untersuchung gezeigt, daß genau das Gegenteil zutrifft. Richtig eingesetzt, ist IT vielmehr eine schlagkräftige Waffe, um sich gegenüber Kunden und Wettbewerbern zu differenzieren. IT-Profis finden immer wieder einen Weg, neue IT-Anwendungen mit überlegener Funktionalität schneller, gezielter und effizienter in ihrem Unternehmen einzuführen. Mit einer raschen Durchdringung und sachgerechteren Nutzung

In allen Kernprozessen dominiert heute Standardsoftware

Art der verwendeten Software
in Prozent der befragten Unternehmen

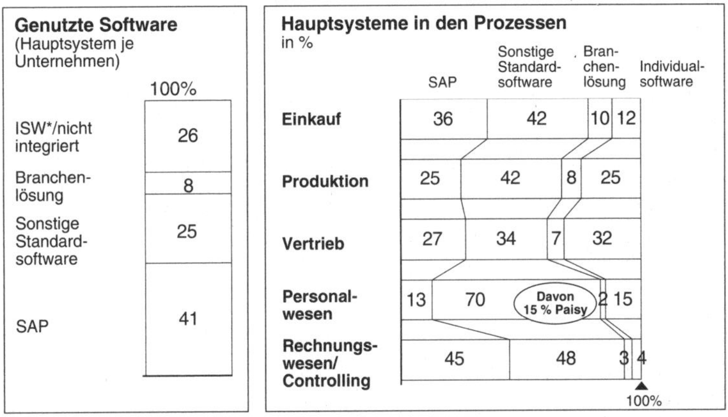

* Individualsoftware

Quelle: McKinsey & Company, Inc.

Schaubild 2.3

sichern sie den Wettbewerbsvorteil ihres Unternehmens oder schaffen einen neuen.

Differenzierungspotentiale im Einsatz der IT liegen zunächst im Funktionalitätsgrad der eingesetzten operativen Systeme in den einzelnen Bereichen. Hierbei gilt es insbesondere, kontinuierliche Anwendungslösungen auf ihr Einsatzpotential bzw. den konkreten Nutzen für das eigene Geschäft zu bewerten und gezielt auszuwählen. Weiterhin ist die Integration operativer Systeme zwischen einzelnen Funktionsbereichen heute ein Kernthema mit hohem Differenzierungsnutzen. Standardsoftware-

Anbieter wie SAP oder Baan, die ihr Geschäftskonzept zu einem wesentlichen Teil auf den Integrationsgedanken aufbauen und den Markt für Unternehmenssoftware in den letzten Jahren maßgeblich geprägt haben, profitieren zur Zeit davon.

Aber die Auswahl von Anwendungssystemen allein ist nicht hinreichend für eine „echte" Differenzierung. Bevor wir im dritten Kapitel die Rolle des Informationsmanagements bei der erfolgreichen Einführung und Betreuung von Informationssystemen diskutieren, gehen wir in diesem Kapitel zunächst der Frage nach, wie sich die besten Unternehmen heute in bezug auf Art und Funktionalität der Anwendungssysteme in den Kernprozessen des Unternehmens differenzieren, und wo der aktuelle Entwicklungsbedarf der meisten Unternehmen liegt.

2.1 Produktentwicklung: Mit IT bessere Produkte schneller und kostengünstiger zur Marktreife bringen

Viele Unternehmen der produzierenden Industrie verstehen unter IT-Einsatz in der Entwicklung immer noch vorzugsweise die Unterstützung isolierter Aufgaben und die Nutzung der IT-Tools zur Effizienzsteigerung. Damit bleiben weitaus bedeutsamere Effektivitätspotentiale unausgeschöpft. Ein solches Verständnis des IT-Einsatzes wird auch den zunehmend höheren Anforderungen an die Prozeßleistung in der Entwicklung nicht mehr gerecht.

Daß sich IT erfolgreich als strategische Waffe im modernen Entwicklungsprozeß nutzen läßt, zeigen die Best-Practice-Beispiele der IT-Profis: Ansatzpunkte liegen vor allem in der Simulation optimaler Produktauslegung, in der Unterstützung von Integration und Kommunikation zwischen allen am Entwicklungsprozeß Beteiligten sowie in der Koordination und Steuerung der Einzelprozesse.

Höhere IT-Effektivität – der Schlüssel zur erfolgreicheren Produktentwicklung

Daß Unternehmen mit guter Produktentwicklung in der Regel auch wirtschaftlich erfolgreicher sind als Wettbewerber mit schlechteren Leistungen in diesem Kernprozeß überrascht nicht. Was verbirgt sich aber empirisch hinter diesem qualitativen Zusammenhang?

Im Rahmen unserer Untersuchung haben wir für die Entwicklungsleistung der Teilnehmer einen Prozeßindikator gebildet. Er umfaßt die gängigen Kennziffern zu Entwicklungszeit, -qualität und -kosten; ihn haben wir den Kennziffern für wirtschaftlichen Erfolg gegenübergestellt.

Das Analyseergebnis ist in seiner Klarheit beeindruckend. Im Zeitraum 1993–1996 erzielten die Unternehmen mit erfolgreicher Entwicklung – als Ergebnis der gewöhnlichen Geschäftstätigkeit – eine durchschnittliche Umsatzrendite von 4,6 Prozent und steigerten ihren Umsatz um 7,7 Prozent im Jahresdurchschnitt.

Gute Entwickler sind finanziell erfolgreicher

Zusammenhang zwischen Entwicklungsleistung und Unternehmenserfolg

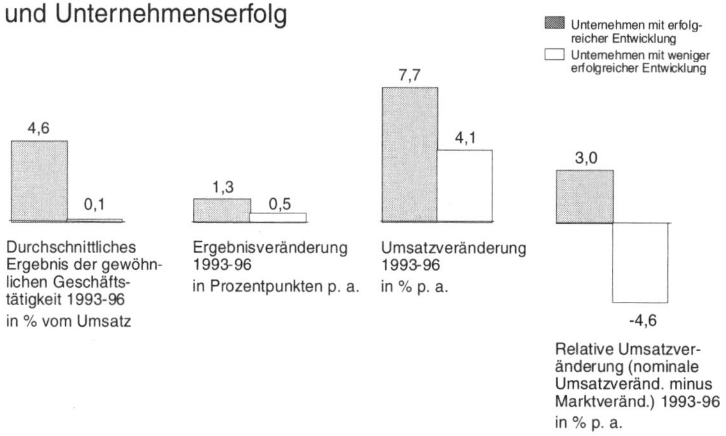

Quelle: McKinsey & Company, Inc.

Schaubild 2.4

Die Unternehmen mit weniger erfolgreicher Entwicklung schrieben dagegen mit einer durchschnittlichen Umsatzrendite von 0,1 Prozent lediglich eine „schwarze Null" und mußten sich mit 4,1 Prozent jährlichem Umsatzwachstum abfinden (Schaubild 2.4, Seite 41).

„4,1 Prozent Wachstum – das ist doch immer noch gut", werden einige Leser einwenden. Ist dem wirklich so? Der Vergleich mit der jeweils relevanten Marktentwicklung zeigt: Die Unternehmen mit erfolgreicher Entwicklung konnten ihre Marktanteile nachhaltig ausweiten. Unternehmen mit weniger guten Leistungen in der Entwicklung verloren laufend Marktanteile.

Welcher Zusammenhang besteht nun zwischen meßbarer Entwicklungsleistung und IT-Leistung? Wie korrelieren IT-Effektivität und Effizienz mit erfolgreicher Produktentwicklung? Um diese Fragen zu beantworten, haben wir die vier Leistungsgruppen unseres Surveys – Profis, Laien, Snobs und Sparer – genauer untersucht.

Unternehmen mit hoher IT-Effektivität haben häufiger eine erfolgreiche Entwicklung

Verteilung von erfolgreichen und weniger erfolgreichen Entwicklern

in Prozent der Unternehmen

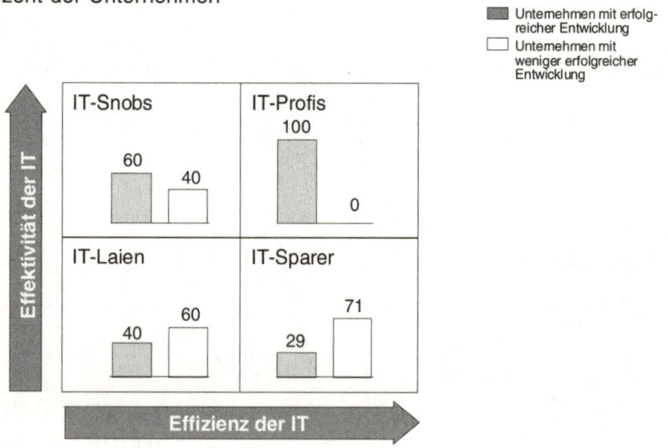

Quelle: McKinsey & Company, Inc.

Schaubild 2.5

Das Ergebnis: *Alle* IT-Profis erweisen sich als erfolgreiche Entwickler. Dagegen mußten wir 60 Prozent der IT-Laien unter die weniger erfolgreichen Entwickler einordnen. Untersucht man die Ausprägungen der IT-Leistung näher, so zeigt der Vergleich von IT-Snobs und IT-Sparern, daß *nur* hohe IT-Effektivität mit erfolgreicher Entwicklung korreliert. Mithin, so läßt sich schließen, ist es die effektivere Nutzung von IT, die *ceteris paribus* den Weg zu einer erfolgreicheren Produktentwicklung eröffnet (Schaubild 2.5, Seite 42).

IT im Wandel: Vom „Erfüllungsgehilfen" zur „strategischen Waffe" der Produktentwicklung

Schneller zeichnen, sauberer konstruieren, einfacher ändern – auf diesen Nenner konnte man bisher den Nutzenbeitrag der Informationstechnologie in der Entwicklung bringen, wie u. a. die Diskussion um den CAD-Einsatz zeigte. Solange IT vorzugsweise als Instrument zur Produktivitätssteigerung diente, mochte diese einfache Formel noch stimmen. Inzwischen hat die Informationstechnologie längst ihren „Nice-to-have"-Status verloren und ist für die meisten Entwickler zu einem unverzichtbaren Instrument der täglichen Arbeit geworden. Vieles spricht dafür, daß Art und Umfang der IT-Unterstützung zunehmend über Erfolg oder Mißerfolg von Entwicklungsprojekten entscheiden werden. Produktentwicklungsstrategien ohne stimmiges IT-Nutzungskonzept scheinen künftig zum Scheitern verurteilt. Aus unserer Sicht sind es vor allem die nachstehend beschriebenen Veränderungen der Markt-/Wettbewerbsbedingungen, welche die Wahl der „richtigen" IT-Unterstützung zur „Überlebensfrage" werden lassen.

Entwicklungszeitverkürzung: Unter den Bedingungen eines globalen Wettbewerbs müssen die gleichen Entwicklungstätigkeiten in immer kürzeren Fristen durchgeführt werde. Entwicklungsprojekte von bis zu sieben Jahren, wie sie noch vor kurzem in der Automobilindustrie üblich waren, sind heutzutage nicht mehr akzeptabel. Um die erforderliche Leistungssteigerung zu erreichen, ist eine konsequente Parallelisierung von Entwicklungsaktivitäten notwendig. Die Folge: Der interne Koordinations- und Kommunikationsbedarf steigt sprunghaft an – innerhalb der Entwicklung, aber auch zwischen allen beteiligten Fachfunktionen.

Technologieintegration: In einer Vielzahl von Produkten müssen heute sehr unterschiedliche Technologien zusammengeführt werden. So vereint etwa eine Filmkamera, bis vor kurzem noch ein rein optisch-mechanisches Produkt, heute als High-Tech-„Camcorder" Elektronik, Software, Optik und Mechanik auf engstem Raum. Solche Produktanforderungen übersteigen in der Regel die technische Kompetenz einzelner Unternehmen. Als Ausweg bietet sich eine Entwicklungspartnerschaft der verschiedenen Hersteller mit ihren jeweils unterschiedlichen technologischen Kompetenzen an. Damit entstehen auch hier völlig neue Anforderungen an die unternehmensübergreifende Kommunikation und Koordination.

Produktoptimierung unter teilweise gegenläufigen Randbedingungen: Ein Auto soll, um ein Beispiel zu nennen, zugleich sicher, komfortabel, leise und sparsam sein. Steigende Sicherheitsanforderungen einfach durch mehr Stahlblech zu erfüllen verbietet sich, denn damit würde der Treibstoffverbrauch hochschnellen. Gefordert ist statt dessen eine technologisch ausgefeiltere Konstruktion. Und dazu bedarf es leistungsfähiger Berechnungswerkzeuge, mit deren Hilfe das Zusammenspiel der verschiedenen Eigenschaften simuliert und prognostiziert werden kann.

Kostenoptimierte Konstruktion: Auch die beste technische Lösung ist betriebswirtschaftlich unsinnig, wenn sie für den Kunden zu teuer und damit nicht vermarktbar ist. 80 Prozent der Produktkosten werden in der Konstruktion und Entwicklung festgelegt. Mit dem Produktdesign nimmt der Entwickler entscheidenden Einfluß auf Produktkomplexität, Materialauswahl und Produzierbarkeit eines Produktes. „Design to Manufacturability" kann hier enorme Einsparpotentiale erschließen. Hinzu kommen die Einspareffekte, die sich durch Vermeiden von Anlaufproblemen erzielen lassen: Schnelle Fehleraufdeckung und -beseitigung in der Designphase und Vorserie, möglichst kein Fehler mehr beim Serienlauf – das muß das Ziel sein. Helfen können hierbei Teiledatenbanken, eine systematische Produktdokumentation sowie IT-Kommunikationswerkzeuge, die den Informationsaustausch zwischen den Beteiligten verbessern.

Darstellung von Systemkompetenz: Zulieferer für Schlüsselindustrien sehen sich immer häufiger gezwungen, Systemkompetenz aufzubauen, um einer Herabstufung zu Lieferanten zweiter Klasse zu entgehen. Automobilzulieferer beispielsweise, die früher lediglich die Innenverkleidung von Türen beisteuerten, müssen heute die Verantwortung für ganze Türsysteme übernehmen. Zu bewältigen ist dieser Rollenwandel nur durch die Kooperation mit Sublieferanten und Teileproduzenten. Ihre Entwicklungsleistungen gilt es, via IT zu koordinieren und in den eigenen Entwicklungsprozeß zu integrieren.

Ansatzpunkte zur effektiveren IT-Nutzung im Entwicklungsprozeß

Aus Managementsicht stellt der Entwicklungsprozeß sich heute als komplexes Optimierungsproblem dar: Die definierten Produkteigenschaften, einschließlich der zur Differenzierung vom Wettbewerb nötigen Zusatzmerkmale, müssen in der Regel möglichst schnell und unter strikter Einhaltung vorgegebener Kostenziele realisiert werden. Dies erfordert das planvolle Zusammenwirken einer Vielzahl von Beteiligten: Lieferanten, Einkauf, Produktion, Vertrieb und Marketing – und nicht zuletzt der Kunden.

Koordinations- und Kommunikationsprobleme haben fatale Konsequenzen: Der Kunde kauft woanders, und die Konkurrenz amüsiert sich. Mit Blick auf den wachsenden Wettbewerb von Unternehmen mit vergleichbarer Entwicklungskompetenz wird der „richtige", d. h. nach Lage der Dinge *effektivere* Einsatz von IT immer mehr zum ausschlaggebenden Erfolgsfaktor im Entwicklungsprozeß. IT-Werkzeuge ermöglichen nicht nur eine optimale Produktauslegung, sondern sichern auch den Informationsfluß zwischen den Beteiligten und die Koordination der Einzelabläufe.

Einsatz von Simulationswerkzeugen

Erfolgreiche Entwickler setzen Simulationswerkzeuge häufiger und frühzeitiger ein. Diese Faustregel gilt, wie unsere Untersuchung ergab, im Prinzip für alle Stufen des Entwicklungsprozesses.

Konzeptphase: 95 Prozent der erfolgreichen Entwickler, die technische Berechnungen und Simulationen einsetzen, nutzen diese schon in der Vorentwicklung, wenn es gilt, die zentralen Merkmale eines neuen Produktes festzulegen. Differenzierung gegenüber dem Wettbewerb, Möglichkeiten zur Steigerung des für den Kunden sichtbaren Nutzenangebotes – solche Überlegungen stehen im Mittelpunkt dieses Teilprozesses. Dabei geht es jeweils um Grundsatzfragen der Konzeption, nicht um die Ausgestaltung von Details. Die IT-Option, mögliche Produkteigenschaften – ausgehend von den durch die Kunden bzw. die Marketingabteilung vorgegebenen Randbedingungen – auf dem Rechner zu simulieren, kann hier zum entscheidenden Wettbewerbsvorteil werden.

Wettbewerbsvorteile durch Simulationen

Ein PKW-Reifenhersteller konnte seine Marktanteile im Erstausrüstergeschäft dank des Einsatzes eigenentwickelter Berechnungsprogramme in den letzten Jahren massiv ausweiten. Seine proprietären Programme erlauben es ihm, bereits in frühen Phasen der Produktentwicklung sowohl die Geräuschemission der Reifen als auch den Energieverbrauch der Fahrzeugtypen zuverlässig zu prognostizieren und über Iterationsschleifen systematisch zu minimieren. Methodische Basis ist ein Simulationsverfahren, mit dessen Hilfe Produktszenarien realitätsnah durchgerechnet werden können – für so unterschiedliche Parameter wie Fahrzeuggewicht, Federung oder Reifenprofile.

Die im Beispiel (siehe Kasten) genannten Simulationen gehen über normale Anwendungen in der Konzeptphase weit hinaus. Sie schaffen Klarheit über die angestrebten Produkteigenschaften beim Kunden und beim Zulieferer. Damit lassen sich unnötige Detaillierungsaufwände bei ohnehin nicht akzeptablen

Produktkonzeptionen vorausschauend meiden. Im Prinzip handelt es sich hier um eine Art „Branching-and-Bounding"-Ansatz, wie er aus Operations Research bekannt ist.

IT-Anwendungen dieser Art haben wir in so frühen Phasen des Entwicklungsprozesses allerdings nur bei wenigen Unternehmen gesehen. Wir sind jedoch der festen Überzeugung, daß sich auf diesem Gebiet künftig ein großes Differenzierungspotential für die Unternehmen auftun wird.

Design- und Detaillierungsphase: Ist die Produktkonzeption festgelegt, beginnt die Design- und Detaillierungsaufgabe der Entwicklungsingenieure. Die einzelnen Produktteile sind auszugestalten und entsprechend ihrem zukünftigen Einsatzgebiet technisch auszulegen.

Simulationssysteme haben hier ihr Hauptanwendungsfeld; im wesentlichen geht es dabei um die Berechnung und Visualisierung von Produkt- und Prozeßeigenschaften. Herangezogen werden hierfür unter anderem kinematische oder thermodynamische Berechnungen sowie Montage- und Fertigungssimulationen.

Heute setzt etwa die Hälfte der befragten Unternehmen Simulationssysteme in unterschiedlichster Form ein. Viele Tools wie FEM-Berechnungen oder kinematische Simulationen sind bereits Standard und dienen vor allem dazu, die Wettbewerbsfähigkeit abzusichern.

Visualisierung durch Simulation

Ein Hersteller von Verpackungsmaschinen setzt mit großem Erfolg eine *Funktionssimulation* ein. Sie ist in der Lage, den Verpackungsvorgang für eine noch zu erstellende Maschine dreidimensional darzustellen. Damit läßt sich insbesondere die Wechselwirkung zwischen Maschine und Verpackungsmaterial visualisieren. So wird es für den Entwickler leichter, Funktionsweise und Produktqualität der Maschine zu optimieren. Zudem kann die Simulation genutzt werden, um Kunden und Interessenten die Funktion der Verpackungsmaschinen in der von ihm gewünschten Konfiguration vorzuführen. Für den Kunden wird damit der Nutzen der neuen Maschine, z. B. Produktivitätsgewinne oder geringere Wartungskosten, direkt nachvollziehbar.

Bei der Systementscheidung sollten im Zweifelsfalle Standardlösungen den Vorzug erhalten, denn die (zusätzlichen) Differenzierungsmöglichkeiten, die sich im Vergleich dazu durch eigenentwickelte Tools ergeben, werden notorisch überschätzt. Standardsysteme sind in der Regel nicht nur die preiswertere, sondern häufig auch die deutlich leistungsfähigere Lösung.

Bei der Weiterentwicklung solcher Standardsysteme haben Softwareunternehmen große Fortschritte erreicht. Echte Differenzierungspotentiale gegenüber dem Wettbewerb liegen in der Regel in einer intensiveren Nutzung dieser Tools. Gefordert ist hier die Kreativität der Ingenieure, komplexe Probleme durch geeignete Wahl der Randbedingungen in verfügbaren Standardsystemen abzubilden.

Prototyperstellung/Vorserien: Prototypen und Vorserien sollen dazu dienen, die Funktionsfähigkeit einzelner Produktteile aufeinander abzustimmen und Machbarkeitsprüfungen für die späteren Produktionsgänge durchzuführen. Für dieses Aufgabenspektrum werden seit einigen Jahren IT-Systeme verstärkt herangezogen.

- *Rapid Prototyping,* etwa im Modellbau, kann schon heute die Entwicklungskosten drastisch reduzieren. Beispielhaft ist der Fall eines Fahrzeugkomponentenherstellers. Ihm gelang es, durch Rapid Prototyping die Kosten seiner Vorserie um 64 Prozent zu senken – bei einer gleichzeitigen Verringerung der Lieferzeit um 75 Prozent (Schaubild 2.6, Seite 49).

  Auch wenn die Kostensenkungserfolge eindrucksvoll sind, der Hauptnutzen von Rapid Prototyping liegt, wie unser Beispiel bereits andeutet, zweifellos in der Verkürzung der Durchlaufzeiten. Denn bezogen auf die Kosten der späteren Serienfertigung erweisen sich alle Einsparungserfolge bei den Entwicklungskosten als marginal. Die in der Vorserie erzielte Verkürzung der Lieferzeit kann dagegen zum für den Kauf entscheidenden Faktor werden.

- *Montage- und Fertigungssimulationen* ermöglichen es, Produktionsprozesse und Produktdesign schon in frühen Phasen der Entwicklung aufeinander abzustimmen. Machbarkeitsprüfungen, d. h. die Absicherung, daß ein Entwurf mit dem

Rapid Prototyping kann Kosten- und Zeitaufwand dramatisch reduzieren

Herstellung Pkw-Heckleuchten (Stereolithographie)

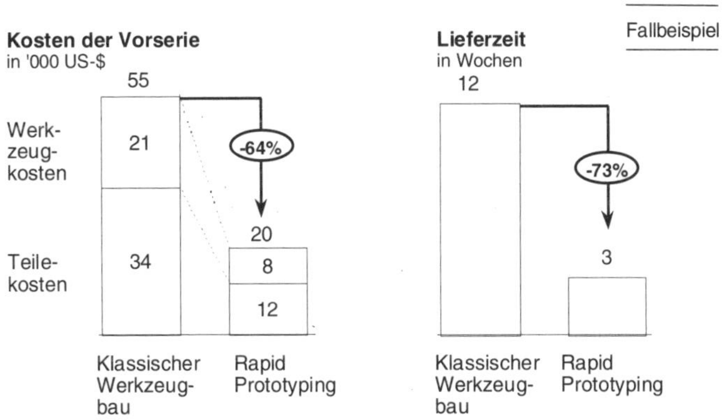

Quelle: McKinsey & Company, Inc.

Schaubild 2.6

vorhandenen Maschinenpark herstellbar ist, minimieren den Bedarf an zusätzlichen Investitionen und sorgen für ein robusteres Produktdesign. Die Optimierung des Prozeßlayouts senkt die Fertigungskosten und steigert die Prozeßstabilität und -qualität.

Fertigungsgerechtes Produktdesign

Einem Hersteller von Kunststoffspritzgußteilen gelang es, eine *Fertigungssimulation* erfolgreich in die Konstruktionsphase für seine Produkte zu integrieren. Dadurch reduzierten sich seine Herstellungskosten ganz erheblich.

Mit Hilfe der „Mold Flow Analysis" konnte er berechnen, *wie* der flüssige Kunststoff die Gußform füllt und zu *welchem* Zeitpunkt *welche* Zonen erstarren. Diese Erkenntnisse wurden für ein „Design to Manufacturability" genutzt, das vielfältige Vorteile bot: gleichmäßige Formfüllung und damit eine geringere Ausschußquote sowie minimale Taktzeiten für den Spritz- und Auswurfvorgang.

Integriertes Produktdaten-Management

Entgegen zahlreichen Prophezeiungen haben Expertensysteme und Künstliche Intelligenz die menschliche Dominanz über den Produktentwicklungsprozeß (noch) nicht brechen können. Doch es ist unbestreitbar, daß IT-Systeme die Arbeitswelt der Ingenieure auch in der Kreativitätsphase entscheidend verändert haben: Informationsbeschaffung, Kommunikation und Ideenaustausch mit anderen Entwicklern werden heute durch Datenbanksysteme und Kommunikationssysteme maßgeblich unterstützt.

CAD-Integration und Produktdaten-Management (PDM) sind die bekanntesten Schlagwörter, wenn man an Integration der Entwicklungssysteme denkt. In den vergangenen drei Jahren beispielsweise konnten Unternehmen mit umfassenden PDM-Systemen ihre Entwicklungszeit mit 22,2 Prozent im Durchschnitt doppelt so stark verkürzen wie Unternehmen mit weniger guter Informationslage. Schon heute verfügen die meisten Unternehmen über eine Vielzahl von Entwicklungsinformationen. Die Daten sind aber oft auf verschiedene Systeme verteilt und lassen sich nur mit großen Schwierigkeiten konsistent zusammenführen.

Integriertes Produktdaten-Management gewinnt damit zunehmend an Bedeutung. Heute geht es nicht mehr allein darum, Zeichnungen für ein Produkt zu erstellen und zu verwalten. Ziel ist es vielmehr, eine vollständige Dokumentation aller Produktdaten zu gewährleisten. Produktdaten-Management fängt schon in der Vorentwicklung an, und zwar mit der systematischen Dokumentation der Entwicklungsdaten: Es führt nicht nur die Informationen aus der Entwicklung, sondern auch aus anderen Unternehmensbereichen zusammen. Es endet keinesfalls mit der Produkteinführung, vielmehr berücksichtigt es auch später eingehende Informationen aus Produktion, Vertrieb und Service.

Bezeichnend ist, daß erfolgreiche Entwickler ihre ohnehin schon höhere Verfügbarkeit von Entwicklungsinformationen durch systematische Integration von Informationen aus nachgelagerten Bereichen, wie Finanz-/Rechnungswesen, Produktion und Qualitätssicherung, noch weiter ausbauen wollen. Schon in wenigen Jahren könnte ein ganzheitliches integriertes Datenmanagement, wie es bereits von einzelnen PDM-Systemen angeboten wird, zum Dreh- und Angelpunkt der Entwicklung werden (Schaubild 2.7).

Zukünftig werden auch wesentliche Projektinformationen via PDM verfügbar sein

Verfügbarkeit differenzierender Informationen im Produktdaten-Management-System (PDM)

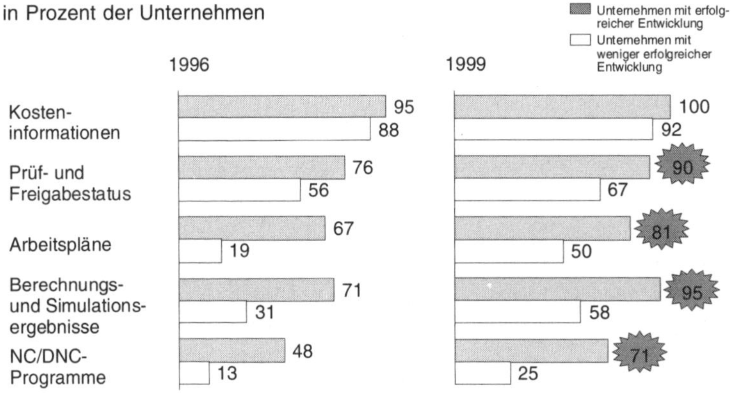

Quelle: McKinsey & Company, Inc.

Schaubild 2.7

Neben der Verwaltung von Produktinformationen stellt ein PDM-System im Prinzip auch Schnittstellen zu technischen und betriebswirtschaftlichen Systemen bereit. Dies ermöglicht eine umfassende Integration der Systeme innerhalb der Entwicklung und unterstützt die Interaktion mit den Systemen der anderen Unternehmensfunktionen und gegebenenfalls mit den Systemen der Entwicklungspartner. Auf diese Möglichkeiten möchten wir im folgenden näher eingehen.

- *Integration der Systeme innerhalb der Entwicklung:* Im Vordergrund steht heute die Integration von CAD mit Entwicklungsdatenbanken und Simulationssystemen.
  Große Probleme bereiten weiterhin die Schnittstellen zwischen den verschiedenen CAD-Systemen. Insbesondere 3D-CAD-Mechanikkonstruktionen mit 2D-Elektronik-Layouts zu ver-

binden ist nach wie vor problematisch. Doch im Zuge zunehmender Technologie-Integration wird auch die Integration verschiedener CAD-Systeme immer dringlicher. Dies dürfte der wichtigste Beweggrund für die Standardisierung von Schnittstellen sein – ein Trend, der sich in jüngster Zeit mehr und mehr durchsetzte.

Simulationsfunktionalitäten sind bisher eher selten in die CAD-Systeme selbst integriert worden. Erfolgreiche Entwickler senken den erheblichen Datenaufbereitungsaufwand für die Durchführung von Simulationsaufgaben durch Koppelung von CAD- und Simulationssystemen. Zum Beispiel haben 64 Prozent der erfolgreichen Unternehmen, die kinematische Berechnungen anstellen, inzwischen eine Schnittstelle zwischen diesem System und ihrem CAD geschaffen. Gute Entwickler wollen die CAD-Integration mit anderen Systemen weiter fortsetzen. Allerdings handelt es sich bei diesen Schnittstellen in der Regel lediglich um Informationseinbahnstraßen. Die gewonnenen Simulationsergebnisse müssen immer noch von Hand in das CAD-Modell zurückübertragen werden. Diese Lücke via IT zu schließen und damit die vollständige Integration von CAD und Simulationsprogrammen herzustellen ist in vielen Fällen noch zu aufwendig. Kommt es zu einer solchen direkten Integration, so würde eine iterative Designoptimierung ermöglicht, was wiederum Quantensprünge bei der Optimierung von Entwicklungszeit und -qualität erwarten ließe.

- *Integration von Entwicklungsabteilung und Produktion:* Großer Nutzen ist auch aus der Integration von CAD mit den Systemen der Produktion zu erwarten. Dieses Thema wurde bereits sehr lange unter dem Schlagwort CIM (Computer Integrated Manufacturing) diskutiert. Heute ist CIM fast völlig aus der Diskussion verschwunden – zu ambitioniert waren die Ziele, zu weltfremd vielleicht auch die Vorstellung der mannlosen Fabrik. Und dennoch, der Ansatz bot auch eine Reihe durchaus realistischer Nutzenpotentiale, die bei weitem noch nicht realisiert sind. Zwar haben heute fast 80 Prozent der erfolgreichen Unternehmen eine CAD-Schnittstelle zur Generierung von NC/DNC-Programmen. Die Arbeitsplanung und

Stücklistengenerierung direkt aus dem CAD heraus wird jedoch erst sehr zurückhaltend genutzt – und führt in komplexeren Fällen nur selten zu guten Ergebnissen. Dies liegt häufig an fehlerhaften bzw. unvollständigen Datenbeständen.
Auch die Systematisierung des Informationsrückflusses von der Produktion in die Entwicklung wird bisher nur zögerlich vorangetrieben. Während in der Produkteinführungsphase im Regelfall funktionsübergreifende Entwicklungsteams für die erforderliche Informationstransparenz sorgen, fehlt es dagegen nach Serienanlauf meist an einem systematischen Feedback aus der Produktion in die Entwicklung. Qualitäts- und Maschinendaten werden nur selten in geeigneter Form analysiert und aufbereitet. Notwendige Informationen für die Entwicklung zur Sicherstellung der Fertigbarkeit liegen nicht vor. Damit wird die Chance vertan, schon im Konstruktionsprozeß die Fertigungsmöglichkeiten der Produktion vorausschauend einzubeziehen, mit dem Ziel, frühzeitig robuste Fertigungsprozesse zu etablieren.
Mit Hilfe von PDM-Informationen aus der Produktion, z. B. Arbeitsplänen oder NC/DNC-Programmen, lassen sich Entwicklungs- und Produktionsprozeß besser aufeinander abstimmen und Effizienzpotentiale in der Produktion vorausschauend erschließen. Erfolgreiche Entwickler haben solche Informationen heute fast dreimal so häufig verfügbar; für die Zukunft streben sie an, ihre Systeme um alle zur Optimierung des Gesamtprozesses wichtigen Informationen zu ergänzen.

- *Integration mit Vertrieb, Marketing und Service:* Gute Marktkenntnis ermöglicht frühzeitige Konzentration auf erfolgversprechende Entwicklungsprojekte, was der Entwicklungseffizienz und -effektivität gleichermaßen zugute kommt. Unternehmen mit erfolgreicher Entwicklung sichern sich daher einen direkten Zugang zu relevanten Marktinformationen; sie sind in solchen Unternehmen häufiger strukturiert abgelegt, z. B. in Produkt-Markt-Datenbanken.
  Erfolgreiche Entwickler generieren auch deutlich mehr Projektideen. Im Gegensatz zu weniger erfolgreichen sind sie aber in der Lage, Vorentwicklungsprojekte, die gesteckte Ziele nicht erreichen, deutlich früher abzubrechen und damit Entwick-

lungskapazitäten für attraktivere Projekte freizustellen. Solche Unternehmen brechen ca. 80 Prozent ihrer Entwicklungsprojekte schon nach nicht einmal sechs Monaten ab, während weniger erfolgreiche Entwickler viele Projekte erst nach zwei oder mehr Jahren aufgeben und so knappe Entwicklungsressourcen auf chancenlosen Projekten binden.

Auch den *After-Sales-Service* schließen erfolgreiche Entwickler in ihren Informationskreislauf ein. Die Verfügbarkeit von Service-Informationen im PDM ermöglicht eine Designoptimierung durch die Auswertung von Service- und Fehlerberichten. Dadurch wird nicht nur eine höhere Produktqualität erreicht, auch spätere Serviceleistungen lassen sich erheblich vereinfachen. Erfolgreiche Entwickler nutzen schon in frühen Phasen der Entwicklung Informationen aus dem Service zielgerichtet, um Produkte von Anfang an für eine effiziente Wartung auszulegen. Unternehmen mit überdurchschnittlich guten Produktinformationen und daher auch besseren Produktstrukturen schätzen die durch IT-Einsatz er-

PDM erschließt Verbesserungspotentiale im Service

PDM-Einsatz im Service

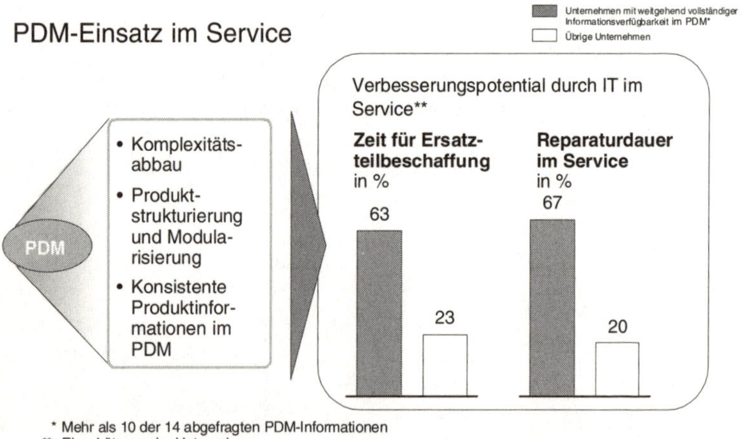

* Mehr als 10 der 14 abgefragten PDM-Informationen
** Einschätzung der Unternehmen

Quelle: McKinsey & Company, Inc.

Schaubild 2.8

schließbaren Nutzenpotentiale im Service dreimal so hoch ein wie Unternehmen, die noch nicht einmal ansatzweise ein bereichsübergreifendes Produktdaten-Management aufweisen (Schaubild 2.8, Seite 54).

- *Integration mit Controlling und Einkauf:* Für die Produktkosten-Kalkulation ist ein Rückgriff auf die Datenbanken des Controllings erforderlich. Die Mitarbeiter in der Entwicklung können sich diese Informationen häufig jedoch nicht über PDM-Systeme und damit nur mit größerem Aufwand beschaffen. Gleiches gilt auch für Informationen aus dem Einkauf. Eine höhere Transparenz des Lieferantenumfeldes und der Lieferantenleistungsfähigkeit gibt dem Konstrukteur die Möglichkeit, während der Entwicklungsphase diese zusätzliche Restriktion zu berücksichtigen. In der Regel sind heute nur die Teilekosten bekannt, Prozeßkosten und Komplexitätskosten lassen sich oft erst in späteren Stadien des Entwicklungsprozesses abschätzen. Die Integration von Entwicklungs- und Kalkulationssystemen ermöglicht es, der Entwicklung die notwendigen Informationen für effizientes Design to Cost zur Verfügung zu stellen und Entwicklungsdaten für eine frühe, IT-gestützte Vorkalkulation zu nutzen. Das Kalkulationsrisiko in frühen Phasen der Entwicklung läßt sich so um durchschnittlich 50 Prozent verringern.

- *Integration mit Entwicklungspartnern:* Für die meisten Unternehmen erweisen sich Entwicklungspartnerschaften immer mehr als Schlüssel zum Einführungserfolg – oft genug läßt sich lediglich über solche Partnerschaften die erforderliche System- oder Technologiekompetenz sicherstellen.
  Erfolgreiche Entwickler haben deshalb frühzeitig begonnen, den Anteil fremdvergebener Leistung zu erhöhen, heute binden sie fast doppelt so häufig wie die weniger erfolgreichen Entwickler Lieferanten in funktionsübergreifenden Teams ein (Schaubild 2.9, Seite 56).
  Und dies wird in der Regel reichlich belohnt: Die Unternehmen mit einer guten Kommunikation zu ihren Entwicklungspartnern weisen eine deutlich höhere Innovationsgeschwindigkeit auf. Der Umsatz, der mit Produkten erwirt-

schaftet wird, die in den letzten zwölf Monaten entwickelt wurden, liegt bei ihnen mit 20 Prozent doppelt so hoch wie bei der Vergleichsgruppe.

Marktanforderungen erzwingen eine engere Zusammenarbeit mit Entwicklungspartnern

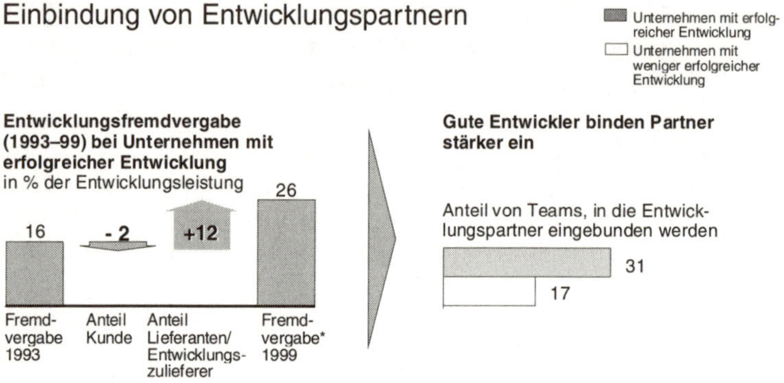

* Prognose

Quelle: McKinsey & Company, Inc.

Schaubild 2.9

Allerdings gilt es, hierfür die notwendigen Voraussetzungen zu schaffen: Beispielsweise steigt der Bedarf rapide, CAD-Daten mit den Entwicklungspartnern auszutauschen. Dabei sind die Schnittstellenprobleme zwischen den verschiedenen CAD-Systemen noch keinesfalls gelöst. Der Aufwand für den Datenaustausch, inklusive Vor- und Nachbereitung der CAD-Daten, kann durchaus bis auf 30 Prozent der Entwicklungskosten hochlaufen. Diese Entwicklung gewinnt noch an Dramatik, wenn man berücksichtigt, daß erfolgreiche Entwickler beabsichtigen, ihren Datenaustausch in den nächsten drei Jahren – nach einer Verfünffachung in den vergangenen drei Jahren – noch einmal zu verdoppeln.

Eine so verstandene Systemintegration umfaßt damit alle technischen und kaufmännischen Produktdaten – über den gesamten Entwicklungsprozeß hinweg und unter Einbindung der Entwicklungspartner. In welchem Umfang dies wichtige strategische Stellhebel eines Unternehmens beeinflußt, möchten wir an den

Beispielen Systempartnerintegration, Änderungsmanagement und Komplexitätsmanagement diskutieren.

Entwicklungszeitverkürzung und Qualitätsverbesserung durch Systempartnerintegration: Das größte Verbesserungspotential liegt vermutlich in der gemeinsamen Nutzung von PDM-Systemen mit Entwicklungspartnern. Die Risiken sind allerdings beträchtlich, insbesondere bei der Absicherung von kritischem Entwicklungs-Know-how. Etwa ein Drittel der erfolgreichen Entwickler ermöglichen ihren Entwicklungspartnern derzeit den Zugriff auf ihre Entwicklungsdatenbanken. Sie nutzen diese Möglichkeit mit zunehmender Intensität und differenzieren sich deutlich von Unternehmen mit einer weniger erfolgreichen Entwicklung. Aus Sicht des Zulieferers als Entwicklungspartner senkt eine frühere und intensivere Einbindung des Kunden (und Systementwicklers) die Änderungsaufwände in späten Entwicklungsphasen. Insbesondere Änderungen nach Serienanlauf können so vermieden werden. Zeitbedarf und Kosten für Abstimmungsprozesse werden wesentlich reduziert. Zugleich kann durch die gemeinsame Produktdefinition der Kundennutzen gesteigert werden, häufig in Verbindung mit einer deutlichen Senkung der Produkterstellungskosten. So auch im vielzitierten Beispiel Boeing 777. Bei diesem Entwicklungsprojekt konnten die Zeiten für Fehlerkorrekturen und Nachbearbeitungen auf die Hälfte reduziert werden. Die verbesserte Informationslage trug entscheidend dazu bei, daß 12.000 Fehler schon frühzeitig behoben werden konnten.

Concurrent Engineering mittels PDM

Ein Hersteller von Motoren startete ein Projekt mit dem Ziel, Design, Drafting, Fertigung und Customer Support mit Hilfe eines einzigen PDM-Systems auf Workstationbasis zusammenzuführen und in diesem Rahmen Produktinformationen einem ganzen Verbund von Firmen bereitzustellen. Die enge, IT-gestützte Integration von Kunden und Lieferanten führte zur Etablierung von zum Teil völlig neuen Prozessen. Herausragendes Ergebnis war die Verkürzung der Time-to-Market um die Hälfte zusammen mit einer deutlichen Verbesserung der Produktqualität.

Gute Informationsverfügbarkeit und eine enge Partneranbindung erwiesen sich auch in unserer Erhebung als wesentliche Voraussetzung für hohe Produktqualität und stabile Produktionsprozesse. Unternehmen mit vollständig verfügbaren Informationen sowie Unternehmen mit enger Partneranbindung in der Entwicklung hatten im Durchschnitt deutlich niedrigere Ausschußquoten in der Produktion sowie einen sehr viel geringeren Nachbearbeitungsbedarf zu verzeichnen. Enge und frühzeitige Partnereinbindung führt mithin zu deutlich höherer Designstabilität. Dadurch wird es möglich, die Produktion besser auf das Produkt abzustimmen und stabilere Produktionsprozesse zu realisieren. Dies wirkt sich auch in einer z. T. deutlichen Verringerung der Kundenrückweisungen gegenüber der Vergleichsgruppe aus (Schaubild 2.10).

Funktionsübergreifende Information und Partnereinbindung verbessern die Produktionsqualität

Einfluß Informationsverfügbarkeit auf Meßgrößen

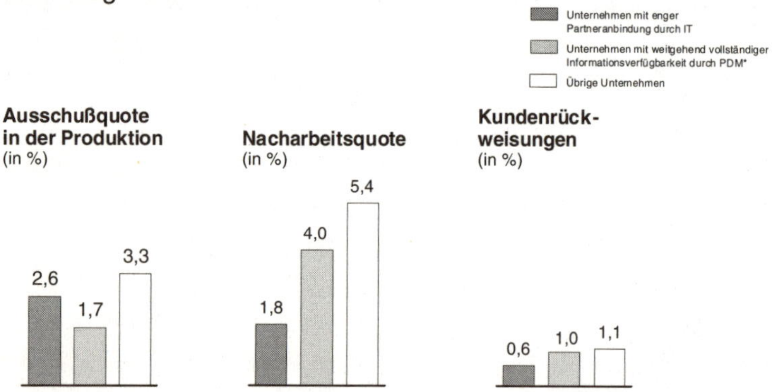

* Mehr als 10 der 14 abgefragten PDM-Informationen

Quelle: McKinsey & Company, Inc.

Schaubild 2.10

Vermeiden später Änderungen: Unternehmen, die IT zur Verbesserung von Integration und Kommunikation nutzen, sind in der Lage, Spezifikationsänderungen in späteren Phasen der Entwicklung vorausschauend auszuschließen. Durch bessere Nutzung der Entwicklungsinformationen gelingt es ihnen, einen großen Teil der Änderungen in frühe Phasen der Produktion zu verlagern (Schaubild 2.11).

Auch spätere Spezifikationsänderungen lassen sich deutlich reduzieren

Anzahl Spezifikationsänderungen

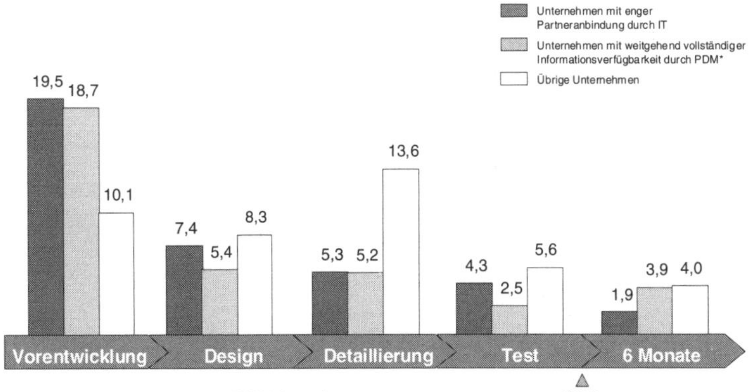

* Mehr als 10 der 14 abgefragten PDM-Informationen

Quelle: McKinsey & Company, Inc.

Schaubild 2.11

Dadurch wird es möglich, kurze Entwicklungszeiten mit einem hohen „Reifegrad" des Produkts bei der Produkteinführung zu erreichen. Die Anzahl der Änderungen in der Detaillierungsphase, der Testphase sowie in den ersten sechs Monaten nach Serienanlauf läßt sich halbieren, wodurch sich die Kosten in Entwicklung und Produktion erheblich reduzieren. Wichtig ist es, Partner schon sehr früh in die Entwicklung mit einzubinden, um möglichst viele Änderungen in die Vorentwicklungsphase zu verlagern.

Wirtschaftlichere Fertigung durch Komplexitätsreduktion*:* Der Unterschied im IT-Nutzen liegt häufig weniger in der Art der IT-

Unterstützung als vielmehr in der mit dem IT-Einsatz verfolgten Zielsetzung. Die gleiche Teiledatenbank kann dazu genutzt werden, aus alten Konstruktionen neue Produktvarianten zu generieren oder die Wiederverwendung von Teilen voranzutreiben. Im ersten Fall wird, wie viele Unternehmen in der Vergangenheit bemerken mußten, der interne Komplexitätsaufbau massiv gefördert – mit allen Negativeffekten auf den nachgelagerten Stufen. Im zweiten Fall werden wirksame Anreize zur Produktstandardisierung geschaffen. Sehr instruktiv ist das Vorgehen eines Untersuchungsteilnehmers, in dessen Organisation der Computer generell nur noch eine neue Teilenummer vergibt, wenn gleichzeitig zwei alte gelöscht werden. Unternehmen, die mit Hilfe von Norm- und Standardteilekatalogen, Wiederverwendungslisten oder elektronisch erschwerter Vergabe neuer Teilenummern die Mehrfachverwendung von Teilen forcieren, setzen im Durchschnitt fast 70 % ihrer Teile in mehr als einem Pro-

Entwicklungsdatenbanken fördern die Wiederverwendung von Bauteilen

Teilewiederverwendung durch IT-Support

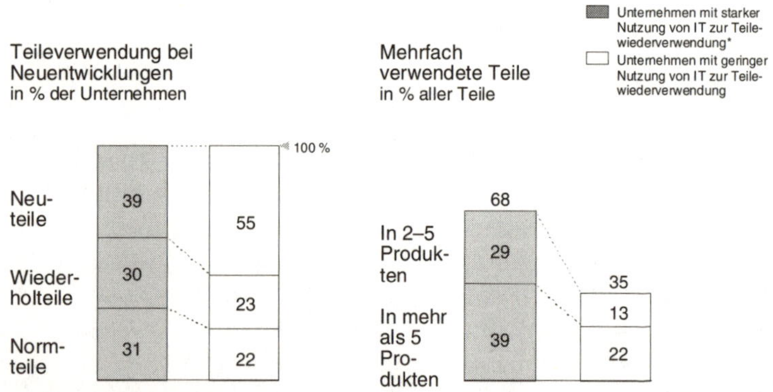

* Nutzung von Norm- und Standardteilekatalogen, Ähnlichkeitssuche, Wiederverwendungslisten und erschwerte Teilenummernvergabe

Quelle: McKinsey & Company, Inc.

Schaubild 2.12

dukt ein. In anderen Unternehmen beträgt die Wiederverwendungsquote lediglich 35 Prozent (Schaubild 2.12, Seite 60).

Aus dem konsequenten Abbau von Produkt- und Prozeßkomplexität resultieren Qualitäts-, Kosten- und Zeitvorteile in den nachgelagerten Prozessen.

Produktvielfalt – reduziert auf eine Software-Anwendung

Einem Hersteller von Steuerungselektronik ist es gelungen, die gesamte Variantenkomplexität einer Produktlinie in die Software und damit in den letzten Fertigungsschritt zu verlagern. Die daraus resultierende Reduzierung der Teilevielfalt führte zu erheblichen Kosteneinsparungen in Beschaffung, Fertigung, Logistik und Service.

So gelingt es Unternehmen, die überdurchschnittlich viele Informationen in der Entwicklung verfügbar haben, den Einzelfertigungsanteil an ihren Produkten zugunsten einer stärkeren Varianten- und Serienfertigung zu reduzieren und damit größere Lose in Vorfertigung und Endmontage zu realisieren. Bei Unternehmen, die Informationen zu Prüf- und Freigabestatus, Prozeßkosten, Arbeitsplänen, NC/DNC-Programmen sowie Berechnungs- und Simulationsergebnissen in den Entwicklungssystemen verfügbar hatten, konnten wir in der Regel einen deutlich stabileren Produktionsprozeß beobachten. So ist bei diesen Unternehmen der Anteil von Losen in der Vorfertigung mit Stückzahlen unter 200 mit 32 Prozent nur etwa halb so hoch wie bei Unternehmen, die weniger bereichsübergreifende Informationen in der Entwicklung verfügbar haben. Die Losgrößen in der Montage unterscheiden sich dagegen weniger stark (Schaubild 2.13, Seite 62).

Bessere Entwicklungs-, Produktions- und Marktinformationen ermöglichen es den erfolgreichen Entwicklern mithin, die notwendige externe Vielfalt präziser abzuschätzen und diese unternehmensintern durch modulare Produktstrukturen einfach und auf die Produktionsmöglichkeiten abgestimmt abzubilden.

Funktionsübergreifende Verfügbarkeit von Informationen fördert Übergang zu größeren Losen

Fertigungslosgröße in Prozent

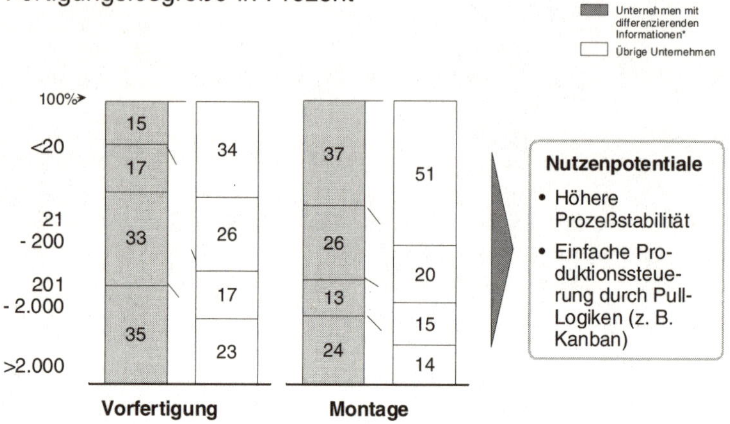

* Differenzierende Informationen: Kosteninformation, Prüf- und Freigabestatus, Arbeitspläne, Berechnungs- und Simulationsergebnisse, NC/DNC-Programme

Quelle: McKinsey & Company, Inc. **Schaubild 2.13**

Arbeitskoordination und Steuerung

Enge Partnerschaften – in der Entwicklung, zwischen den Funktionen und ganz besonders zwischen verschiedenen Unternehmen – erfordern eine Kooperation über den reinen Austausch von Daten hinaus. Dazu ist es notwendig, wesentliche Projektinformationen allen Entwicklungspartnern zur Verfügung zu stellen. Angefangen von E-Mail und Projektplanungssystemen über Groupware-Systeme bis hin zu gemeinsamem Workflow-Management in der Entwicklung kann die Kommunikation zwischen den Entwicklungspartnern durch die IT-Nutzung nachhaltig verbessert werden. Neue Kommunikationsmedien erlauben es dem Kunden, schon in frühen Phasen der Entwicklung Einfluß auf Design und Funktionalität des späteren Produktes zu nehmen.

In der Automobilzulieferindustrie kann man schon heute, getrieben durch die Automobilhersteller, intensive Kommunikation und verstärkten Datenaustausch in der Entwicklung feststellen. Die Zusammenarbeit über Unternehmensgrenzen hinweg macht einen Einsatz von IT hier besonders nutzbringend. Standard sind bei Automobilzulieferern allerdings erst der Austausch von CAD-Daten und die Kommunikation mit Hilfe von E-Mail. Unternehmensintern ist die Entwicklung informationstechnisch noch weitgehend isoliert.

Die erfolgreichen Entwickler aus unserer Untersuchung sind da schon einen Schritt weiter. Sie nutzen die vielfältigen Möglichkeiten, Entwicklungspartner (einschließlich der Kunden und Zulieferer) durch IT intensiv einzubinden, deutlich häufiger als weniger erfolgreiche Entwickler (Schaubild 2.14).

IT verbessert die Zusammenarbeit mit Entwicklungspartnern

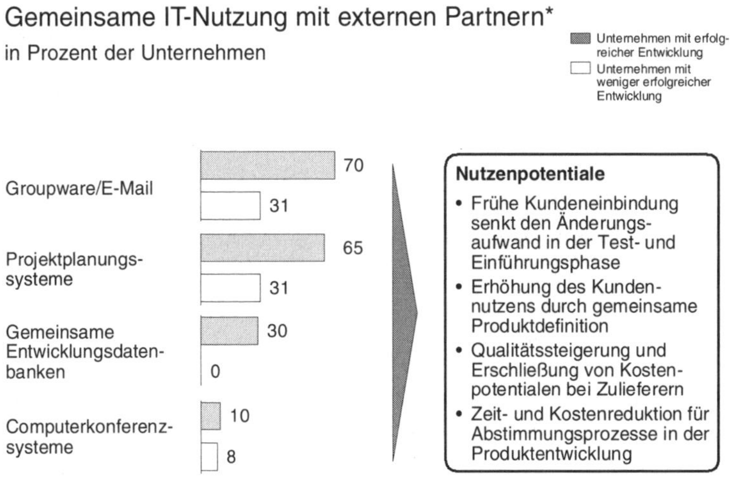

* Kunden, Zulieferer und Entwicklungszulieferer

Quelle: McKinsey & Company, Inc.

Schaubild 2.14

Einsatz von Groupware/E-Mail-Systemen: Zwar nutzen schon heute 70 Prozent der befragten Unternehmen E-Mail gemeinsam mit ihren Entwicklungspartnern, aber die Funktionen, die Groupware bietet, werden bisher erst selten und meist nur unternehmensintern genutzt. Während E-Mail vor allem Effizienzvorteile durch die schnelle papierlose Zustellung von Nachrichten verschafft, kann der Einsatz von Groupware zu völlig neuen Prozessen führen und damit Effektivitätssteigerungen stimulieren.

Schnelle Fehleranalyse durch Groupware

Ein Anlagenbauer konnte durch den Einsatz eines Groupware-Systems die Zeit für die Fehleranalyse bei auftretenden Problemen erheblich reduzieren. Bei Schwierigkeiten können Service, Vertrieb oder auch andere Abteilungen einen Bericht mit Fehlerbeschreibung – auch mit eingescannten Skizzen und Dokumenten – in das System einstellen. Zunächst wird die Information dann in der lokalen Organisation verbreitet. Findet sich dort niemand, der das Problem lösen kann, wird die Meldung zunehmend weiter verbreitet. Lösungsansätze werden dem Vorgang hinzugefügt. So wird neben einer möglichst schnellen Problemlösung auch eine Dokumentation erstellt, die bei ähnlichen Problemen in Zukunft und auch bei neuen Entwicklungsvorhaben genutzt werden kann.

Übergang zu Workflow-Management: Noch ganz am Anfang steht die Unterstützung des Entwicklungsablaufes durch Workflow-Systeme. Bei weiter fortschreitender Integration der Entwicklungssysteme insgesamt ist der Nutzen für die Prozeßintegration und -standardisierung in Zukunft grundsätzlich als sehr hoch einzuschätzen. Insbesondere dürfte die Professionalisierung des Einsatzes von Workflow-Systemen die Entwicklungszeiten nochmals massiv verkürzen.

Änderungsmanagement als IT-gestützter Prozeß

Einem Maschinenbauer gelang es mit Hilfe eines Workflow-Systems, die Durchlaufzeit für Änderungen ganz erheblich zu reduzieren. Dazu wurde entlang eines standardisierten Prozesses ein Änderungsmanagement eingeführt, das im System explizit hinterlegt ist. Neben vielen Änderungsformularen konnten auch die Liegezeiten im Änderungsvorgang eliminiert werden. Das System stellt so sicher, daß nur autorisierte Designer Änderungen vornehmen können, und verhindert unerwünschte Änderungen nach Design Freeze. Darüber hinaus informiert eine E-Mail-Funktion automatisch alle Team-Mitglieder über Änderungen am Master-Model.

Welchen Nutzen ein Unternehmen aus den neuen Möglichkeiten ziehen kann, hängt heute jedoch entscheidend von der Unternehmenskultur ab. So ist eine Nutzung der Informationen zur unternehmensübergreifenden Prozeßoptimierung nur möglich, wenn vorher das funktionale „Bereichsoptimierungsdenken" überwunden wird. Workflow-Systeme in der Entwicklung können diesen Paradigmenwechsel natürlich nicht erzwingen, aber wirkungsvoll stimulieren.

Gemeinsame Nutzung von Projektplanungs-Tools: Erfolgreiche wie auch weniger erfolgreiche Entwickler setzen im Schnitt in ca. 80 Prozent ihrer Projekte Planungs-Tools ein. Der entscheidende Unterschied liegt in der *Art* der Nutzung. So stützen sich Unternehmen mit guter Entwicklungsleistung doppelt so häufig auf eine mit den Entwicklungspartnern erstellte Projektplanung und ermöglichen dadurch eine unternehmensübergreifende Prozeßoptimierung. Darüber hinaus versuchen sie auch, die Auswirkungen zwischen verschiedenen Projekten zu berücksichtigen. Schon heute setzen sie etwa zur Hälfte Netzplan oder Multi-Project-Management ein, während weniger gute Unternehmen fast ausschließlich einzelne Projekte isoliert im System abbilden.

Kommunikationsunterstützung durch Computer- und Videokonferenzen: Computer- und Videokonferenzen werden insgesamt erst zögerlich eingesetzt. Als Ersatz für Flugreisen sind sie kaum geeignet, denn der direkte Kontakt hat für die Entwickler weiterhin unvermindert hohe Bedeutung. Abstimmungsprozesse können sie indes wesentlich beschleunigen, da plötzlich mehrmals wöchentlich Besprechungen ermöglicht werden, die bei großen Entfernungen zwischen Entwicklungsteams früher nicht denkbar waren. In Zukunft werden gerade Computerkonferenzen enorme Nutzenpotentiale eröffnen, wenn es möglich wird, nicht nur auf der gleichen grafischen Oberfläche, sondern gemeinsam an dem gleichen Datenmodell zu arbeiten. „Gemeinsames Konstruieren" könnte dabei Möglichkeiten eröffnen, die heute selbst dann nicht bestehen, wenn alle beteiligten Personen sich im gleichen Raum aufhalten.

Informationssuche in Datennetzen: Alle von uns in der Untersuchung betrachteten Unternehmen haben einen Internetzugang in der Entwicklung, die Mehrzahl hat intern ein Intranet aufgebaut. Derzeit unterscheiden sich die Unternehmen am auffälligsten hinsichtlich des Umfangs, in dem sie den einzelnen Mit-

Unternehmen mit guter Entwicklungsleistung setzen auf dedizierte „Internetforscher"

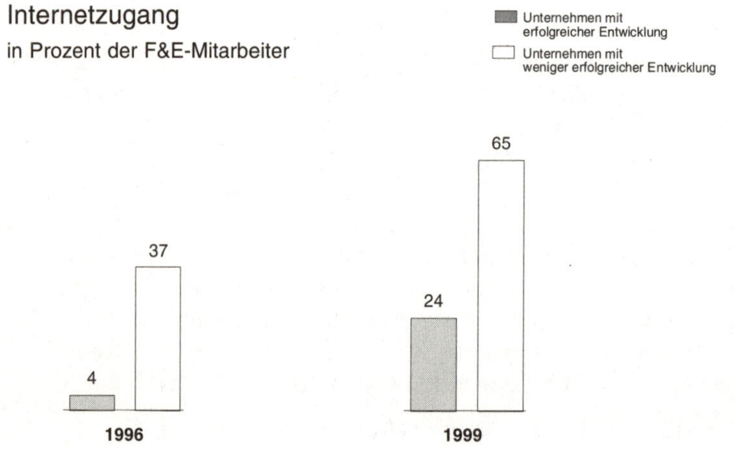

Quelle: McKinsey & Company, Inc.

Schaubild 2.15

arbeitern den Internetzugang gewähren. Erstaunlich ist, daß gerade die Unternehmen mit erfolgreicher Entwicklung den Internetzugang deutlich restriktiver handhaben als Unternehmen mit weniger erfolgreicher Entwicklung (Schaubild 2.15, Seite 66).

Für die Informationssuche setzen erfolgreiche Entwickler häufig Spezialisten ein, die nicht nur reaktiv die Anfragen von Mitarbeitern bearbeiten, sondern auch selbständig relevante Information an die verschiedenen Nutzergruppen weiterleiten. Als Beweggründe für ihr restriktives Vorgehen führen erfolgreiche Unternehmen in der Regel Zeitersparnis und bessere Qualität der Informationssuche, Vermeidung redundanter Suchoperationen, aber auch die Senkung von Kommunikationskosten an.

Damit unterscheiden sie sich deutlich von Unternehmen in den USA. Dort gewähren die Unternehmen den Mitarbeitern einen wesentlich breiteren Zugang zum Internet. Möglicherweise spiegelt sich hierin nur die schon weiter fortgeschrittene, professionellere Einstellung der Amerikaner zum Surfen in Datenfernnetzen wider – eine ähnliche Entwicklung wäre dann auch in Europa zu erwarten.

Resümee

Alle Untersuchungsteilnehmer setzen heute – mit wechselnder Konsequenz – Informationstechnologie ein, um die Effizienz einzelner, isolierter Entwicklungstätigkeiten zu steigern. Erfolgreiche Entwickler zeichnet aus, daß sie inzwischen die Bedeutung eines umfassend koordinierten IT-Einsatzes im Entwicklungsprozeß erkannt haben: IT-Integration und -Abstimmung zwischen den verschiedenen Unternehmensabteilungen (Entwicklung, Produktion, Marketing etc.) sowie über die Unternehmensgrenzen hinaus mit Zulieferern, Entwicklungspartnern etc. ist mehr als nur ein frommer Wunsch. Angesichts der zunehmenden Arbeitsteilung wird sie zur vordringlichen Aufgabe. Ziel muß es sein, nicht nur Produktdaten, sondern – in letzter Konsequenz – auch Entwicklungs-Know-how systematisch zu verwalten und auszutauschen. Denn anders läßt sich der Anstieg der Technologiekomplexität nicht mehr bewältigen.

Best-Practice-Beispiele zeigen schon heute, welche Nutzenpotentiale sich durch fortschreitende interne und externe Integration der Entwicklungsaktivitäten und systematische Einbeziehung neuer IT-Tools erschließen lassen (Schaubild 2.16).

IT wird zur „strategischen Waffe“

IT in der Produktentwicklung – Zusammenfassung

	Alle Unternehmen	Gute Entwickler	Best Practice
Simulationen und Berechnungen	Einsatz von Tools zur Steigerung der Effizienz in der Design- und Detaillierungsphase	Differenzierung durch intensiven Einsatz von Simulationen zur Verbesserung von Produktqualität und Funktionalität	Frühzeitiges Erkennen von Entwicklungsfehlern durch intensive IT-Nutzung schon ab der Vorentwicklung. Nutzen von Simulationen zur Prozeßintegration: Montage-/Fertigungssimulation, Virtual Prototyping
Integriertes Produktdaten-Management	Verwaltung von Entwicklungsinformationen: Stücklisten, Teiledatenbanken, Teileverwendung, Zeichenverwaltung	Integriertes Management von Entwicklungs-, Produkt- und, teilweise schon, Prozeßdaten zur Unterstützung von Design to cost und Design to manufacturability	Nutzen, eines integrierten Produktdaten-Managements zur Förderung und Überprüfung von Entwicklungsstandards unter Einbeziehung von Entwicklungspartnern: Regeldatenbanken, Beschränkung von Teileverwendung und -einführung
Arbeitskoordination und Steuerung	Nutzung von Projektplanungs-Tools, Nutzung von E-Mail und Bürokommunikation	Systematisierung der Informationsflüsse, teilweise Einbeziehung der Partner: Nutzung von Groupware, gemeinsamer Gebrauch von E-Mail und Planungs-Tools	Integrierte Steuerung der Entwicklungsaktivitäten, unter Partnereinbeziehung: Multiprojektmanagement, Einführung von Workflow-Management

Quelle: McKinsey & Company, Inc.

Schaubild 2.16

Der Integrationstrend konzentriert sich denn auch insbesondere auf PDM-Systeme. Weitere Anwendungen, wie etwa Projektmanagement-Tools, Workflow-Funktionen und Kommunikationsunterstützung, werden sukzessive integriert. Auch die Anbieter von CAD-, Simulations- und betriebswirtschaftlichen Systemen tragen dem Integrationstrend zunehmend Rechnung. Gezielt erweitern sie ihre Systeme um PDM-Funktionalitäten, so daß die Funktionsüberschneidungen zwischen diesen Systemen und PDM-Systemen immer größer werden.

Vergessen wird dabei allerdings häufig, daß der Einsatz neuester IT-Technologien allein noch keinen idealen Entwicklungsablauf gewährleisten kann. Vielmehr bedarf es, um die immensen IT-Effektivitätspotentiale zu realisieren, zuvor eines umfassenden Redesign des gesamten Entwicklungsprozesses. Erfolgreiche Entwickler setzen deshalb konsequent auf Integration und Standardisierung bei Produkten wie auch bei Prozessen.

2.2 Operativer Kernprozeß: Mit IT die Abläufe optimieren

Basis für den wirtschaftlichen Erfolg eines Unternehmens ist eine überdurchschnittliche Leistungsfähigkeit im operativen Kernprozeß. Unsere Untersuchung zeigt, daß auch hier – wie beim Entwicklungsprozeß – ein eindeutiger Zusammenhang zwischen der Fähigkeit zu Spitzenleistungen und einem überlegenen Informationsmanagement besteht. Bestleistungen im operativen Kernprozeß erzielen Unternehmen insbesondere durch ein effizientes Informationsmanagement.

Die entscheidende Rolle des IT-Managements wird besonders deutlich, wenn man die Stufen des operativen Kernprozesses separat untersucht und für die Leistungsfähigkeit von Vertrieb und Marketing, Auftragsabwicklung (d. h. Materialwirtschaft und Logistik sowie Produktion) und im Service jeweils eigene Indikatoren entwickelt (Schaubild 2.17, Seite 70).

Ein zentrales Ergebnis dieser Analyse: Operative Exzellenz auf einer Stufe bedeutet nicht automatisch operative Exzellenz auf allen anderen; Höchstleistungen im Vertrieb beispielsweise sind nicht notwendigerweise an Höchstleistungen in der Produktion gekoppelt und umgekehrt.

Untersucht man den IT-Beitrag zur operativen Exzellenz, so ist auf den verschiedenen Prozeßstufen jeweils zwischen Effizienz und Effektivität des IT-Einsatzes zu unterscheiden. Dabei wird deutlich, daß sich weitaus die meisten Untersuchungsteilnehmer auf die Verbesserung der Prozeßeffizienz durch IT konzentrieren; damit lassen sie wertvolle Chancen ungenützt. Die exzel-

Differenzierte Indikatoren ermitteln die operative Leistungsfähigkeit

Prozeßindikatoren im operativen Kernprozeß

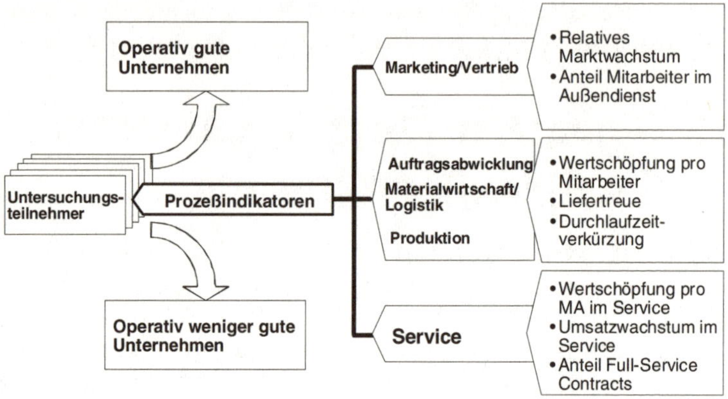

Quelle: McKinsey & Company, Inc.

Schaubild 2.17

lenten Unternehmen sind hier einen großen Schritt weiter: Sie haben längst begonnen, durch gekonntes Informationsmanagement auch die enormen IT-Effektivitätspotentiale zu erschließen – mit dem Ziel, beispielsweise die Produktqualität zu verbessern und die Kundenzufriedenheit zu erhöhen.

IT-Einsatz für Marketing und Vertrieb

Zwischen Unternehmen mit gutem Marketing- und Vertriebsprozeß und ihren weniger guten Wettbewerbern klaffen enorme Leistungslücken: Die besseren Unternehmen erzielen im Vergleich zu vertriebsschwachen Wettbewerbern einen dreimal höheren Umsatz pro Vertriebsmitarbeiter und investieren etwa die Hälfte mehr Zeit in Dialog und Zusammenarbeit mit den Kunden. Sie weisen ferner (bezogen auf ihren Umsatz) um 30 Prozent niedrigere Vertriebs- und Marketingkosten auf als die Schlußlichter.

In vielen Unternehmen zählen Marketing und Vertrieb noch

immer zu den „weißen Flecken" auf der IT-Landkarte. Anwendungen werden – wenn überhaupt – installiert, um eine Effizienzsteigerung herbeizuführen, z. B. bei der Auftragsannahme oder bei der inzwischen weitgehend abgeschlossenen Ausrüstung des Außendienstes mit Laptops. Angesichts der Fixierung auf IT-Effizienz drängen sich allerdings Fragen auf: „Worin besteht eigentlich der Nutzengewinn des papierlosen Büros?" oder: „Ist der Vertrieb durch die IT tatsächlich kundenorientierter geworden?"

Wirklich vielversprechende Anwendungsgebiete für die Informationstechnologie lassen sich eben häufig nicht erkennen, wenn man den IT-Einsatz lediglich durch die „Effizienzbrille" betrachtet. Möglichkeiten zur Effektivitätsverbesserung – eigentlich der sehr viel interessantere Ansatzpunkt – bleiben dann unerkannt. Dabei sind die erzielbaren Potentiale beeindruckend: Kundendaten können z. B. nicht nur „verwaltet", sondern – richtig aufbereitet – hervorragend für wirkungsvolles Direktmarketing eingesetzt werden. Die notwendige Organisation und Kombination der Daten ist allerdings ohne hochleistungsfähige IT-Unterstützung ebensowenig durchführbar wie z. B. die aufwendigen Kundenpotentialanalysen.

Die größte Barriere für einen effektiveren IT-Einsatz bildet auch hier vielfach die fehlende Datenintegration: Noch immer sind die notwendigen Informationen in vielen Fällen über zahlreiche Anwendungen „verstreut". Sie finden sich bald in der Kundendatenbank des Außendienstes, bald bei den Debitorenstammdaten der Buchhaltung oder auch in der Lieferantenkartei der Logistikabteilung. Hinzu kommt, daß die Daten bei den verschiedenen Nutzern in völlig unterschiedlichen Formen und Formaten vorliegen. Wer eine vollständige, nach Kunden, Produkten, Umsätzen und Ergebnissen geordnete Darstellung benötigt, steht vor einem schier unlösbaren Puzzle – manche der Steine fehlen, manche sind gleich mehrfach vorhanden, viele zeigen zwar das richtige Motiv, lassen sich jedoch einfach nicht einfügen ...

Um diesem Dilemma zu entgehen, verlegen sich viele Unternehmen auf den Einsatz von Standardsoftware: Rund 45 Prozent der vertriebsstarken Teilnehmer an unserer Untersuchung setzen auf solche „Lösungen von der Stange", bei den vertriebsschwächeren Unternehmen sind es immerhin noch 25 Prozent.

Wo die Datenintegration über integrierte Standardsoftware an ihre Grenzen stößt, setzen die vertriebsstärkeren Unternehmen heute – soweit sie mit den technischen Anforderungen zurechtkommen – auf „Data Warehousing", einen Ansatz, bei dem Informationen aus verschiedenen operativen Systemen in einer relationalen Datenbank zusammengefaßt und für neue Anwendungen oder Auswertungen aufbereitet werden.

Der dramatische Preisverfall bei Speichermedien und Rechenleistung hat dafür gesorgt, daß diese Form der Datenkonsolidierung und -integration seit kurzem wirtschaftlich geworden ist. In der Regel nutzen die vertriebsstarken Unternehmen der Untersuchung die konsolidierten Daten des Warehousing für das Reporting oder für Analysen des Kundenverhaltens, etwa zur Erkennung von „negativen" Entwicklungsmustern im Kaufverhalten der Abnehmer.

Anstatt eine einzige Datenquelle zu schaffen, konsolidiert Data Warehousing also in vielen Unternehmen lediglich die unterschiedlichsten Informations-„Vorräte", die in ihrer bisherigen Form nicht verarbeitet werden konnten.

Als Schnittstelle zwischen verschiedenen existierenden Altsystemen bleibt Data Warehousing aber oftmals weit unter seinen Möglichkeiten. Beispielsweise könnte Data Warehousing zu einem der wichtigsten Instrumente des Customer-Relationship-Managements (CRM) werden. Ursprünglich für den Konsumgüterbereich entwickelt, dringt das CRM-Prinzip immer weiter in andere Branchen vor. Im Vordergrund steht dabei die „Mikro"-Segmentierung der Kunden (bis hin zum „Segment of One", dem einzelnen Kunden), die durch ein gezieltes, kundengerechtes Marketing wesentlich effektiver als bisher angesprochen werden können. Die Nutzung des CRM setzt allerdings einen massiven Einsatz von IT voraus, den sich bisher nur wenige Unternehmen leisten. Data Warehousing stellt dabei lediglich die Datenplattform dar, von der aus man durch mehrstufige Filter und mittels komplizierter statistischer Verfahren nach der sprichwörtlichen „Nadel im Heuhaufen" sucht.

Kundengewinnung/Akquisition

Wie im gesamten Marketing und Vertrieb schöpfen viele Unternehmen der Untersuchung die Potentiale des IT-Managements auch für die Kundengewinnung nicht ansatzweise aus. Rund 50 Prozent der Unternehmen setzen derzeit mehr als zwei IT-Systeme in diesem Bereich ein. Die Folge sind immer wieder aufbrechende „Informationslücken“ in der täglichen Arbeit, da niemals auf alle Daten des Vertriebs- und Marketingbereichs gleichzeitig zugegriffen werden kann. Über die Hälfte der guten Unternehmen setzten kein integriertes Vertriebsinformationssystem ein, d. h. sie arbeiten mit mindestens zwei Anwendungssystemen. Rund 13 Prozent der befragten Unternehmen leben mit dem Handicap, mit vier oder mehr Anwendungssystemen arbeiten zu müssen.

Auf dieser schwachen Basis scheitern denn auch viele Versuche, leistungsfähige „mobile Büros“ einzurichten: Zwar verfügen mittlerweile 60–70 Prozent aller Außendienstmitarbeiter über Laptop und Mobiltelefon – damit hat sich die Datenlage für den Mitarbeiter allerdings in der Regel keineswegs verbessert. Nach wie vor sind auf dem – nunmehr mobilen – Computer meist nur Grunddaten verfügbar, die ehedem auch schon auf Papier vorlagen, z. B. Preise oder Kundenstammdaten. Angaben über Produktspezifikationen und Anwendungsvarianten hingegen stehen in den wenigsten Fällen zur Verfügung; mitunter verkaufsentscheidende Informationen wie „Sales Leads“ aus telefonischen Anfragen, Antworten aus Direktmarketingaktionen oder Kundenpotentialanalysen sind in der Regel gar nicht verfügbar.

Best-Practice-Unternehmen sind dank IT kundennäher: Vertriebsstarke Unternehmen setzen voll auf die Wirkung aufbereiteter Daten. Sie sind bestrebt, über das „mobile Büro“ nur Informationen bereitzustellen, die direkt auf Kundenanfragen bzw. -bedürfnisse eingehen: „Welche Produkte sind sofort lieferbar?“ – „Welche Produktionskapazitäten sind derzeit frei verfügbar?“ oder „Wie lang sind die Lieferzeiten bei Auftragsfertigung?“ Die Antworten auf diese Fragen vereinfachen den Dialog mit dem potentiellen Käufer und geben dem Außendienstmitarbeiter, was er am meisten braucht: Mehr Zeit für die Kunden.

Hier, bei der Kundenbetreuung, zeigen sich die Unterschiede zwischen vertriebsstarken und vertriebsschwächeren Unternehmen besonders deutlich. Die Außendienstmitarbeiter der besten Unternehmen verbringen im Durchschnitt immerhin 46 Prozent ihrer Arbeitszeit mit den Kunden, die Mitarbeiter der vertriebsschwächeren Wettbewerber gerade 28 Prozent. Noch gravierender sind die qualitativen Unterschiede: 67 Prozent der vertriebsstarken Unternehmen nutzen die Möglichkeit einer IT-gestützten Produktionseinplanung, in der Gruppe der vertriebsschwachen Unternehmen sind es lediglich 44 Prozent. Schließlich profitieren 46 Prozent der vertriebsstarken Unternehmen von einer IT-gestützten Machbarkeitsprüfung, während es in der schwachen Gruppe lediglich 16 Prozent sind (Schaubild 2.18). Die Vertriebsbesten entlasten so die Kundengespräche u. a. vom prozeduralen Abgleich der Auftragsdaten und Spezifikationen. Die gewonnene Zeit läßt sich nutzen, um die Geschäftsbeziehungen zu vertiefen und den Kunden gezielt an das eigene Unternehmen zu binden.

Integrierte Standard-Vertriebsinformationssysteme erhöhen die Funktionalität

Nutzungsintensität von integrierten Vertriebsinformationssystemen (VIS)

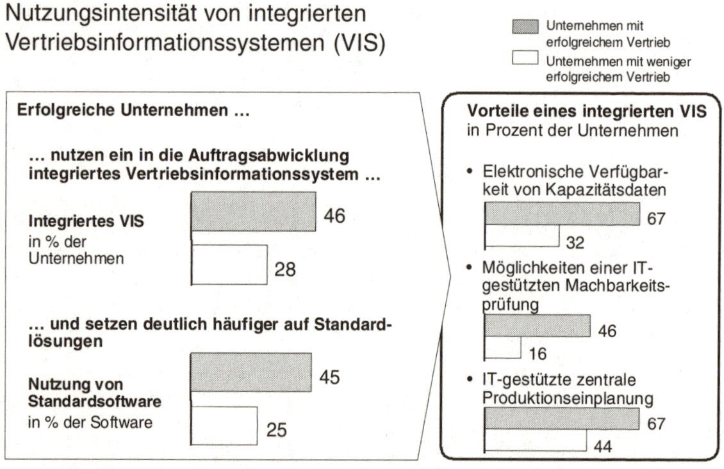

Quelle: McKinsey & Company, Inc.

Schaubild 2.18

Effektivere IT-Nutzung wird die Kundenorientierung weiter verbessern: Auch künftig wird die Informationstechnologie wesentlich dazu beitragen, die Kundenorientierung der Unternehmen zu verbessern. Stellvertretend für zahlreiche jüngere technologische Entwicklungen und neue Ansätze seien der Produktkonfigurator und die Multimedia-Technik genannt.

Produktkonfiguratoren erlauben es, das gesamte Spektrum einer Produktfamilie während des Kundenbesuches am Bildschirm zu präsentieren, z. B. alle Varianten einer Omnibusausstattung, die Bandbreite des Angebotes von Hydraulikzylindern etc. Im Dialog mit dem Kunden läßt sich überprüfen, wann und zu welchen Kosten sich die Wünsche des Abnehmers realisieren lassen.

Der Kundennutzen liegt auf der Hand: Angebote können schneller und besser erstellt werden, unangenehme Überraschungen werden vermeidbar – z. B. die späte Einsicht, daß die gewünschte Konfiguration überhaupt nicht oder nur zu hohen Mehrkosten angefertigt werden kann. Wenn der Produktkonfigurator um ein Kalkulationsschema ergänzt wird, läßt sich schließlich auch die Preisbildung vor Ort, im Gespräch mit dem Kunden, abschließen.

Für die Unternehmen bringt der Konfigurator-Einsatz zahlreiche Vorteile. So weisen die Anwender auf die Verbesserung der Beratungs- und Vertriebsleistung hin. Ein Hersteller von Linienbussen beispielsweise konnte nach Einführung eines Konfigurators einen Rückgang der Anzahl an Sonderwünschen der Kunden um 90 Prozent verzeichnen, der Zeitaufwand für die Auftragsklärung wurde um 50 Prozent reduziert. Ein wesentlicher Grund hierfür ist, daß die Erstellung des Regelwerks oft ein komplettes Redesign der Produktarchitektur und damit ein Bereinigen der Produktpalette um „Exoten“ einschließt – ein sehr hilfreicher Prozeß, um Produktkomplexität und Fertigungskosten zu senken.

Mit Hilfe von Produktkonfiguratoren lassen sich aber nicht nur technische Know-how-Defizite kompensieren, auch persönliche „Vorlieben“ und Routinen von Vertriebsmitarbeitern werden – in Maßen – korrigiert. Die IT-Unterstützung verhilft dem Außendienst dazu, die aus Kundensicht beste Lösung schneller herauszufinden und zu präsentieren.

Die Vorteile dieses Instruments sind so überzeugend, daß einige Unternehmen noch einen Schritt weiter gegangen sind:

Warum nicht gleich den Konfigurator dem Kunden zugänglich machen? Cisco, ein führender amerikanischer Hersteller von Netzwerkkomponenten z. B., bietet nicht nur die Möglichkeit, High-Tech-Geräte zu Preisen von bis zu 100.000 US-Dollar über das Internet zu bestellen. In den Bestellvorgang ist zudem ein Produktkonfigurator integriert, der den Kunden bei der Auswahl und der Überprüfung seiner Bestellung unterstützt. Der bereits in 1997 erzielte Umsatz von rund 3 Mrd. US-Dollar zeigt auf, welches Potential auch für andere technische Investitionsgüter besteht, z. B. im Anlagen- und Maschinenbau, aber auch für komplexe Konsumgüter, wie Autos oder Kücheneinrichtungen.

Derzeit sind Produktkonfiguratoren allerdings noch wenig verbreitet. Ein Grund: Sie erfordern in der Regel die Abbildung des individuellen, geschäftstypischen Produktprogrammkonzeptes und lassen sich mit Standardsoftware alleine daher kaum erstellen. Der notwendige Aufwand wird allerdings durch die zahlreichen Verwendungsmöglichkeiten des Konfigurators gerechtfertigt. Er eignet sich nicht nur zur Unterstützung der Außendienstmitarbeiter und als Internet-Applikation zur direkten Bestellannahme über den „digitalen Vertriebskanal", sondern läßt sich auch als Bestandteil des ERP-Systems und damit zur Prüfung sämtlicher Auftragseingänge einsetzen.

Über den Trend zum verstärkten Einsatz von Produktkonfiguratoren zeichnet sich auch der Einsatz von Multimedia-Anwendungen für das Marketing ab. Einsatzschwerpunkt ist dabei die Übermittlung von Produktinformationen an die Kunden. Derzeit lassen sich zwei Typen von Multimedia-Beratungssystemen unterscheiden. Einerseits handelt es sich um Stand-alone-Systeme, die dem Kunden per CD-ROM (z. B. Mannesmann Rexroth Zylinderprogramm) oder über das Internet (z. B. das Unternehmen AMP für seine Steckverbindungen) zur Verfügung gestellt werden.

Andererseits entstehen bereits Dialogsysteme, die der Vertriebsmitarbeiter im Gespräch mit dem Kunden einsetzt oder die vom Kunden beispielsweise über Internet genutzt werden, so daß auf Wunsch des Kunden der Vertriebsmitarbeiter eingeschaltet werden kann. Er erhält von seinem IT-System die bisherigen Anfragen und – soweit vorhanden – eine Kundenhistorie. Im „elektronischen" Dialog klärt der Vertrieb die noch offenen Positionen der Bestellung. Diese Einsatzvariante ist prinzipiell als Call Center der Zukunft vorstellbar, wobei das Internet-Angebot um eine Bildinformation zu den Verkaufsthemen sowie um einen Verkäufer-Käufer-Dialog (Bildtelefon über das Internet) ergänzt wird. Die notwendigen Voraussetzungen für Hard- und Software sind derzeit jedoch erst im Laborbetrieb verfügbar. Mit praxisreifen Anwendungen ist deshalb voraussichtlich erst in einigen Jahren zu rechnen.

Auftragsannahme

Bei der Mehrzahl der untersuchten Unternehmen erfolgen Auftragsannahme und die anschließende Einplanung manuell, was die bekannten Nachteile mit sich bringen kann: Doppelarbeit, Eingabefehler und längere Durchlaufzeiten. Mit Electronic Data Interchange (EDI) stünde eine bewährte Technologie zur Annahme von Aufträgen zur Verfügung, doch ihr Einsatz stößt vor allem in der Gruppe der vertriebsschwachen Unternehmen auf Skepsis.

Im Hinblick auf den EDI-Einsatz liegt der Unterschied zwischen erfolgreichen und weniger erfolgreichen Unternehmen nicht im Grundsätzlichen, sondern in der Frage: „Mit wem und wieviel?" Die erfolgreichen Unternehmen haben verstanden, daß es nicht auf die Anzahl der Kunden ankommt, zu denen eine EDI-Verbindung besteht. Entscheidend ist vielmehr, wie viele Transaktionen tatsächlich per EDI abgewickelt werden. Die guten Auftragsabwickler konzentrieren sich daher auf ihre Kernkunden – jene Abnehmer mit einer Vielzahl von Aufträgen und einem hohen Umsatzanteil. So liegt der EDI-Anteil an den Aufträgen bei den guten Standardproduktherstellern bei beachtlichen 72 Prozent, im Gegensatz zu 47 Prozent bei den leistungsschwächeren Standardproduktherstellern.

Für den gezielten Einsatz von EDI sprechen auch die Möglichkeiten zum Ausbau und zur Intensivierung einer Kundenbeziehung sowie die Chance zur Standardisierung und Rationalisierung des Abwicklungsprozesses. Auf der Seite der Kosten – und damit bei den Effizienzvorteilen – können so beachtliche Potentiale erschlossen werden: Standardprodukthersteller beispielsweise, die mehr als 50 Prozent ihrer Aufträge per EDI abwickeln, haben einen Vertriebsinnendienstaufwand in Höhe von 0,7 Prozent vom Umsatz. Vergleichbare Unternehmen mit einem EDI-Anteil von lediglich 10 bis 50 Prozent weisen mit 1,4 Prozent vom Umsatz einen doppelt so hohen Aufwand auf. Kostenvorteile aus der EDI-Anwendung ergeben sich auch für „Misch"-Unternehmen, die sowohl Standardprodukte als auch Einzelfertigung betreiben. Die Kosten des Vertriebsinnendienstes in dieser Gruppe bewegen sich bei 2,7 Prozent vom Umsatz gegenüber 4,8 Prozent bei Unternehmen, die EDI noch nicht nutzen (Schaubild 2.19).

EDI-Einsatz verringert die Innendienstkosten

Vertriebsinnendienstkosten in Abhängigkeit von der EDI-Nutzung

in Prozent vom Umsatz

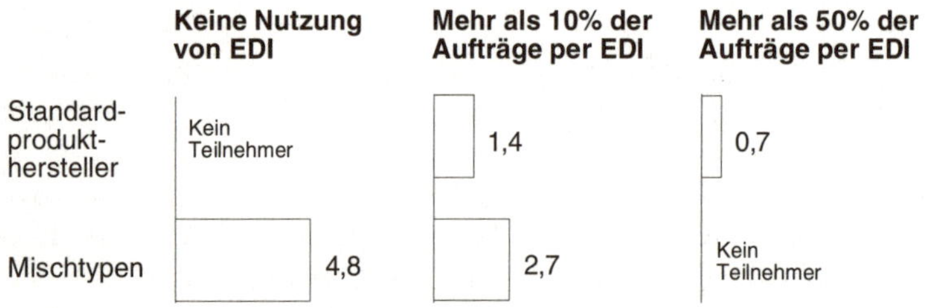

Quelle: McKinsey & Company, Inc.

Schaubild 2.19

Natürlich ist EDI kein Allheilmittel für eine ineffiziente Auftragsabwicklung, aber das System bildet eine notwendige Voraussetzung zur Erschließung ungenutzter Potentiale. Die vielfach kritisierten, hohen Investitionen für EDI/EDIFACT entstehen vor allem durch die Programmierung der notwendigen Schnittstellen. Zumindest in der langfristigen Betrachtung scheint der erhöhte Aufwand durch die deutlich erhöhte Kundenbindung allerdings voll gerechtfertigt.

IT ermöglicht Call-Center-Erfolge

Erst 1984 stieg Michael Dell in die Produktion und den Verkauf von Personalcomputern ein. Dell wählte eine Geschäftsstrategie, die sich radikal von der seiner Wettbewerber unterschied: kein Verkauf über Händler, keine Vertriebsmannschaft für den Direktvertrieb. Dell-PCs konnten die Kunden ausschließlich per Telefon oder Fax bestellen. Der alles entscheidenden, extrem schmalen Schnittstelle zu den Abnehmern kam für Dell damit eine eminent wichtige Bedeutung zu.
Die Call Center des PC-Unternehmens mußten extrem leistungsfähig sein, und zwar sowohl im Hinblick auf die Qualität der Telefonagenten als auch die Leistungsfähigkeit der IT-Systeme, denn schon während der laufenden Telefonate sollten alle wesentlichen Informationen über die Kunden abgefragt und vom System auf Vollständigkeit und Korrektheit überprüft werden. Mit der zunehmenden Verbreitung des Internets ab 1994 richtete Dell dort ebenfalls eine Bestellmöglichkeit ein. Auch hier wurden Maßstäbe in puncto Bedienungskomfort, Lieferzeiten und Bestellstatus des Systems gesetzt.

Wem diese Lösung zu aufwendig erscheint, dem eröffnet das Internet vermutlich schon bald eine günstigere Perspektive – erste Anwendungen des Internet-EDI haben bereits ihren Weg in die Praxis gefunden. Als Vorteil für die Nutzer entstehen dabei deutlich geringere Installations- und Betriebskosten, ein Umstand, der gerade für mittelständische Unternehmen entscheidungsrelevant sein dürfte.

Auf mittlere Frist wird auch die Einbettung von Internet-EDI in Applikationen für Privatkunden selbstverständlich werden. Das System könnte so beispielsweise die Plattform für die Abwicklungen von Bestellungen innerhalb des World Wide Web bilden. Damit würde der heute noch vergleichsweise niedrige Verbreitungsgrad enorm ausgeweitet und Internet-EDI könnte zum Standardprotokoll für die „elektronische" Auftragsabwicklung werden.

IT-Einsatz in Materialwirtschaft und Logistik

Kurze Lieferzeiten und hohe Termintreue, niedrige Lagerbestände und eine hohe Kapazitätsauslastung – diese Ziele der Auftragsabwicklung gelten in jeweils unterschiedlicher Ausprägung für ihre beiden Teilprozesse: Materialwirtschaft und Logistik sowie Produktion (Schaubild 2.20).

Materialwirtschaft und Logistik sowie Produktion sind vier Zielen verpflichtet

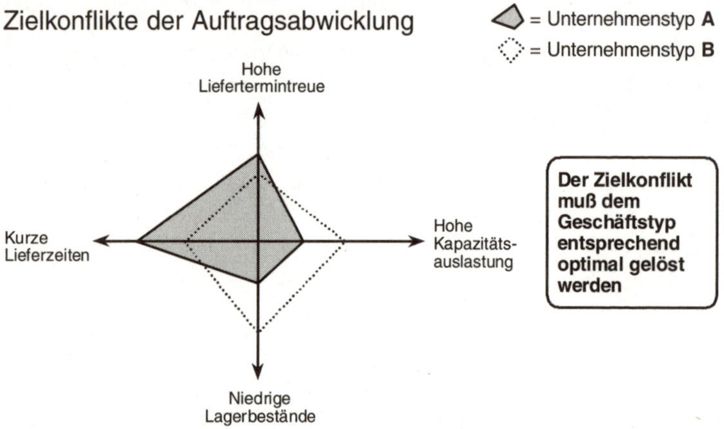

Quelle: McKinsey & Company, Inc.

Schaubild 2.20

Um die Leistungsfähigkeit der Auftragsabwicklung zu messen, verwenden wir einen gemeinsamen Indikator, der sich an drei Kriterien orientiert: Wertschöpfung je Beschäftigten als Maß für die Mitarbeiterproduktivität, Liefertermintreue und Fortschritte bei der Verkürzung der Durchlaufzeiten zwischen 1993 und 1996.

Hierbei zeigt sich: Die operative logistische Überlegenheit in der Auftragsabwicklung der überdurchschnittlichen Unternehmen unserer Untersuchung beruht vor allem auf einer deutlich geringeren Kapitalbindung des Umlaufvermögens. Ihre Lagerbestände sind durchweg um die Hälfte niedriger; dies gilt erstaunlicherweise für alle Läger: Zulieferlager, Work in Process und Fertigwarenlager (Schaubild 2.21, Seite 81).

Gute Auftragsabwickler kommen durchweg mit geringeren Beständen aus

Geschäftstypische Lagerquoten*)
in Prozent vom Umsatz

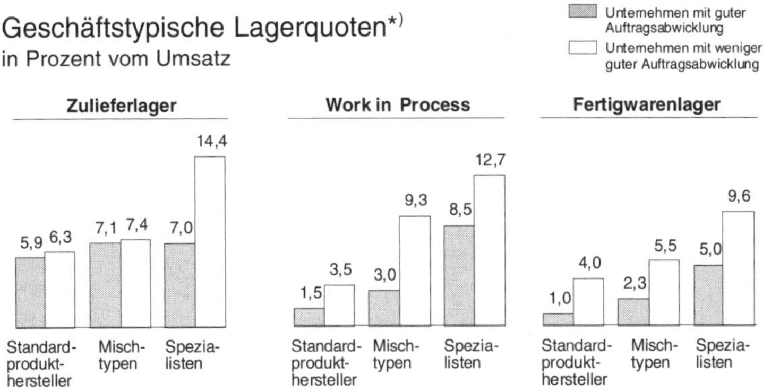

Quelle: McKinsey & Company, Inc.

Schaubild 2.21

Für den Teilprozeß Materialwirtschaft und Logistik haben wir überdies die Bestandteile Beschaffung und Lagerung, innerbetriebliche Logistik sowie Auslieferung/Distribution unterschieden.

Ohne IT-Unterstützung sind Beschaffung, Bestellwesen und Lagerhaltung kaum noch zu beherrschen, weshalb die untersuchten Unternehmen denn auch durchgängig eine hohe IT-Durchdringung bei der Materialwirtschaft und Logistik aufweisen: Bei den Unternehmen mit guter Performance liegt sie bei 100 Prozent, bei denjenigen mit weniger guter Auftragsabwicklung immer noch bei 83 Prozent.

Wichtigstes Motiv für den IT-Einsatz ist derzeit – wie schon auf der Prozeßstufe Marketing und Vertrieb – die Erschließung von Effizienzpotentialen. Zur Verbesserung der Leistungstransparenz in der innerbetrieblichen Logistik sowie in Auslieferung und Distribution hat dabei vor allem die Einführung der Barcode-Technik entscheidend beigetragen. Sämtliche Materialbewegungen lassen sich damit lückenlos verfolgen.

Technisch wäre es heute z. B. über das Internet möglich, den Kunden einen direkten Einblick in Fertigung und Distribution und damit auf den aktuellen Auftragsstatus seiner Bestellungen

---

*) Zur Differenzierung der Unternehmen s. a. Schaubild 2.22, Seite 85.

zu gewähren. Viele Unternehmen scheuen jedoch noch vor diesem Schritt zurück. Sie möchten ihre „Dispositionsfreiheit“ bewahren, Aufträge sollen auch weiterhin „ungestört“ vorgezogen oder zurückgestellt werden können.

Die Differenzierungsvorteile gegenüber den Wettbewerbern erreichen Best-Practice-Unternehmen mit überdurchschnittlichen Leistungen in Materialwirtschaft und Logistik vor allem über eine neue, wesentlich partnerschaftlichere „Form“ der Zusammenarbeit mit ihren Zulieferern: Sie gewähren deutlich mehr Freiheitsgrade, übergeben damit aber auch die Verantwortung für Fertigungstechnologien und Qualitätssicherungskonzepte. Sie investieren deshalb mehr Zeit in die Auswahl ihrer Lieferanten; die Leistung der Zulieferer wird mit entsprechender IT-Unterstützung kontinuierlich überprüft. Wareneingangskontrollen beispielsweise werden nicht mehr routinemäßig bei jeder Lieferung vorgenommen, an ihre Stelle sind Zufallsstichproben auf der Grundlage stochastischer Verfahren getreten.

Wie aber unterscheiden sich die besten Unternehmen von den Wettbewerbern mit weniger guten Leistungen bei Materialwirtschaft und Logistik? Im wesentlichen ist es *das höhere Anspruchsniveau*, mit dem sie ihre Lieferanten konfrontieren – und das auch konsequent nachgehalten wird.

Die Vorteile des guten Lieferanten-Managements liegen dabei auf der Hand:

- *Niedrigere Kosten durch weniger Lieferantenprobleme:* Die präzisere Abstimmung zwischen Abnehmer und Lieferant senkt die Kosten zum Vorteil beider Seiten und führt damit zu wesentlich geringeren Frustrationen bei allen Beteiligten. Bei guten Unternehmen machen die Kosten von falschen, unvollständigen oder unpünktlichen Zulieferungen lediglich 0,8 Prozent des Einkaufsvolumens aus, bei den weniger guten Wettbewerbern sind es rund dreieinhalbmal mehr.
- *Pünktlichere Zulieferungen:* Selbst die guten Auftragsabwickler unserer Untersuchung erhalten die bestellte Ware nicht immer pünktlich. Rund 8 Prozent aller Anlieferungen kommen verspätet am Zielort an, bei den leistungsschwächeren Unternehmen sind es sogar 12 Prozent – ein insgesamt unhaltbar

hohes Niveau. Dieser Mißstand dürfte die meisten Unternehmen zum „Abfedern“ zwingen. Das Resultat sind höhere Lagerbestände und damit höhere Bestandskosten.

Ein Instrument des Lieferanten-Managements ist die bereits erwähnte Barcode-Technik, in Verbindung mit Tracking- und Tracing-Systemen. Die Unternehmen mit überdurchschnittlicher Leistung setzen außerdem bei teuren und zeitsensitiven Gütern mehr und mehr auf Global-Positioning-Systeme (GPS). Sie ermöglichen eine kontinuierliche Verfolgung der Waren im „Transportstrom“ und verschaffen darüber hinaus der Fertigungsleitung einen deutlichen Zugewinn an Handlungsmöglichkeiten. Die Kombination von IT-Lösungen mit dem Global-Positioning-System ermöglicht es, Verzögerungen in der Zulieferung automatisch zu erkennen und frühzeitig auf die Störungen im Materialzufluß zu reagieren. Angesichts des einsetzenden Preisverfalls für GPS-Empfänger werden sich die Einsatzmöglichkeiten für diese Systeme in nächster Zeit massiv erweitern und auch für weniger hochwertige Fertigungsprozesse Verwendung finden.

Wettbewerbsvorteile durch IT in der Auftragsabwicklung

Smartes IT-Management in Materialwirtschaft und Logistik kann erheblich dazu beitragen, Wettbewerbsvorteile zu realisieren. Einem Zulieferer von Stoßfängern für die Automobilindustrie z. B. gelang es, vor allem auf Grund seiner IT-Kompetenz, den Auftrag für eine Just-in-Time-Fertigung in unmittelbarer Nähe zum Kunden zu erhalten. Die großen und variantenreichen Komponenten, „Pkw-Front-Ends“ – vormontierte Karosserie-Elemente aus Stoßfänger, Scheinwerfern –, erfordern eine enorme IT-Kompetenz bei Materialwirtschaft und Logistik. Nur so ist die notwendige, kurzfristige Reaktionsfähigkeit – im vorliegenden Fall lag der Abruf nur vier Stunden vor Auslieferung der fertigen Produkte – ebenso gewährleistet wie geringe Lager- und Transportkosten beim Zulieferer.

Noch wichtiger als die bisher beschriebenen Einzelelemente ist allerdings das Verständnis der Funktion von Materialwirtschaft und Logistik als Teil der Prozeßkette mit den Gliedern „Plan,

Source, Make" und „Deliver". Nur wer diese Prozeßkette von seinen Lieferanten und deren Vorlieferanten bis zu seinen eigenen Kunden und deren Endverbrauchern durchgängig realisiert, kann die Philosophie des „Supply Chain Management" erfolgreich umsetzen. Denn der Aufbau unternehmensübergreifender Prozeßketten stellt extrem hohe Anforderungen an die Informationstechnologie und das IT-Management. Über den Erfolg entscheidet dabei, ob es gelingt, die heterogenen IT-Logistiksysteme so weit zu standardisieren, daß sich verschiedene Unternehmen „zusammenschalten" lassen.

Für die meisten Unternehmen, auch im Rahmen unserer Untersuchung, ist diese Form des „Supply Chain Management" allerdings noch Zukunftsmusik; für einige Unternehmen der Kategorie „virtuelles Unternehmen" jedoch Geschäftsstrategie – wenn es nämlich darum geht, die vom Kunden gewünschten Produkte „nach Maß" zu produzieren und zu liefern, und zwar durch Integration verschiedenster Leistungen von Lieferanten und ohne wesentliche eigene Wertschöpfung in Form von eigenen Produktionsanlagen. Entscheidender Leistungstreiber ist hierbei die Logistik, denn sie stellt das Bindeglied zwischen den Produktionsstätten dar.

IT-Einsatz in der Produktion

Der Einsatz der Informationstechnologie in der Produktion – einer ihrer „traditionellen" Anwendungsbereiche – wurde nicht selten von übersteigerten Erwartungen und Hoffnungen begleitet. So ist etwa das Ziel einer vollständig computergesteuerten Fabrik (CIM), das in den achtziger Jahren kurzfristig als Perspektive galt, bis auf wenige Ausnahmen ein Traum geblieben. Angesichts solcher desillusionierender Erfahrungen stellt sich natürlich die Frage, welchen Beitrag die Informationstechnologie heute leisten kann, um die vier teilweise widersprüchlichen Ziele der Auftragsabwicklung – kurze Lieferzeiten und hohe Termintreue, niedrige Lagerbestände und hohe Kapazitätsauslastung (vgl. Seite 80) – zu erreichen.

Selbstverständlich ist die angestrebte „Quadratur des Kreises" auch durch den Einsatz von Informationstechnologie nicht erreichbar. Aber: Welche Zielkonflikte lösen die Unternehmen mit erfolgreicher Produktion hier besser als ihre Wettbewerber? Wie nutzen sie IT zur Optimierung ihrer Produktion?

Produktionsplanungs- und Steuerungssysteme (PPS) tragen heute erheblich dazu bei, Bestellungen effizient zu organisieren, die Auftragsabwicklung zu überwachen und die Planung des Materialbedarfs über den laufenden Abgleich der Lagerbestände und Auftragseingänge zu gewährleisten. Für die Wahl des PPS-Systems ist natürlich der Charakter des jeweiligen Geschäftes entscheidend, dabei lassen sich drei Kategorien von Unternehmen unterscheiden: Hersteller von Standardprodukten, Spezialisten und „Mischtypen" (Schaubild 2.22).

Im Segment der *Standardprodukthersteller* finden sich z. B. Automobilzulieferer, Komponentenhersteller und Großserienfertiger, zu den *Spezialisten* zählen Einzelfertiger, der Großmaschinenbau und der klassische Anlagenbau, und unter dem Sammeltitel *„Mischtypen"* finden sich Hersteller, die sowohl große als auch kleine Serien fertigen.

Unternehmen haben unterschiedliche Anforderungen an PPS-Systeme

Anforderungen an Produktionsplanungs- und -steuerungssysteme

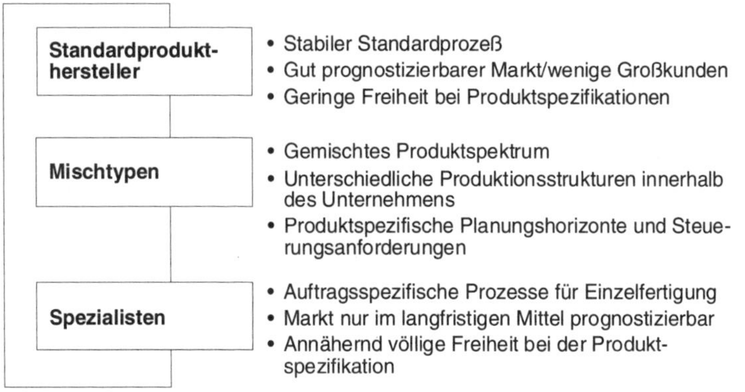

Quelle: McKinsey & Company, Inc. **Schaubild 2.22**

Defizite IT-gestützter Produktionsplanung und -steuerung

Die Planung und Steuerung des Produktionsprozesses vollzieht sich heute vielfach auf der Basis von „Material-Requirements-Planning“(MRP)- oder „Manufacturing-Resource-Planning“-Systemen (MRP-II). Beide sind zumeist eng mit den IT-Anwendungen in Vertrieb, Beschaffung und Materialwirtschaft vernetzt und liefern dem Management Planungshilfe und Dispositionsvorschläge für den gesamten Fertigungsprozeß. Dank dieser Koppelung von Produktions-, Materialwirtschafts- und Vertriebssystemen ist es bei Kundenanfragen nicht mehr erforderlich, die Lieferzeiten auf der Grundlage von Standardwerten abzuschätzen. Die Anfragen lassen sich vielmehr individuell durchspielen und mögliche Engpässe werden schon vor der Auftragserteilung sichtbar. Über das reine MRP-II-System hinaus wenden die Unternehmen häufig noch eine Vielzahl anderer Systeme zur Feinplanung und -steuerung an, z. B. sogenannte „Shop-Floor-Control-Systeme“ (SFC).

Trotz der Vielzahl der Anwendungen konnten wir in unserer Analyse insgesamt lediglich ein geringes Maß an Zufriedenheit bei den Nutzern von IT-gestützter Produktionsplanung und -steuerung feststellen. Häufig hörten wir hingegen Kommentare wie die folgenden: „Dieses PPS-Modul ist nur für Serienfertiger! Wir sind Auftragsfertiger – wir treffen uns deshalb weiterhin jeden Morgen um 8:00 Uhr an der guten alten Planungstafel ...“ oder: „Was nutzt uns ein täglicher oder sogar mehrfach täglicher Abruf, wenn unser System lediglich einen nächtlichen Batch-Lauf zur Planung macht?“

Die Defizite, die unserer Erfahrung nach beim Einsatz von PPS-Systemen am schwersten wiegen, sind einer zu hohen Komplexität zuzuschreiben, das heißt, die angebotene Funktionalität ist nicht voll nutzbar. Hinzu kommen vielfach inflexible Systemstrukturen, die nur schwer an die dynamischen Geschäftsprozesse angepaßt werden können.

Darüber hinaus werden konzeptionelle Schwächen in der MRP-II-Logik gerügt. Die Sukzessivplanung sieht zunächst die Materialdisposition und dann erst den Kapazitätsabgleich vor; das Kostenoptimum kann so nicht in jedem Fall ermittelt werden.

Aus diesem Dilemma versuchen sich einzelne Anbieter durch die Installation von weiteren Programmen zur Simultanplanung zu befreien, die zusätzlich zum PPS-System installiert werden. Offenbar sind so erhebliche Verbesserungen des Ergebnisses möglich: Ein amerikanischer Stahlhersteller konnte seinen Output um fast 20 Prozent steigern, ohne die technische Kapazität der Anlage auszuweiten.

Im Rahmen der Untersuchung haben sich weitere Schwachstellen von PPS-Systemen gezeigt:

- *Durchlaufzeitensyndrom:* Das Nichteinhalten von Planzeiten in der Fertigung führt dazu, daß die Planwerte erhöht werden, was wiederum nur den Starttermin für den Fertigungsbeginn aller Aufträge weiter nach vorne verlegt und das Problem im Kern nicht löst.
- *Losgrößendefekt:* Durch die Berechnung der Losgrößen unter Kostengesichtspunkten entstehen tendenziell sehr große Lose. „Bestraft" werden infolgedessen jedoch alle anderen Aufträge durch hohe Liegezeiten, die sich in der Warteschlange befinden. In der Praxis wird dies oft manuell korrigiert, indem große Lose in mehrere kleinere aufgespalten werden, so daß die Bestände und Durchlaufzeiten im Ergebnis wie gewünscht niedriger ausfallen.

Wie aber gelingt es guten Auftragsabwicklern nun, ihr PPS-System erfolgbringend zu nutzen?

Erfolge mit PPS

Erfolgreiche Unternehmer kennen und akzeptieren die technischen Grenzen ihrer PPS-Systeme – und sie sind in der Lage, ihre vermeintlichen Einschränkungen in Vorteile zu verwandeln. So werden Änderungswünsche der Kunden von den überdurchschnittlichen Unternehmen bis maximal 38 Stunden vor Produktionsbeginn akzeptiert. Dieser selbstgesetzte Standard wird zudem recht konsequent eingehalten: Nach Ablauf der Änderungsfrist wurden in nur noch sechs Prozent aller Fälle letzte Korrekturen vorgenommen.

Vordergründig kommen die weniger leistungsfähigen Unternehmen der Untersuchung ihren Abnehmern in dieser Hinsicht sehr viel weiter entgegen: Für sie liegt der „Order Freeze Point", bis zu dem Veränderungen des erteilten Auftrages möglich sind, erst 24 Stunden vor Fertigungsbeginn, und selbst danach werden 13 Prozent der Aufträge noch modifiziert. Doch die vermeintliche Kundenorientierung bedeutet einen enormen Aufwand, der in der Regel nicht vom Kunden bezahlt wird. Darüber hinaus wird die Steuerung der Produktion so schwierig, daß die vereinbarten Liefertermine häufig nicht eingehalten werden können – ein Umstand, der sicher nicht im Interesse der Kunden liegt (Schaubild 2.23).

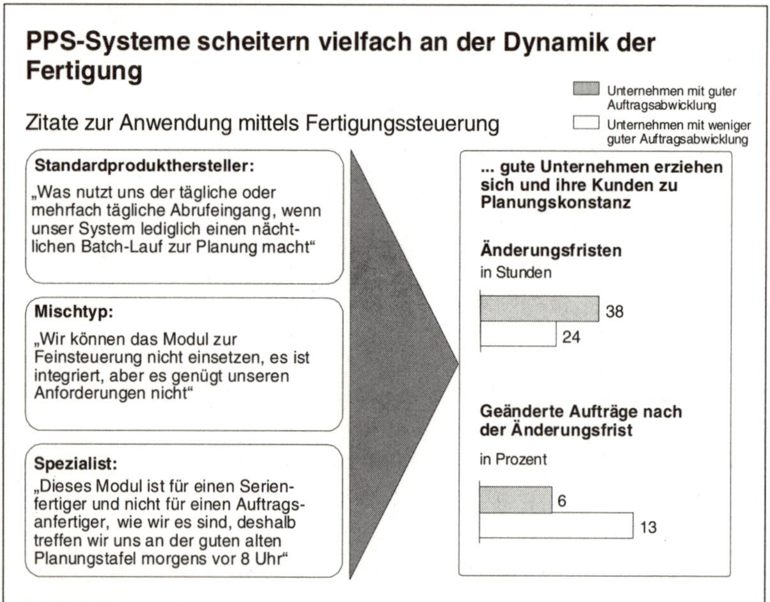

Quelle: McKinsey & Company, Inc.

Schaubild 2.23

Auffällig ist, daß die Unternehmen mit sehr guten operativen Leistungen in der Produktion zur Lösung ihrer Probleme in der Fertigung vorrangig auf die Kompetenz und Fähigkeit der Mitarbeiter bauen. Die schlechteren Wettbewerber der Untersuchung hingegen setzen auf einen verstärkten IT-Einsatz, um die zunehmende Komplexität beherrschen zu können. Mischunternehmen und Spezialisten schließlich bemühen sich häufig, die vielfältig miteinander verwobenen Fertigungsprozesse mit Hilfe aufwendiger, stochastischer Steuerungsverfahren und IT-Unterstützung beherrschbar zu machen. Gerade weil die zunehmende Komplexität eine immer größere Angriffsfläche für menschliche Fehler und zufällige Probleme bietet, sind diese Pläne jedoch häufig zum Scheitern verurteilt.

Ein gutes Beispiel für das unterschiedliche Vertrauen in „Man-" und „IT-Power" liefert die Organisation der Feinsteuerung in der Produktion (Schaubild 2.24).

Unternehmen mit guter Auftragsabwicklung verzichten weitgehend auf IT zur Feinsteuerung

Fertigungssteuerungslogiken

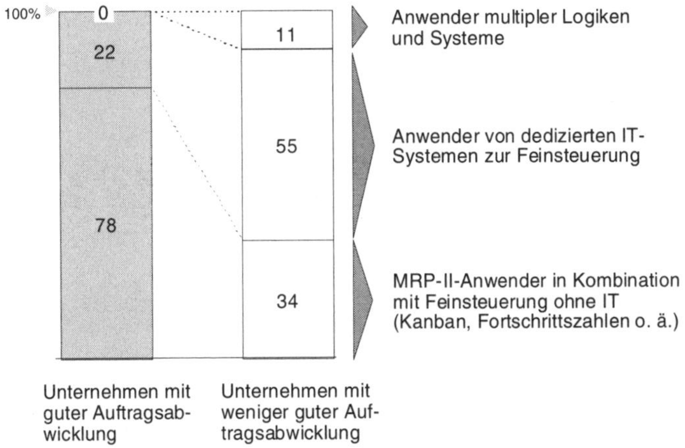

Quelle: McKinsey & Company, Inc.

Schaubild 2.24

Die überwiegende Mehrzahl (78 Prozent) der operativ guten Unternehmen unserer Untersuchung kommt hier ohne IT-Unterstützung aus. Für die Optimierung der Arbeitsebene vertrauen diese Unternehmen vielmehr auf eingeführte Organisationsmethoden, z. B. klassische Kanban-Systeme, Fortschrittszahlen-Konzepte oder Gruppenarbeit. Dagegen ist das Mißtrauen gegenüber den eigenen Fähigkeiten zur manuellen Steuerung bei den weniger erfolgreichen Wettbewerbern deutlich ausgeprägter: Lediglich jedes dritte Unternehmen setzt auf die menschlichen Steuerungsfähigkeiten, 55 Prozent wenden dedizierte IT-Systeme zur Feinsteuerung an, 11 Prozent sogar mehrere Systeme.

Die Präferenz der guten Auftragsabwickler für organisatorische Lösungen und ihre gesunde Skepsis gegenüber einer unreflektierten Verwendung von komplexer IT zeigt sich auch, wenn man die verschiedenen Einführungsstrategien für PPS-Systeme untersucht (Schaubild 2.25).

Dauer und Aufwand der PPS-Einführung variieren stark, abhängig von der gewählten Einführungsstrategie

Vorgehensvarianten bei PPS-Systemeinführungen

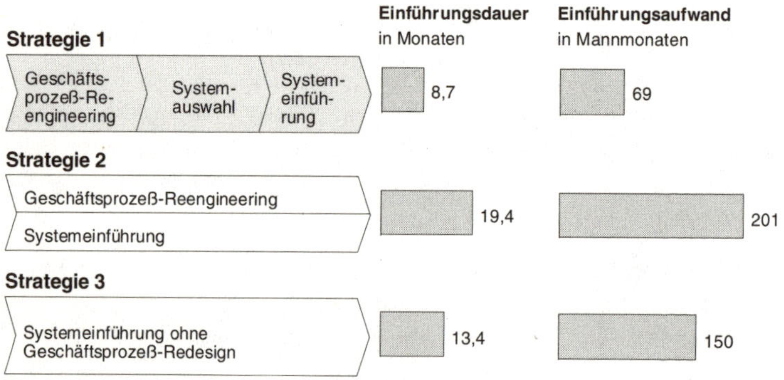

Quelle: McKinsey & Company, Inc.

Schaubild 2.25

Dabei lassen sich drei typische Vorgehensweisen identifizieren:

1. *Sequentielle Implementierung*: Zuerst Prozeßoptimierung, zumeist in Form eines Geschäftsprozeß-Redesigns, dann systematische Auswahl des geeigneten PPS-Systems mit anschließender Einführung.
2. *Parallele Implementierung*: Die Prozeßoptimierung erfolgt gleichzeitig mit der Einführung eines neuen PPS-Systems.
3. *Singuläre Implementierung*: Einführung eines neuen PPS-

Systems ohne gleichzeitige oder vorgeschaltete Prozeßoptimierung.

Die guten Auftragsabwickler entscheiden sich in der Regel für die sequentielle Implementierung (Strategie 1) – und sie fahren gut damit. Denn für die PPS-Einführung gilt, daß sich gute Vorbereitung in Form einer Prozeßoptimierung in einem deutlich niedrigeren Einführungsaufwand auszahlt: Zum einen wird das neue PPS-System nicht den Zwängen überkommener betrieblicher Abläufe unterworfen, und zum anderen können im Rahmen der Systemeinführung notwendige Feinoptimierungen berücksichtigt werden, die sich aus der Wahl einer bestimmten PPS-Software ergeben.

Grundsätzlich sollte eine konzeptionell schlüssige Ausgestaltung der eigenen Fertigungsprozesse der Ausgangspunkt für die Wahl des bestgeeigneten PPS-Systems sein. Die guten Auftragsabwickler liefern hier wichtige Erfahrungen:

- *Saubere Trennung der Fertigungsprozesse*: Gute Auftragsabwickler trennen innerhalb ihrer Fertigung zwischen flußorientierter Fertigung und Einzelfertigung, d. h. sie befolgen in der Regel das Konzept dedizierter Fertigungsstandorte oder -linien.
- *Konsequente Vereinfachung der Fertigungsprozesse:* Gute Auftragsabwickler vereinfachen existierende Ablaufprozesse, um sie für eine manuelle Steuerung beherrschbar zu halten oder zu machen, statt existierende Abläufe in der IT nachzubilden. Dabei setzen sie häufig auf Elemente der Selbststeuerung und Eigenverantwortung ihrer direkten Mitarbeiter in der Fertigung.

Verfolgen die Unternehmen die sequentielle Einführungsstrategie, fällt ihre Wahl mit 60 Prozent der Fälle am häufigsten auf Standard-PPS-Lösungen, deren Einführung nach einem gründlichen Prozeß-Redesign natürlich leichter fällt. Für dieselbe Lösung entscheiden sich lediglich 40 Prozent der Unternehmen, die eine parallele Einführung vorsehen, und 47 Prozent der Befragten, die eine Singulärstrategie gewählt haben (Schaubild 2.26, Seite 92).

Strategie 1 begünstigt den Einsatz von Standard-PPS-Systemen und erhöht den Prozeßnutzen

Vergleich Einführungsstrategie und IT-Nutzung

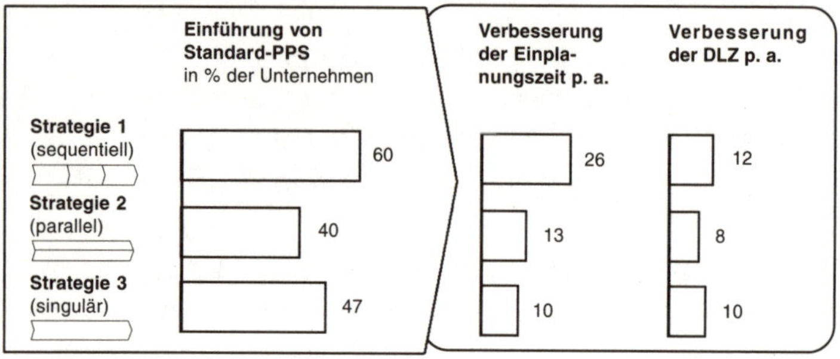

Quelle: McKinsey & Company, Inc.

Schaubild 2.26

Die Erfolgsstrategie der überdurchschnittlich leistungsfähigen Unternehmen besteht also darin, zuerst die Fertigungsprozesse zu optimieren und sie anschließend durch IT-Anwendungen gezielt zu unterstützen. Unternehmen, die blind auf die positiven Wirkungen der Informationstechnologie vertrauen und die Neugestaltung der Fertigungsprozesse darüber vernachlässigen, finden hingegen in der Regel nicht den Weg an die Spitze des Wettbewerberfeldes.

Zumindest für die überschaubare Zukunft werden diese Erfolgsregeln ihre Gültigkeit bewahren, denn mit „revolutionären Entwicklungen“ ist im Bereich der Basisfunktionen bei PPS-Systemen nach derzeitigem Kenntnisstand jedenfalls nicht zu rechnen.

Gegenwärtig konzentrieren sich die großen Software-Häuser vor allem auf Details sowie Zusatzfunktionen im Bereich Analyse-Instrumente und Planungsunterstützung. So helfen „Available-to-Promise“-Anwendungen, Aufträge unter gleichzeitiger Berücksichtigung der verfügbaren Kapazitäten und der Materialverfügbarkeit zu planen – wobei nicht nur Vormaterialien, sondern auch Work in Process und Fertigbestände einbezogen werden.

Neue Analyse-Programme ermöglichen es, die PPS-Daten zu nutzen, um verschiedene Fertigungsszenarien durchzuspielen. Wichtig wird diese Möglichkeit z. B., wenn bei ausgelasteter Produktion die Entscheidung ansteht, einen zusätzlichen Auftrag kurzfristig anzunehmen, und Fragen auftauchen, wie: „Bei welchen Aufträgen ergeben sich Lieferterminüberschreitungen?" oder: „Wie groß wären die Terminüberschreitungen?"

Dabei zeichnen sich diese Neuentwicklungen auch durch eine exzellente grafische Darstellung der komplexen Sachverhalte aus. Der Produktionsplaner wird so in die Lage versetzt, Konflikte unmittelbar erfassen und sofort die notwendigen Korrekturen einleiten zu können. Intelligente Varianten ersetzen dabei während der Simulation das komplette „Neurechnen" sämtlicher Aufträge durch gleichzeitige „Upstream" und „Downstream Propagation", d. h. durch die Analyse des „Impulses" der Veränderungen auf die vorherigen und nachfolgenden Fertigungsstufen und deren Aufträge.

Neuere Systeme zur Planungsunterstützung lösen sich von der gängigen PPS-Logik, d. h. der bloßen Ermittlung der kostenoptimalen Lösung über die Schrittfolge Primärbedarfsplanung, Materialdisposition und Zeitwirtschaft. Sie lassen neben dem Kriterium der Kosten auch Parameter wie Liefertermintreue und Bestandsmanagement zu. So wird es möglich, die Optimalkonfiguration des jeweiligen Unternehmens besser einzustellen.

PPS-Systeme mit Supply-Chain-Unterstützung lösen sich von den üblichen MRP-II-Optimierungsverfahren, die Kapazitätsengpässe, bezogen auf *ein* Fertigungsaggregat, zu beheben versuchen. Die Ergebnisse dieser „lokalen" Verfahren tragen dem Gesamtdurchsatz einer Anlage nicht genügend Rechnung, Fertigungskapazitäten in anderen als den jeweils untersuchten Anlagenteilen blieben somit ungenutzt. Neue, intelligente Algorithmen in Kombination mit Verfahren zum Constraint-based Planning schaffen Abhilfe, indem sie die Produktion „global" optimieren – im Hinblick auf maximalen Durchsatz, unter gleichzeitiger Berücksichtigung von Material- und Fertigungsressourcen.

Über die intensive IT-Unterstützung des Produktionsplanungs-

und -steuerungsprozesses hinaus gibt es zahlreiche weitere Einsatzfelder für einen erfolgreichen IT-Einsatz in der Produktion. Sie reichen von der Fabriklayout-Planung und der Montagesimulation bis zur Produktionsunterstützung, ganz abgesehen von der IT-Unterstützung im Zusammenhang mit der Fertigungsautomatisierung, z. B. bei Schweißrobotern oder bei NC- oder DNC-Maschinen.

Montageunterstützung bei Boeing

Der amerikanische Flugzeughersteller Boeing arbeitet derzeit an einer der ersten echten Virtual-Reality-Anwendungen im Bereich der Produktion. Bisher erfolgte die Verkabelung der Bordelektronik mit Hilfe von großen Schaltplänen und umfangreichen Montageanweisungen. Im derzeitigen Pilotversuch tragen die Mitarbeiter einen Mini-PC am Gürtel sowie eine Art Headset mit Kamera und Durchsichtsbildschirm vor einem Auge. Von der Kamera werden automatisch die Meßpunkte an den Montagewänden erfaßt, der Rechner bestimmt jederzeit die genaue Position des Mitarbeiters im Flugzeugrumpf. Auf dem Durchsichtsbildschirm blendet dann das System die Anweisung zur Verkabelung ein. Dieses neue Verfahren verkürzte die Montagezeiten um fast 50 Prozent, wobei die höhere Qualität der Verdrahtung und der damit wesentlich niedrigere Fehlersuchaufwand nicht einmal berücksichtigt wurden.

IT-Einsatz im Service

In den vergangenen Jahren hat sich der Service von einer Pflichtübung zu einem Geschäftsbereich mit erheblichem Einfluß auf den Unternehmenserfolg gewandelt. Eine wichtige Ursache für diese Veränderung ist sicher der rapide Margenverfall im Produktgeschäft. Im Zuge dieser Entwicklung wurde die Verbesserung der Kundenbindung und -zufriedenheit durch exzellenten Service zu einem wichtigen Differenzierungsfaktor.

Heute sind die Unterschiede im Serviceniveau für den Kunden deutlich spürbar: Gute Serviceunternehmen können rund

71 Prozent ihrer Ersatzteile innerhalb von 24 Stunden liefern, die weniger guten erreichen dies nur in 36 Prozent der Fälle. Gute Serviceunternehmen führen ihre Service- und Wartungsaufträge in aller Regel termingerecht durch, nur 11 Prozent der Aufträge werden verspätet abgeschlossen. Die weniger guten Unternehmen verärgern ihre Kunden hingegen bei 37 Prozent aller Einsätze durch verzögerten Service.

Als Indikator für die Performance auf der Prozeßstufe Service haben wir in unserer Untersuchung drei Kriterien herangezogen: Wachstum des Servicegeschäftes, Umsatzanteil aus Full-Service-Verträgen sowie Wertschöpfung je Service-Mitarbeiter.

Daß der Service unter dem Gesichtspunkt des IT-Einsatzes immer noch zu den „Entwicklungsgebieten" zählt, bestätigt unsere Untersuchung eindrucksvoll: Der Anteil der IT-Unterstützung ist insgesamt noch sehr niedrig – selbst bei den guten Serviceunternehmen nur knapp 50 Prozent. Auch von einem breiten Einsatz praxisnaher Standardlösungen kann nicht die Rede sein – Individualsoftware und angepaßte Standardsoftware werden in 70 Prozent der Unternehmen mit überdurchschnittlichem Service eingesetzt, bei den schlechten Wettbewerbern liegt dieser Anteil sogar bei 92 Prozent.

Differenzierung über IT-Nutzung

Für die untersuchten Unternehmen bildet die Hardware-Ausstattung kein Unterscheidungskriterium; in rund 60 Prozent aller Servicebereiche verfügen die Mitarbeiter über Laptops. Deutliche Unterschiede zeigen sich allerdings bei ihrer Nutzung: Die Mitarbeiter der servicestarken Unternehmen arbeiten rund 2,4 Stunden täglich mit dem Laptop. Sie nutzen ihre IT-Ausrüstung damit mehr als doppelt so intensiv wie die Beschäftigten der serviceschwachen Unternehmen.

Die Erklärung liegt im Umfang der zur Verfügung gestellten IT-Funktionalität. Gute Serviceunternehmen nutzen IT-Systeme wesentlich intensiver zur Einsatzplanung ihrer Servicebereiche, zur Verwaltung von Serviceberichten oder zur Prognose des Ersatzteilbedarfs – generell also zur Vereinfachung und Steigerung der Effizienz der Serviceaufgaben (Schaubild 2.27, Seite 96).

Gute Serviceunternehmen haben aber auch erkannt, welches

Gute Serviceanbieter stellen ihrem Außendienst mehr Informationen IT-gestützt zur Verfügung

IT-gestützte Funktionalitäten im Service-Außendienst
in Prozent der Unternehmen

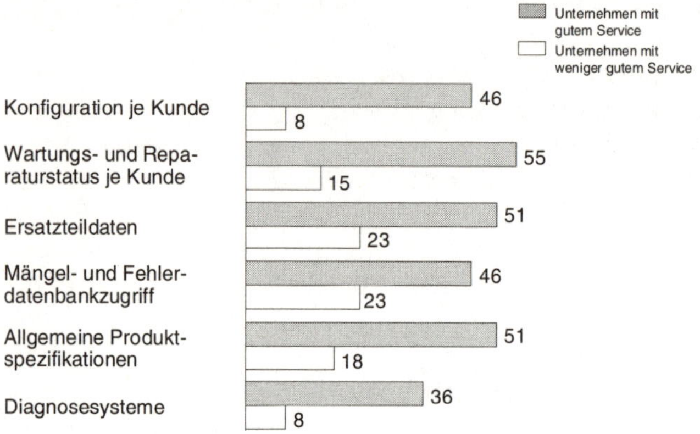

Quelle: McKinsey & Company, Inc.

Schaubild 2.27

Verbesserungspotential für die Effektivität im Service mit IT verbunden ist (Schaubild 2.27). Ihre Erfolgskonzepte lassen sich in drei Erfolgsregeln zusammenfassen:

- *Kunden-, Produkt- und Ersatzteildaten für den Service aufbereiten:* Informationen über Ersatzteile und Produktspezifikationen eignen sich hervorragend zur Speicherung in Datenbanken. Selbst gute Serviceunternehmen weisen allerdings vergleichsweise geringe Verfügbarkeitsquoten auf (rund 50 Prozent). Es reicht nicht aus, mehr Informationen bereitzuhalten, es geht darum, die Daten besser für die Nutzung im Service aufzubereiten – der Erfolg der Systeme entscheidet sich schließlich im täglichen Gebrauch. Zudem ist ein stringentes Qualitätsmanagement hinsichtlich Aktualität, Konsistenz und Vollständigkeit der Informationen notwendig: Geschieht dies nicht, so ist damit zu rechnen, daß das Servicepersonal lieber mit kopierten Listen, Teilen von Konstruktionszeichnungen sowie zahllosen Notizzetteln arbeitet.

- *Aus Fehlern lernen:* „Fehler sind nicht schlimm, solange man aus ihnen lernt" – diese Erfolgsformel beherzigen rund die Hälfte der guten Unternehmen. Sie melden Fehler systematisch an die vorgelagerten Geschäftsbereiche. Dieser Regel folgt dagegen nur ein Fünftel der weniger guten Serviceunternehmen. Kein Servicetechniker wird sich jedoch mit dem Ausfüllen von Fehlerberichten auseinandersetzen, wenn er nicht sicher ist, daß diese der F&E-Abteilung oder Produktion übermittelt werden und möglichst rasch Auswirkungen auf aktuelle oder zukünftige Produkte haben. Auf die Rückkoppelung kommt es also an.
- *Routinearbeiten durch IT-Diagnose vereinfachen:* Eines von drei guten Serviceunternehmen unterstützt seine Techniker mit elektronischen Diagnosesystemen. Diese Systeme sind in der Lage, eine Vielzahl von Standardfehlern zu identifizieren und bereits dem Benutzer einfache Korrekturanweisungen zu geben. Die Techniker müssen nur noch eingreifen, wenn die Störung gravierender, die Reparatur aufwendiger ist. Auf diese Weise wird die Effizienz ihres Einsatzes beachtlich gesteigert.

Trend zu „High-Tech"-Serviceleistungen

Die IT-Entwicklungen im Servicebereich bei Flugzeugen (Airbus, Boeing) oder Eisenbahnen (ICE) deuten bereits an, welche Zukunftstrends zu erwarten sind. Haupttreiber werden dabei der sich fortsetzende Preisverfall auf der Rechnerseite sowie die parallel dazu fallenden Datenübertragungskosten sein.

Während Serviceeinsätze in der Vergangenheit durch vergleichsweise hohe Reisekosten bei geringer Produktivität gekennzeichnet waren, haben sich die Wartungsmethoden vor allem bei Technologieführern (z. B. Trumpf, Heidelberger Druckmaschinen) gravierend verändert. Die Lokalisierung von Fehlern erfolgt dort mehr und mehr über Online-Verbindungen. Per Modem starten Techniker des Serviceunternehmens die Fehlersuche auf der Anlage des Kunden und beheben sie, wenn möglich, auch auf diesem Wege. Andernfalls bleibt nur die Alternative des Vor-Ort-Einsatzes. Aber auch dann ist diese Methode mit Vorteilen verbunden: Der Techniker verfügt durch die Online-Diagnose schon im Vorfeld über detaillierte Angaben zur Fehlerursache. Damit verkürzen sich die Einsatzzeiten sowohl zugunsten des Anbieters wie auch des Kunden. Überdies eröffnet diese Technologie wachsende Möglichkeiten für Serviceanbieter, ihre Leistungspakete zu erweitern (z. B. weltweiter 24-Stunden-Service).

Durch die zunehmende Ausrüstung von Anlagen und Maschinen mit IT verschiebt sich der Leistungsbereich des Servicebereichs immer mehr in Richtung Software- und Programmiertechnik. Zukünftig sind also die passenden Schrauben und Muttern im Ersatzteilkoffer weniger wichtig als der klare Kopf im Hinblick auf die Steuerungssoftware. High-Tech-Produkte werden zunehmend mit „Eigenintelligenz" ausgerüstet sein, und ein Teil der notwendigen Wartungs- und Reparaturarbeiten wird vor dem Kunden verborgen ablaufen. Wer sich für die Herausforderungen des Service der Zukunft fit machen will, startet von daher besser heute als morgen. Denn die hierfür notwendige, gutgeschulte Servicemannschaft kostet Zeit und Geld.

Frühwarnsystem und Ferndiagnose

Ein Hersteller von Hochleistungsservern setzt seit geraumer Zeit intensiv Systeme zur Ferndiagnose und -wartung seiner Computer beim Kunden ein. Damit ist er zum einen in der Lage, die Ausfallraten der Rechner deutlich zu senken, und zum anderen, in Problemsituationen zumeist auf eine Reparatur vor Ort zu verzichten. Wenn tatsächlich Hardware ausgetauscht werden muß, helfen Frühwarnsysteme, die erforderlichen Arbeiten so zu planen, daß nur minimale Störungen der Arbeitsabläufe beim Kunden entstehen. Dies geschieht beispielsweise, indem Reparaturen an Wochenenden erledigt und die erforderlichen Ersatzteile rechtzeitig vorher angeliefert werden. Die Vorteile der IT-Anwendungen, wie etwa niedrigere Ausfallzeiten, deutlich reduziertes Risiko von Datenverlusten und Rechenjob-Abbrüche, trugen entscheidend dazu bei, die Stellung des Computerunternehmens als führenden Anbieter von Hochleistungsservern auszubauen.

Resümee

Während die operativ weniger guten Unternehmen noch große Schwierigkeiten haben, ihre IT effizient einzusetzen und ihre Prozesse vernünftig zu unterstützen, haben die operativ guten Unternehmen längst erkannt, welche enormen Leistungssprünge sich insbesondere durch gezielten IT-Einsatz auf der Effektivitätsseite erzielen lassen (Schaubild 2.28).

IT-Effektivität entscheidet über Wettbewerbsvorteile

IT-Einsatz im operativen Kernprozeß – Zusammenfassung

	Merketing/ Vertriebs-planung	Vertrieb	Material-wirtschaft/ Logistik	Produktion	Service
Status quo	• Mehrere IT-Systeme mangelhafte Datenqualität	• Mehrere IT-Systeme mangelhafte Datenqualität	• IT-gestütztes Bestellwesen, Lagerverwaltung	• MRP II, PPS Automatisierung	• Nur geringe bis keine IT-Unterstützung
Best Practice	• Integrierte Systeme Ansätze Data Warehousing	• "Mobiles Büro" mit kaufentscheidenden Infos, EDI, IT-gestützte Auftragsprüfung	• IT-gestütztes Bestandsmanagement, Lieferantenmanagement, Qualitätsmanagement	• Planung mit IT, Feinsteuerung händisch	• IT-Unterstützung bei Planung und Ausführung, Servicedatenbank, IT-gestützte Fehlerdiagnose, Selbstüberwachung
Ausblick	• "Customer-Relationship-Management"	• Produktkonfigurator, Internet-EDI, Multimediaverkaufsberatung	• Supply-Chain-Management	• Verbesserte Optimierungsalgorithmen zur Kapazitätsplanung , Simulationssysteme, IT-gestützte Fertigungsanleitung	• Fernwartung Fernreparatur

Quelle: McKinsey & Company, Inc.

Schaubild 2.28

2.3 Administration: Mit IT die Rolle der Verwaltung neu gestalten

Ist IT in der Verwaltung für Führungskräfte überhaupt ein relevantes Thema? Gibt es nicht ausgereifte Standardsoftware, die quer durch die Branchen zu einer weitgehenden Automatisierung und Angleichung der Verwaltungsprozesse geführt hat?

So verbreitet diese und ähnliche Vorurteile auch sein mögen, eine gründliche Revision erscheint angebracht. Denn natürlich haben die Megatrends des Strukturwandels längst auch die Verwaltung erfaßt:

- Globalisierung der Absatz- und Beschaffungsmärkte – mit immer intensiverem Wettbewerb, aber auch attraktiven Expansionschancen.
- Zunehmende Dynamik von Nachfragepräferenzen und Technologieentwicklung – verbunden mit dem Zwang zu immer konsequenterer Marktorientierung und höherer Produkt-/Prozeßflexibilität.
- Veränderungen der sozialer Rahmenbedingungen im Unternehmen – getrieben durch Wertewandel, steigende Leistungsanforderungen und nicht zuletzt die Verlagerung von Verantwortung in die operativen Bereiche.

In einem zunehmend instabilen unternehmerischen Umfeld muß sich die Verwaltung heute völlig neuen Aufgaben stellen: Die gewohnte Erfassung und Auswertung von Finanz- und Personaldaten allein reicht sicherlich nicht mehr aus. Gefordert sind vielmehr ein neues Verständnis der Unternehmensplanung, systematische Führungskräfteentwicklung und effektives Knowledge-Management. Aus diesem neuen Verwaltungsbegriff leiten sich veränderte Anforderungen an die unterstützenden IT-Systeme ab. Informationstechnologie, die in der Vergangenheit vor allem die *Effizienz* der Verwaltungsabläufe durch automatisierte Verarbeitung großer Datenvolumen verbessert hat, muß zum *Effektivitätstreiber* werden, d. h. durch die Bereitstellung genauerer und intelligenter aufbereiteter Informationen das neue Selbstverständnis der Verwaltung unterstützen.

Ausgehend von einer Bestandsaufnahme des IT-Einsatzes im heutigen Verwaltungsprozeß sollen im folgenden zunächst die Unterschiede im IT-Einsatz zwischen „erfolgreichen" und „weniger erfolgreichen" Unternehmen herausgearbeitet werden. Daran schließt dann eine Darstellung der Zukunftsaufgaben. Bei der Unterscheidung zwischen „erfolgreichen" und „weniger erfolgreichen" Unternehmen beschränken wir uns auf die wirtschaftlichen Erfolgskennziffern: Auf die Definition operativer Kenngrößen wie für die anderen Kernprozesse haben wir bewußt verzichtet, denn die Effektivität von Verwaltungsbereichen läßt sich nicht valide durch Indikatoren erfassen, die unterhalb der Ebene des Gesamtunternehmens angesiedelt sind.*)

Immer noch gängige Praxis: IT-Einsatz zur effizienteren Verwaltung von Finanz- und Personaldaten

Nach traditionellem Verständnis hat die Verwaltung vor allem die Funktion, sämtliche im Unternehmen stattfindenden Transaktionen in Daten abzubilden und diese Daten effizient zu Informationen zu verarbeiten. Zuständig sind hierfür das Finanz- und Rechnungswesen sowie die Personalverwaltung. Die Abläufe in diesen Abteilungen sind ihrer Natur nach stark repetitiv und in allen Branchen weitgehend gleichförmig – somit also leicht automatisierbar. Die Administration war denn auch der erste Unternehmensbereich, in dem sich EDV-Lösungen auf breiter Front durchsetzten. Aus Anwendersicht war der Nutzen evident: Schnelle und kostengünstige elektronische Verarbeitung der Datenmengen ermöglichte beeindruckende Effizienzgewinne.

Als Folge der frühzeitigen, effizienzgetriebenen Durchsetzung der EDV in der Administration und der damit einhergehenden Systemstandardisierung verfügen heute alle Untersuchungsteilnehmer im großen und ganzen über eine vergleichbare Basis-Software. In Zahlen ausgedrückt: 95 Prozent der befragten Unternehmen setzen im Finanz- und Rechnungswesen Standardsoftware ein, zwei Drittel davon integrierte Pakete wie SAP R/3 oder ähnliche Produkte. Der Anteil der Unternehmen, die speziell im Personalwesen Standardprogramme nutzen, ist mit 85 Prozent vergleichbar hoch. Allerdings sind hier vorwiegend bereichsspezifische Produkte wie PAISY im Einsatz, denn der Nutzen ei-

---

*) Berücksichtigt werden Renditekennziffern (Ergebnis der gewöhnlichen Geschäftstätigkeit zwischen 1993 und 1996 sowie dessen Veränderung im entsprechenden Zeitraum) ebenso wie Wachstumskennziffern (Umsatz- und Marktanteilsveränderung zwischen 1993 und 1996).

ner datentechnischen Integration mit anderen betrieblichen Funktionsbereichen ist vergleichsweise gering.

Nicht nur die Anwendungsbreite, auch die Durchdringung einzelner Arbeitsabläufe mit IT ist in der Verwaltung generell größer als in anderen Unternehmensfunktionen. Im Durchschnitt haben mehr als 85 Prozent der administrativen Mitarbeiter in den untersuchten Unternehmen Computerarbeitsplätze mit Zugriff auf die verschiedenen IT-Systeme sowie auf Büroanwendungen wie Textverarbeitung oder Tabellenkalkulationen.

Läßt sich aus diesen Beobachtungen nun folgern, daß das verbleibende IT-Verbesserungspotential in der Verwaltung nicht mehr groß sein kann, da die meisten Unternehmen inzwischen passable Mindeststandards bei Systemen und Abläufen erreicht haben? Die Antwort ist ein klares „Nein", wie unsere Analysen zeigen.

Der „gewisse" Unterschied: Erfolgreiche Unternehmen erreichen doppelt so hohe Planungsqualität zu halben Kosten

Wenn zwei das gleiche tun, muß nicht unbedingt das gleiche herauskommen.

Wirtschaftlich erfolgreiche Unternehmen müssen im Durchschnitt lediglich 1,4 Prozent ihres Umsatzes für Controlling, Personal- sowie Finanz- und Rechnungswesen aufbringen, die weniger erfolgreichen dagegen 2,7 Prozent. Noch schwerer als der Kostennachteil wiegt der Nachteil in der Planungsqualität; diese Kennziffer kann auch als Maßstab für effektives Controlling dienen. Weniger erfolgreiche Unternehmen können ihre Rendite-Entwicklung im Durchschnitt nur mit einer Genauigkeit von ± 4 Prozentpunkten abschätzen, die erfolgreichen erreichen immerhin eine Genauigkeit von ± 1,7 Prozentpunkten (Schaubild 2.29, Seite 103).

Diese für weniger erfolgreiche Unternehmen charakteristische Planungsschwäche birgt Geschäftsrisiken. Die Folgen einer Planabweichung nach unten können angesichts der wachsenden Effizienz der internationalen Finanzmärkte und der anhaltenden

Diskussion um Unternehmenswert und Shareholder Value rasch unwägbar werden: Aufbrechende Liquiditätsprobleme, Vertrauensverlust bei institutionellen Anlegern, die an einer optimalen Performance ihres Beteiligungsportfolios interessiert sein müssen, und wachsende Glaubwürdigkeitsprobleme des Managements schaffen hier leicht eine Abwärtsspirale.

Erfolgreiche Unternehmen haben eine effiziente Verwaltung *und* ein effektiveres Controlling

Verwaltungseffizienz und Planungsqualität

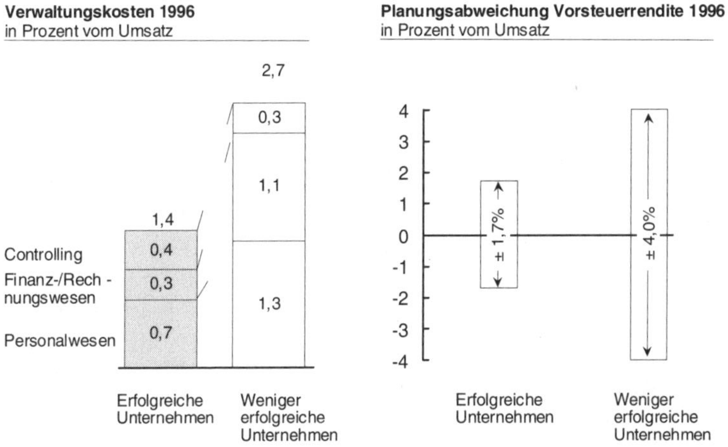

Quelle: McKinsey & Company, Inc. **Schaubild 2.29**

Auch der eher seltene Fall einer hohen Planabweichung nach oben bereitet in der Regel wenig Freude. Denn eine allzu konservative Planung impliziert, daß entscheidende Investitionen nicht oder nur halbherzig getätigt werden, mithin objektiv gegebene Markt-/Wettbewerbschancen ungenützt bleiben.

Wie schaffen es nun die wirtschaftlich erfolgreichen Unternehmen, mit einer knapp halb so hohen Kostenbelastung eine doppelt so hohe Planungsqualität sicherzustellen? Und dies weitgehend mit Standardsoftware, die im Prinzip für alle gleichermaßen verfügbar ist?

Ihr entscheidender *Effizienzvorsprung* liegt in der stärkeren Integration der IT-Basissysteme, vor allem in der (IT-gestützten) Verknüpfung der administrativen Funktionen mit der Auftragsabwicklung. Die erfolgreichen Unternehmen integrieren ihre Verwaltungssysteme mit den in anderen Funktionsbereichen eingesetzten IT-Anwendungen fast doppelt so häufig wie die weniger erfolgreichen und erzielen damit eine ungleich höhere Datenverfügbarkeit und -konsistenz. Zugleich können sie unproduktive Tätigkeiten auf ein Minimum reduzieren – in weniger erfolgreichen Unternehmen wird hierfür oft mehr als die Hälfte der verfügbaren Gesamtarbeitszeit verwandt.

Ihr *Effektivitätsvorteil* resultiert im wesentlichen aus einem moderneren Verständnis von Verwaltungsfunktion und IT-Leistungsangebot. In erfolgreichen Unternehmen umfaßt Administration weit mehr als nur das Verwalten von Personal- und Finanzdaten. So beschränkt sich das Controlling nicht auf Planung, Steuerung und Kontrolle operativer und finanzwirtschaftlicher Kennziffern, vielmehr unterstützt es unmittelbar die strategische Planung des Unternehmens. Insgesamt verstehen die erfolgreichen Unternehmen Verwaltung in einem sehr viel weiteren Sinne – mit einer klaren Ausrichtung auf wertschöpfungsorientierte Aufgaben, um die Leistungskraft der anderen Unternehmensbereiche nachhaltig zu stärken.

Erfolgreiche Unternehmen stellen nicht nur Basisinformationen bereit, sondern auch ganze Informationsarchitekturen mit entscheidungsunterstützenden Funktionen. Zum Einsatz kommen – sehr viel häufiger als in weniger erfolgreichen Unternehmen – Workflow-Systeme, operative Zusatzsysteme sowie Managementinformationssysteme (Schaubild 2.30, Seite 105).

Workflow-Anwendungen: Einfache Workflow-Systeme wie E-Mail sind in erfolgreichen Unternehmen viel weiter verbreitet als in weniger erfolgreichen. Während bei den erfolgreichen zwei von drei Verwaltungsmitarbeitern elektronische Post versenden und empfangen können, sind dies bei den weniger erfolgreichen nur rund die Hälfte. Viele der erfolgreichen Unternehmen ha-

Informationsarchitekturen ermöglichen differenzierte IT-Unterstützung

IT-Systeme in der Verwaltung

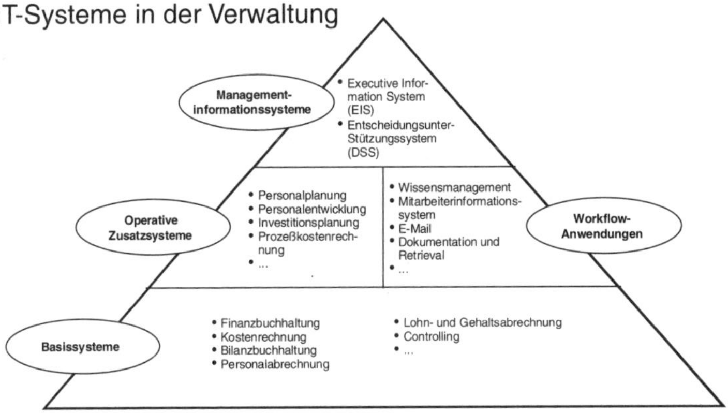

Quelle: McKinsey & Company, Inc. **Schaubild 2.30**

ben außerdem intelligente, auf den Grundfunktionalitäten aufbauende Anwendungen implementiert.

Solche Workflow-Anwendungen beschleunigen und vereinfachen die Informationsprozesse, in der Regel sind sie nicht nur in der Verwaltung, sondern auch in allen anderen Managementbereichen des Unternehmens eingeführt.

„Mitarbeiterinformationssystem" – auf Basis von Lotus Notes

Ein amerikanischer Elektronikhersteller benutzt ein auf Lotus Notes basierendes „Mitarbeiterinformationssystem", um seine Mitarbeiter papierlos, schnell und mit genau den Informationen zu versorgen, die sie benötigen, um sachgerechte Entscheidungen treffen zu können. Das System erlaubt es, anhand einer „Notenskala" jede Information nach ihrer Nutzerrelevanz zu klassifizieren und zielgruppenorientiert, vom Expertenkreis bis zu jedem Mitarbeiter, zu versenden (Schaubild 2.31, Seite 106)

Erfaßbar sind alle Arten von Informationen, externer oder interner Herkunft, in analoger oder digitaler Form. Falls analog, werden sie durch Scannen digitalisiert. Sogenannte „Gatekeepers" sind verantwortlich für die Durchsicht jeweils genau definierter Informationsmedien – zum Beispiel bestimmte Zeitschriften, Online-Services, Kundeninformationen etc. Relevante Beiträge und Daten speisen sie ins System ein und bewerten sie nach ihrer Wichtigkeit.
Jeder Mitarbeiter mit Lotus-Notes-Zugang kann für sich selbst ein „Leserprofil" erstellen, d. h. festlegen, ob bzw. in welchem Detaillierungsgrad er Informationen zu vorgegebenen Themenkreisen erhalten will. Die Informationen werden täglich vom System verteilt; es ist keine weitere Abfrage nötig, die gewünschte elektronische Post landet automatisch im „Briefkasten" des Mitarbeiters. Um eine eventuell unerwünschte Informationsflut zu unterbinden bzw. um neue Themenkreise in die eigene Mailing-Liste aufzunehmen (z. B. wegen eines internen Job-Wechsels oder nach Anlauf eines neuen Projektes), kann jeder Nutzer sein Profil laufend anpassen.

Information schnell und adressatengerecht bereitstellen

Mitarbeiterinformationssystem

BEISPIEL:
ELEKTRONIKHERSTELLER

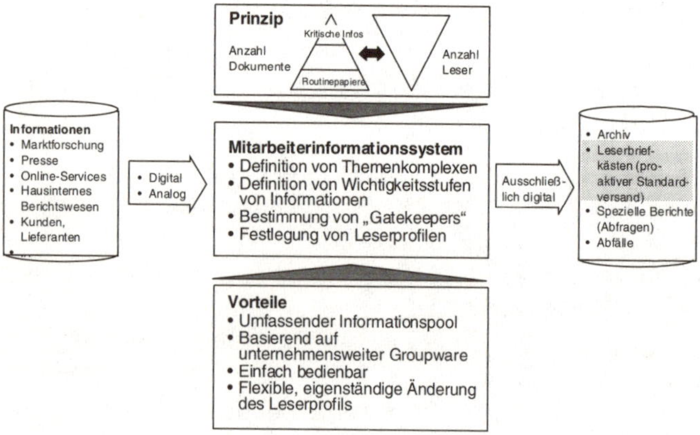

Quelle: McKinsey & Company, Inc.

Schaubild 2.31

Operative Zusatzsysteme: Solche Systeme erweitern die Funktionalität konventioneller Finanz- und Personalsysteme. Von erfolgreichen Unternehmen werden sie hauptsächlich eingesetzt, um die Effektivität in den Verwaltungsfunktionen gezielt zu steigern.

In Bereichen wie Personalplanung und -entwicklung benutzen die erfolgreichen Unternehmen häufig dedizierte IT-Applikationen (auf Basis von PC-Standardanwendungen), um Stellenbeschreibungen und Mitarbeiterprofile zu speichern bzw. zu bearbeiten. Damit wird ein elektronischer Abgleich von Anforderungs- und Qualifikationsprofilen möglich. Auf dieser Grundlage kann dann der individuelle Qualifizierungsbedarf – unter Berücksichtigung von Mitarbeiterwünschen – schnell und sicher ermittelt werden. In gleicher Weise können auch für interfunktionale bzw. internationale Projekte die jeweils objektiv am besten geeigneten Mitarbeiter identifiziert und ausgewählt werden, und nicht, wie häufig üblich, die gerade verfügbaren (Schaubild 2.32).

IT erhöht die Effektivität im Personalwesen

IT-Unterstützung von Zusatzfunktionen
in Prozent der Unternehmen

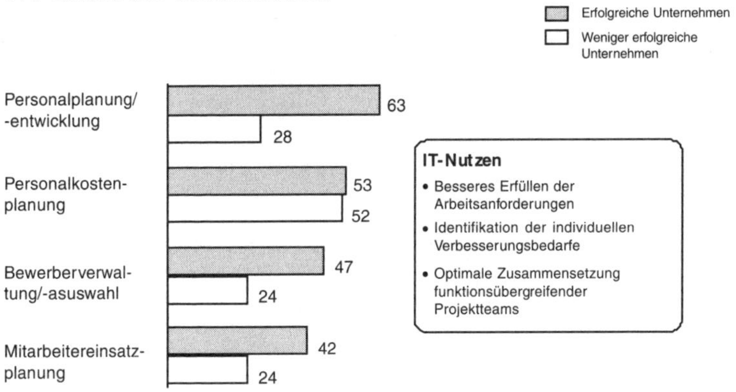

Quelle: McKinsey & Company, Inc.

Schaubild 2.32

Managementinformationssysteme: Systeme wie das EIS-Modul von SAP oder HYPERION werden in erfolgreichen Unternehmen sehr konsequent mit dem Ziel eingesetzt, für Top-Management und Controlling, aber auch für einzelne funktionale Managementbereiche relevante Informationen schnell und adressatengerecht zur Verfügung zu stellen. Wesentlich ist dabei die Beschränkung auf ein „Exception Reporting" sowie die Unterstützung von Ursachenanalysen.

Die besten Unternehmen verfügen bereits über ein hochflexibles EIS (Executive Information System) mit einfacher Bedieneroberfläche und mehrdimensionalen Auswertungsmöglichkeiten. Wichtige Kenngrößen wie Profitabilitäten je Geschäftsbereich oder je Kunde stehen in erfolgreichen Unternehmen doppelt so häufig auf Knopfdruck zur Verfügung wie in weniger erfolgreichen Unternehmen (Schaubild 2.33).

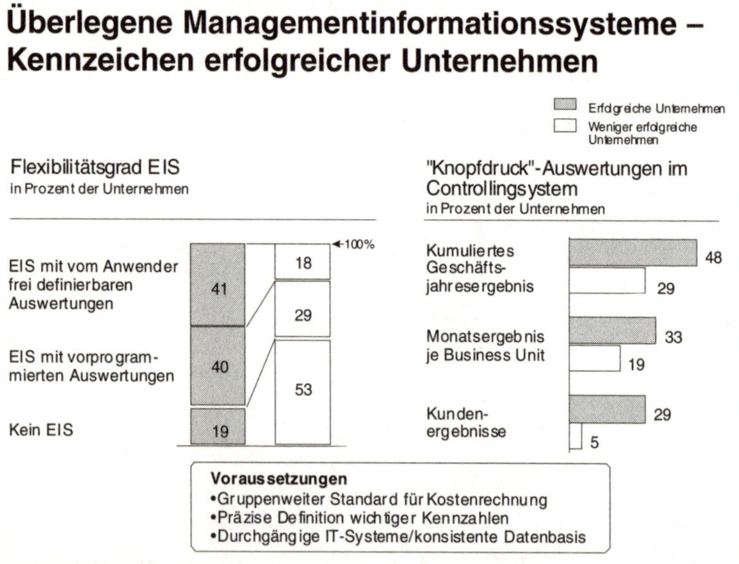

Quelle: McKinsey & Company, Inc. **Schaubild 2.33**

Standard-Managementinformationssysteme lassen sich heutzutage flexibel an unterschiedliche Nutzerbedürfnisse anpassen.

Für erfolgreiche Unternehmen ist allerdings ein umfassendes Informationsdesign unabdingbare Voraussetzung der Systemeinführung, d. h. der individuelle Informationsbedarf der Entscheidungsträger ist jeweils vorab in den verschiedenen Unternehmensbereichen sowie auf den unterschiedlichen Hierarchieebenen im Detail zu ermitteln und festzulegen.

Zum Designprozeß gehört zunächst die selbstverständliche – in größeren Unternehmen aber häufig fehlende – einheitliche Definition der entscheidenden finanziellen und operativen Kennzahlen für alle Bereiche: z. B. Gesamtkapitalrendite, Lagerquote, Wertschöpfung je Mitarbeiter, Umsatz je Vertriebsbeauftragtem o. ä. Darüber hinaus müssen Zielgruppen, Art und Frequenz der Datenerfassung sowie die inhaltliche und visuelle Aufbereitung der Informationen, die, abhängig von Adressat und Zweck, stark variieren können, festgelegt werden. Dieses umfassende Informationskonzept findet sich gerade in den EIS der erfolgreichen Unternehmen.

Der Designprozeß sollte grundsätzlich nicht als einmaliger Kraftakt, sondern als iterativer Vorgang betrachtet werden, den es kontinuierlich fortzuführen gilt. Denn Planungs- und Kontrollsysteme müssen laufend an die Veränderungen der Unternehmenswelt angepaßt werden. Erfolgreiche Unternehmen überprüfen ihre Kennzahlensysteme regelmäßig auf Relevanz der ausgewerteten Indikatoren und erweitern ggf. das Reporting um neue Kennzahlen, die beispielsweise für eine neue Produktgruppe oder zur Bedienung eines anderen Marktsegments erforderlich sind. Nicht mehr benötigte Kennzahlen und Reports werden ebenso konsequent aus dem normalen Berichtswesen eliminiert: Schulungstage je Abteilung werden beispielsweise nicht mehr verfolgt, wenn die zugrunde liegende Qualifizierungsoffensive erfolgreich abgeschlossen worden ist.

Dieses Wissen um die zu erfassenden und auszuwertenden „richtigen“ Kennzahlen ist unabdingbar für eine effektive IT-Unterstützung von Top-Management und Controlling.

Zukunftsthemen: IT-Unterstützung auf die Anforderungen bifokaler Planung ausrichten

Die Weiterentwicklung der Kommunikationsinfrastruktur, z. B. durch neue Workflow-Systeme, wird – wie zu erwarten ist – zu weiteren, sprunghaften Leistungssteigerungen in den Verwaltungsprozessen führen. Schon heute sind zahlreiche digitale Archivierungssysteme, Video- und Computerkonferenzsysteme sowie Internet-Anwendungen am Markt erhältlich, die den Informationsaustausch unternehmensintern, aber auch zwischen den Unternehmen und ihren Geschäftspartnern extrem beschleunigen können.

Das größte Verbesserungspotential wird, aller Voraussicht nach, allerdings in der gezielten Unterstützung der strategischen Planung und Führung liegen. Hier bestehen derzeit, ungeachtet der z. T. eindrucksvollen Best-Practice-Erfolgsbeispiele der IT-Profis, für alle IT-Nutzer die augenfälligsten Defizite. So gibt es bisher kaum brauchbare IT-Syteme zur Unterstützung langfristiger Planungsaufgaben. Bis auf wenige Ausnahmen – z. B. zur Ermittlung der mittelfristigen Nachfrageentwicklung in der Automobilindustrie – scheitert der Einsatz komplexer Prognosesysteme an der Dynamik der Märkte, der Vielzahl der Randbedingungen und nicht zuletzt der Unvollständigkeit der verfügbaren Informationen.

Notwendige Voraussetzung für einen künftig erfolgreicheren IT-Einsatz ist die konsequente Ausrichtung auf die neuen Anforderungen des Planungsprozesses. Im Zuge der Shareholder-Value-Diskussion geht der Trend heute klar zu einer *bifokalen Planung* mit den Schwerpunkten: datengetriebene Kurzfristplanung (1–3 Jahre) und anspruchsorientierte Langfristplanung mit einem Zeithorizont von bis zu 10 Jahren. Im Kurzfristbereich geht es darum, durch den IT-Einsatz die (vor allem quantitativ definierte) Planungsgenauigkeit zu erhöhen. Im Langfristbereich gilt es, den Übergang von einer reinen Finanzplanung zu einer vorwiegend an qualitativen Leitzielen orientierten strategischen Planung zu schaffen. Die Mittelfristplanung beschränkt sich dabei im wesentlichen darauf, die Verbindung zwischen Kurzfrist- und Langfristplanung herzustellen (Schaubild 2.34, Seite 111).

IT-Unterstützung muß unterschiedlichen Planungsanforderungen Rechnung tragen

IT-Anforderungen Bifokale Planung

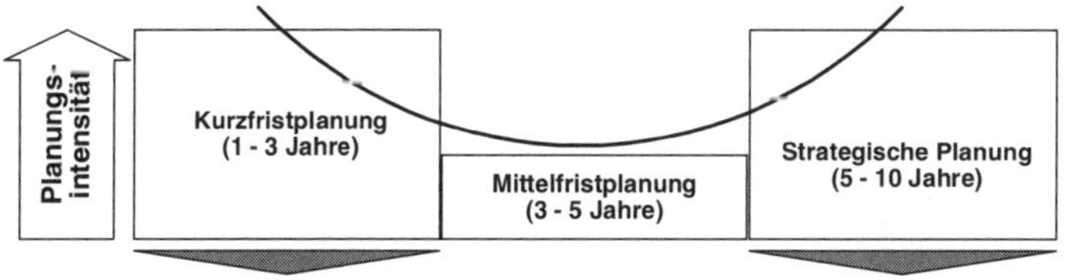

	Kurzfristplanung	Mittelfristplanung	Strategische Planung
Art der Planung	•Absatz-, Investitions- und Finanzplanung •Personal-, Materialplanung •Produktkalkulation	•Hochrechnung der Kurzfristplanung	•Marktentwicklungsplanung •Produktlinienplanung •Technologieplanung
IT-Unterstützung	•Vernetzte Basissysteme •Operative Zusatzsysteme •Managementinformations-systeme •Workflow-Anwendungen	•Einfache Prognose-verfahren, häufig Teil der Controllingsysteme •Workflow-Anwendungen	•Gezielte Datenanalysen •Workflow-Anwendungen •Komplexe Prognose-systeme nur in Ausnahmefällen

Daten-getriebene Planung — **Anspruchs-orientierte Planung**

Quelle: McKinsey & Company, Inc. **Schaubild 2.34**

Mit der Konzentration auf Kurz- und Langfristplanung versucht die bifokale Planung, den Veränderungen in der Unternehmensumwelt konsequent Rechnung zu tragen: Angesichts der zunehmend komplexeren und instabileren Markt-/Wettbewerbsbedingungen sehen sich die Unternehmen gezwungen, sich zu einem immer früheren Zeitpunkt mit den künftigen Chancen und Risiken ihres Geschäftes (möglichst) konkret auseinanderzusetzen. Gleichzeitig müssen sie unter dem wachsenden Diktat der internationalen Kapitalmärkte klare Langfristszenarien entwickeln, wie sie den Unternehmenswert kontinuierlich steigern können, und ihre Geschäftspolitik überzeugend darauf abstellen.

IT-Einsatz in der Kurzfristplanung: Erhebliche Produktivitätspotentiale lassen sich in der Kurzfristplanung erschließen durch eine bessere Ausnutzung/Auswertung der in zunehmendem

Umfang verfügbaren Daten aus Basissystemen. Hierfür zwei Beispiele:

- *Etablierung der Prozeßkostenrechnung:* Das Rechnungswesen muß, vor allem im Hinblick auf die kostentreibenden Faktoren kritischer Unternehmensprozesse, flexibler und transparenter werden, soll es weiterhin seine Rechenschafts- und Informationsaufgaben erfüllen. Wichtigster Ansatzpunkt ist hier die Etablierung einer konsistenten Prozeßkostenrechnung.
  - *Einführung geeigneter Produktplanungssysteme:* Im Fertigungsprozeß setzen heute die führenden Unternehmen immer mehr auf Plattform- und Modulkonzepte, um eine möglichst große Variantenanzahl bei minimaler betriebsinterner Komplexität anbieten zu können. Über solche Konzepte sollte grundsätzlich nur auf Basis möglichst exakter Kosten- und Nutzeninformationen entschieden werden; hierzu fehlen jedoch derzeit die geeigneten Planungssysteme.
  - *Entwicklung operativer Prozeßkostensysteme:* Bisher fehlen auch wirkungsvolle IT-Systeme auf operativer Ebene, um über die Aufnahme zusätzlicher Produktvarianten zu entscheiden bzw. ihren „echten" Erfolgsbeitrag bewerten zu können. Um die Grundlage für die Einführung solcher Systeme zu schaffen, müssen alle relevanten Informationen über die Prozeßkosten einzelner Varianten in Entwicklung, Produktion und Distribution IT-gestützt verfügbar gemacht werden. In den meisten Unternehmen ist dies allerdings noch nicht möglich, denn es fehlen die erforderlichen (IT-gestützten) Meßverfahren. Entsprechende Softwaresysteme müßten in der Lage sein, die einzelnen Prozeßkosten genau abzubilden und ins betriebliche Kostenrechnungssystem zu überführen.

- *Übergang zu entscheidungsunterstützenden Systemen (DSS):* Vordringlich ist die Weiterentwicklung bestehender EIS-Systeme zu umfassenden DSS-Systemen. Erhebliche qualitative Verbesserungen lassen sich dabei erzielen durch neue integrierte Datenbankkonzepte und eine stärkere Automatisierung der Datenanalyse.
  - *„Data Warehousing"* mit Echtzeit ermöglicht – anders als

bei vielen EIS – nicht nur den Zugriff auf das Finanzsystem eines Unternehmens. Auch Daten aus Engineering- und Qualitätsmanagementsystemen können aufgerufen und verarbeitet werden. Dadurch lassen sich die vielfach beklagten typischen EIS-Mängel, unzureichende Datenaktualität und zu starke Fokussierung auf Finanzdaten, erfolgreich beheben.

- *Automatisierte Datenanalyse* erlaubt eine Vielzahl nutzergetriebener Auswertungen wie ABC- oder Portfolio-Analyse, aber auch datengetriebene Auswertungen, z. B. die Fahndung nach Auffälligkeiten im Datenbestand, einschließlich Ursachenanalyse. Häufig steht auch ein Analyse-Assistent zur Verfügung, so daß einmalige, problemgetriebene Analysen mit einem Minimum an Aufwand durchgeführt werden können.

IT-Einsatz in der Langfristplanung: Kennzeichnend für den anpruchsorientierten Planungsprozeß ist der kombinierte Einsatz der jeweils besten Bestandteile strategischer Planungsverfahren, z. B. Marktsegmentplanung, dynamische Industriestrukturanalyse, Szenariotechniken etc. Mit Hilfe dieser Planungs-Tools lassen sich – ausgehend von einer Zukunftsvision des Unternehmens und einer anspruchsvollen Zielsetzung („Mission Statement") für seine zukünftige Markt-/Wettbewerbsposition – in einem retrograden Vorgehen („Rückwärtsplanung") Jahresziele und -aktionspläne sowie Budgets entwickeln. Parallel dazu gilt es, die erforderlichen Soll-Fähigkeiten des Unternehmens zu identifizieren und ihren systematischen Aufbau zu planen. Leitziel des Planungsprozesses ist es, durch Überwinden von „Denkschwellen" ein proaktives „Vorausdenken" im Unternehmen zu verankern und Diskontinuitäten in der Unternehmensumwelt antizipativ zu berücksichtigen.

Der IT-Beitrag wird sich dabei zwangsläufig vor allem auf die indirekte Entscheidungsunterstützung konzentrieren, d. h. auf die bessere, adressatengerechtere Aufbereitung sowie schnellere und exaktere Bereitstellung von Informationen. Natürlich wird die strategische Langfristplanung auch die via IT bereitgestellten Basisdaten der Mittelfristplanung einbeziehen; zudem können sich bei Spezialaufgaben, z. B. Marktanalysen, gezielte Datenauswertungen sowie der Einsatz IT-gestützter Prognoseverfahren durchaus als sinnvoll erweisen. Die größten Nutzenpotentiale der IT-Unterstützung dürften jedoch eindeutig im organisatorischen Bereich liegen. Ähnlich wie in der Produktentwicklung werden hier die neuen IT-Lösungen, z. B. Workflow-Systeme, den Entscheidungsträgern wesentlich effektivere Instrumente zur Koordination und Integration von Planungsaufgaben an die Hand geben.

Resümee

Angesichts der vielfältigen Umbrüche im Unternehmensumfeld muß die Verwaltung heute den Rollenwandel vom Datenverwalter zum internen Dienstleister, der die Leistungfähigkeit der anderen Unternehmensbereiche nachhaltig verbessert, vollziehen. Damit verändern sich auch die Anforderungen an den IT-Einsatz in der Administration grundlegend.

Diente die Informationstechnologie bisher vor allem als „Effizienztreiber", so gilt es jetzt, vorrangig ihre Effektivitätspotentiale auszuschöpfen. Zur Vervollständigung des vorhandenen Standardsoftware-Angebots müssen – über den weiteren Ausbau von Workflow-Anwendungen hinaus – insbesondere die EIS-Systeme zu umfassenden DSS-Systemen ausgebaut und Systeme zur Prozeßkostenrechnung eingeführt werden. Ziel sollte es sein, die operative Planung im Kurzfristbereich wirkungsvoller zu unterstützen. Für die anspruchsorientierte Langfristplanung bieten sich die IT-Tools des Knowledge-Managements sowie – beschränkt auf Spezialanwendungen – IT-Prognosesysteme an. Mit ihrer Hilfe kann der strategische Entscheidungsfindungsprozeß vorzugsweise indirekt unterstützt werden.

Kapitel 3

Erfolgreiches Informationsmanagement

Einleitung

„Smart“ genutzt kann Informationstechnologie die Unternehmen in ihrer Geschäftsstrategie wirkungsvoll unterstützen und die Leistung in den Kernprozessen nachhaltig verbessern. Dazu bedarf es eines professionellen Informationsmanagements: Es muß die Serviceorientierung in der IT-Organisation durchsetzen und den Ausgleich zwischen strategischen und operativen bzw. funktionalen Anforderungen herbeiführen. Weitere Kernaufgabe des Informationsmanagements ist es, IT-Nutzerbedürfnissen und IT-Anbieterleistungen abzugleichen. Außerdem muß es, je nach den Anforderungen des Unternehmens, eine „Make or Buy“-Strategie entwickeln, die eine optimale Abgrenzung zwischen intern und extern erbrachten Serviceleistungen erlaubt .

Unter Informationsmanagement ist dabei die Realisierung aller Aufgaben zu verstehen, die bei Planung, Umsetzung und Betrieb von IT-Anwendungssystemen anfallen (Schaubild 3.1).

Professionelles Informationsmanagement muß eine Vielzahl von Serviceleistungen erbringen

Aufgaben des Informationsmanagements

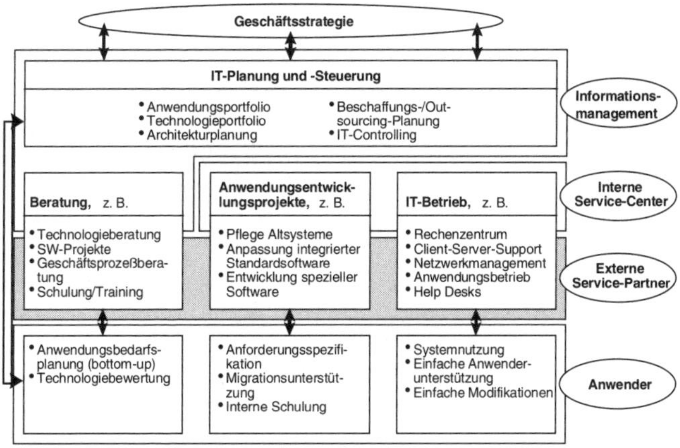

Externe Leistungserbringung

Koordination und Austauschfunktion des Informationsmanagements

Quelle: McKinsey & Company, Inc. **Schaubild 3.1**

Dazu gehört das Informationsmanagement im engeren Sinne. Neben der unternehmensinternen IT-bezogenen Beratungstätigkeit umfaßt es insbesondere die eigentlichen Planungs- und Steuerungsaufgaben – von der Hardware/Software-Beschaffung über Netzwerkkomponenten und Dienstleistungen bis hin zur Koordination interner und externer IT-Leistungserbringer. Ebenso gehören hierzu die Leistungen der IT-Anwendungsentwicklung und des IT-Betriebs. Von wem solche Leistungen im einzelnen zu erstellen sind, variiert heute stark von Unternehmen zu Unternehmen: Sie können *intern* vom Informationsmanagement selbst oder von eigenen operativen IT-Service-Einheiten, z. T. auch *extern* von spezialisierten Service-Anbietern erbracht werden.

„Warum ist es eigentlich so schwierig, das Informationsmanagement richtig auszurichten und zu führen? Was machen wir denn falsch?" Diese Fragen dürften sich viele Unternehmen stellen, wenn sie es trotz anhaltender, intensiver Bemühungen nicht schaffen, ihre IT-Leistungslücke zu schließen. Unsere Auswertung typischer Managementfehler, vorgenommen anhand der Untersuchungsergebnisse zu IT-Organisation und IT-Projektmanagement, kann darauf erste Antworten liefern:

- Vielfach wenden die Unternehmen zu wenig Zeit auf oder sind aufgrund von Kompetenzdefiziten außerstande, ihre Anforderungen aus IT-Nutzersicht hinreichend klar zu spezifizieren.
- Unnötig hohe Komplexität schaffen sich Unternehmen, wenn sie auf die Durchsetzung eines übergreifenden IT-Architekturkonzeptes verzichten und es den Anwenderbereichen überlassen, ihre IT-Versorgung „dezentral" sicherzustellen. Kein Wunder, wenn sich dann Wildwuchs in der IT-Landschaft breitmacht.
- Mit den teilweise extrem kurzen technologischen Innovationszyklen der Anbieter können vor allem Unternehmen mit kleineren IT-Abteilungen heute kaum noch Schritt halten. Als Folge verlieren sie die Orientierung und resignieren angesichts der Vielzahl aktuell angebotener IT-Systeme.

- Die Ablösung alter Technologieplattformen – z. B. von Großrechnern oder Individualsoftware – ufert nur allzu häufig aus. Umfang und Komplexität solcher Projekte überfordern dann in aller Regel die Unternehmen mit ihren limitierten IT-Ressourcen.
- Auf die ständig steigenden IT-Anforderungen, z. B. an Sicherheit, Systemverfügbarkeit sowie an Bedienerfreundlichkeit im Betrieb, reagieren die Unternehmen oft allzu schnell mit Fremdvergabe. Vor allem dann, wenn die eigene IT-Organisation den (meist hochgesteckten) Leistungserwartungen nicht mehr gerecht wird.
- Dem DV-Chef fällt als Mittelmanager häufig auch noch die Verantwortung für das Informationsmanagement zu. Da im Unternehmen weder seine Managementaufgaben noch -kompetenzen klar geregelt sind, erweist er sich in der Rolle des Informationsmanagers meist als überfordert und reagiert entsprechend glücklos.

Daß es auch anders geht, beweisen die IT-Profis: Ihre Professionalitätsvorteile im Informationsmanagement zeigen sich nicht nur in der organisatorischen Gestaltung, sondern auch in einem überlegenen Einführungsmanagement.

3.1 Die IT-Organisation: Von der DV-Abteilung zum professionellen Dienstleistungsnetzwerk

In vielen Unternehmen verbirgt sich hinter der Bezeichnung „IT-Organisation", wie unsere Untersuchung z. T. sehr drastisch dokumentiert, nichts anderes als die traditionelle zentrale EDV-Abteilung – mit all ihren bekannten Strukturproblemen (Schaubild 3.2, Seite 120):

Klar in der Minderheit sind die jüngeren DV-Mitarbeiter, während die mittleren und älteren Jahrgänge dominieren. Im Durchschnitt verfügen die DV-Mitarbeiter über 15 Jahre Berufserfahrung, allein 11 Jahre davon in der EDV-Abteilung. Sie wurden auf Technologien und Systemen ausgebildet, die heute kaum noch im Einsatz sind, und ihr betriebswirtschaftliches Know-how ist häufig begrenzt. Ihrem Selbstverständnis nach sind sie eher Betreiber von Rechenzentren bzw. Entwickler von Individual-Software. Dezentral in Fachabteilungen IT-Systeme zu betreiben oder bei funktionsübergreifenden Projekten mitzuarbeiten, haben sie nicht gelernt. Das bedeutet aber, daß die „typischen" DV-Mitarbeiter den Anforderungen eines modernen Informationsmanagements kaum noch gerecht werden.

In der Mitarbeiterstruktur spiegelt sich oft die klassische EDV-Abteilung wider

Mitarbeiterprofil IT-Abteilungen

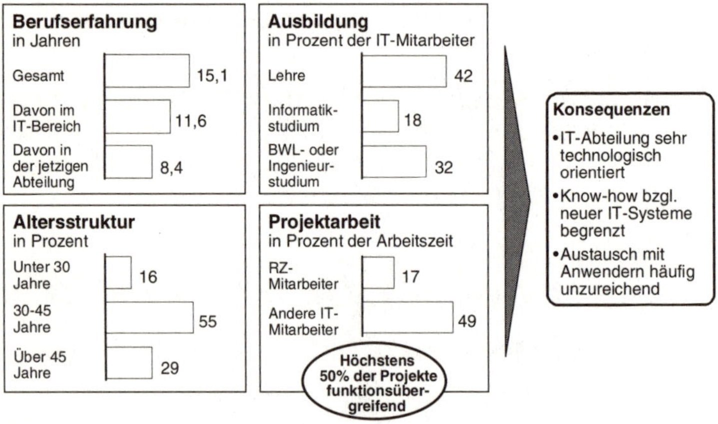

Quelle: McKinsey & Company, Inc.

Schaubild 3.2

Bei den Kernaufgaben des Informationsmanagements schneiden die IT-Profis durchweg besser ab als alle anderen Teilnehmergruppen. Diese strategischen und umsetzungsorientierten IT-Aufgabenbereiche umfassen drei zentrale Kategorien: IT-Planung, Steuerung und Beratung; Management interner operativer Aufgaben wie IT-Betrieb, Anwenderintegration und IT-Controlling; Outsourcing von IT-Leistungen.

IT-Planung, Steuerung und Beratung

Alle an der Untersuchung teilnehmenden Unternehmen reklamieren für sich die IT-Planung, Steuerung und Beratung als Kernkompetenzen und sind darüber hinaus bestrebt, auf diesen Gebieten Top-Leistungsniveaus zu erreichen. Diesen hohen Ansprüchen werden sie jedoch nur in sehr unterschiedlichem Maße gerecht.

IT-Laien schaffen es schon aufgrund ihres Ressourcenmangels kaum, über das Tagesgeschäft hinauszublicken. Anders die IT-Profis: Sie repräsentieren (derzeit) Best Practice und verfügen bereits vielfach über einen dedizierten Informationsmanagement-Bereich, der auch das erforderliche Geschäftsprozeß-Know-how vorhält. Zukünftig dürfte für sie vor allem die Beherrschung von Planungsrisiken stärker ins Blickfeld rücken.

Kernkompetenzen bei IT-Laien vielfach nur lückenhaft ausgebildet

Bisher gelang es der Mehrheit der Unternehmen nicht, ihre IT-Strategie unmittelbar an die Geschäftsstrategie zu koppeln. „Viele Vorstände, meist Angehörige der technophoben Kaste, sehen", wie die Gartner Group konstatiert, „noch nicht einmal die Notwendigkeit, ihre IT-Strategie zu überdenken – sofern sie überhaupt eine haben." Ihr Informationsmanagement verfügt vielfach lediglich über eine reaktive IT-Planung, die hauptsächlich auf inkrementeller Fortschreibung des Ist-Zustandes basiert: Für fast 60 Prozent der IT-Laien besteht die Planung ihrer künftigen IT-Entwicklung lediglich in der Extrapolation von Vergangenheitswerten. Nur 25 Prozent haben überhaupt eine mittelfristige (d. h. nicht nur operative) IT-Projektplanung, und Planungs-Tools, wie z. B. Projektportfolio-Techniken, werden nahezu nicht verwendet.

Das Aufgabenspektrum des Informationsmanagements der IT-Laien wird, wie schon angedeutet, primär durch die Prioritäten des Tagesgeschäfts bestimmt; definierte Standards, z. B. für Architektur oder Anwendungen, gibt es kaum. Nur knapp ein Drittel der Laien verfolgt konkrete Planungen mit einem Zeitrahmen von drei bis fünf Jahren – etwa für einzusetzende Hardware, Netztechniken oder Software. Und dies oft nur ansatzweise: „Fire Fighting“ hat vielfach Vorrang vor einer kontrollierten und systematischen IT-Entwicklung.

Die beachtlichen Know-how-Lücken der IT-Laien bei aktuellen Technologien und Anwendungen sind vor allem darauf zurückzuführen, daß der Know-how-Aufbau nicht systematisch betrieben wird, sondern eher zufällig erfolgt.

Für IT-Laien hat die Integration moderner IT-Systeme in die Unternehmenswelt häufig nur geringe Priorität. Auch der Erfahrungsaustausch mit den Anwendern in der Planungsphase ist unzureichend. Bei fast drei Viertel aller IT-Laien sind die Anwender, was die Beschaffung von Informationen zu neuen IT-Marktentwicklungen angeht, auf sich selbst gestellt – ohne Unterstützung durch das Informationsmanagement oder die IT-Fachabteilungen. Dieses Manko zieht sich durch bis zur Nutzung von Anwendungssystemen. IT-Laien erreichen hier eine viel geringere Intensität, da ihre Anwender in die Systemauswahl und -einführung häufig nur oberflächlich eingebunden werden.

Viele IT-Laien haben das Problem erkannt, sind aber nicht in der Lage, es aus eigener Kraft und ohne grundsätzliche organisatorische Änderungen zu lösen. In der Regel fehlen schon die personellen Ressourcen für ein leistungsstarkes Informationsmanagement. Hinzu kommen massive Defizite in der organisatorischen Ausgestaltung – etwa bei Aufgabendefinition und Kompetenzverteilung sowie in der Leistungsmessung. „Vielfach fehlt es an den nötigen Strukturen“, kritisiert ein IT-Berater: „Informationsmanager zu sein, das ist (in solchen Unternehmen) doch das Letzte. Deshalb gibt es hier auch kaum gute Leute.“

Best Practice durch Kompetenzaufbau in dediziertem Informationsmanagement-Bereich

Zur Umsetzung strategischer IT-Aufgaben haben sich IT-Profis in der Regel einen dedizierten Informationsmanagement-Bereich im engeren Sinne geschaffen. Dieser Bereich ist deutlich abgegrenzt von operativen Aufgaben, wie etwa IT-Betrieb oder Anwendungs-Einführung. Seine Zuständigkeit erstreckt sich auf die IT-Planung – vor allem die Anwendungs- und Technologie-Strategie – sowie die IT-Steuerung mit Fokus auf Controlling sowie

Best Practice: IT-Organisation

Ein führender europäischer Maschinenbauer hat seine IT-Organisation bereits konsequent auf Best-Practice-Anforderungen ausgerichtet (Schaubild 3.3).

Informationsmanagement vom operativen IT-Betrieb klar abgrenzen

Kernelemente einer Best-Practice-Organisation

Organisations-einheiten	Mitglieder	Aufgaben
Informations-manager	• Senior Manager (2. Hierarchieebene; Generalist – Vertiefte IT-Kenntnisse, aber kein Spezialist)	• Vorschlag IT-Strategie • Vorschlag IT-Projektportfolio
Lenkungs-ausschuß	• Geschäftsführung • Alle Bereichsleiter • Leiter IT-Service • Leiter Anwender-Kernteam	• Definition Informationsbedarfe, Optimalprozesse • Entscheidung Strategie und Portfolio
Anwender-Kernteam	• Lead-User aus allen Unternehmensbereichen	• Definition Anwenderbedarfe
IT-Service-Center	• Leiter (4. Hierarchieebene) • Fachpersonal für verschiedene Aufgaben	• Infrastrukturbereitstellung • Systembetrieb
Projektteams 1 ... n	• Besetzung nach Bedarf (Anwender, IT-Mitarbeiter, externe Berater/Experten)	• Aufgabenspezifisch (z. B. Einführung Produktkonfigurator)

Quelle: McKinsey & Company, Inc.

Schaubild 3.3

Informationsmanagement-Bereich und operatives IT-Service-Center sind jeweils klar voneinander abgegrenzt. Als Informationsmanager ist, auf der zweiten Führungsebene angesiedelt, kein IT-Spezialist eingesetzt, sondern eine hochkarätige Führungskraft mit breiten Management-Erfahrungen. Er ist verantwortlich für die Erarbeitung von IT-Strategie und IT-Projektportfolio, gemeinsam mit einem Lenkungsausschuß aus Geschäftsführern und Bereichsleitern sowie einem zugeordneten Anwender-Kernteam. Der Lenkungsausschuß entscheidet federführend über IT-Strategie und Projektportfolio-Vorschlag.
Das Anwender-Kernteam besteht aus sog. „Lead-User". Sie repräsentieren die verschiedenen Unternehmensbereiche und bringen ihr Geschäftsprozeß-Know-how und ihre Problemsicht in die IT-Strategieentwicklung ein.

> Das operative IT-Service-Center ist verantwortlich für Infrastruktur und Systembetrieb und kann zu diesem Zweck auf entsprechendes Fachpersonal zurückgreifen. Im Bedarfsfall können jederzeit auch interfunktionelle Projektteams eingerichtet werden, die aus IT-Anwendern und internen IT-Experten, falls erforderlich auch von externen Beratern unterstützt, bestehen.

auf IT-nahe Beratung, einschließlich der Unterstützung des Geschäftsprozeß-Redesigns.

Damit verfügen die IT-Profis über die notwendigen organisatorischen Voraussetzungen für eine proaktive und geschäftsorientierte IT-Planung. Nahezu jeder zweite IT-Profi stützt sich bei diesen Planungsarbeiten auf einen Zero-Base-Ansatz. Mit seiner Hilfe können sie den aus den Geschäftsprozessen abgeleiteten Handlungsbedarf – im Rahmen eines regelmäßigen, systematisch durchgeführten Bottom-up-Planungsprozesses – in eine konkrete IT-Strategie umsetzen. Dabei gehen sie jeweils von einem Zeithorizont von drei bis fünf Jahren aus, der ihnen Sicherheit für eine kontrollierte IT-Entwicklung gibt (Schaubild 3.4).

IT-Profis planen ihre IT-Entwicklung systematisch und langfristig

Durchführung von Langfristplanungen (3–5 Jahre) in Prozent der Unternehmen

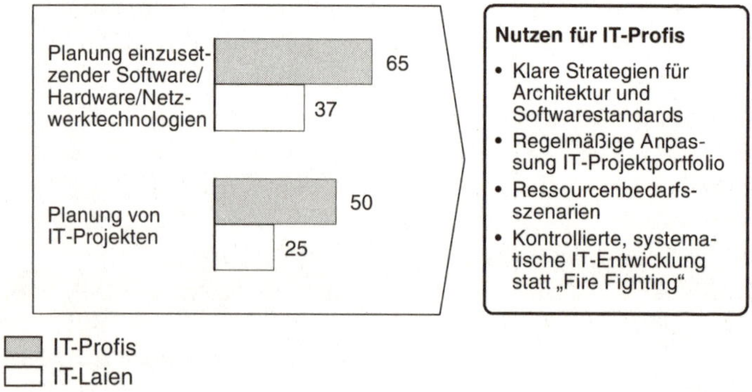

Quelle: McKinsey & Company, Inc. **Schaubild 3.4**

IT-Projekt: Portfolio-Planung

In einem deutschen Unternehmen werden alle IT-Projekte zunächst anhand von vier IT-Projekttypen klassifiziert, für die jeweils ein unterschiedliches Planungsvorgehen angewendet wird:

- IT-Projekte zur Erfüllung von gesetzlichen Auflagen, z. B. durch geänderte Rechnungslegungs- oder Bilanzierungsvorschriften vorgegebene Änderungen am IT-System im Rechnungswesen.
- Betrieblich notwendige IT-Projekte, z. B. Änderung wichtiger operativer Kennzahlen im „Executive Information System" (EIS) nach Einführung von Gruppenarbeit im Werk.
- Rationalisierungsprojekte, d. h. Projekte mit mittelfristiger Wirkung auf Kosten, Zeit und/oder Qualität der Geschäftsprozesse, wie z. B. Einführung einer EDI-Schnittstelle mit Kunden.
- Innovationsprojekte, d. h. Projekte mit unmittelbar nur schwer zu quantifizierendem Nutzen, aber mit Unterstützungswirkung für strategische Unternehmensziele, z. B. Einführung eines „Intranets" als Kommunikationsmedium zwischen verschiedenen Konzernstandorten.

Während für die ersten beiden Projekttypen die schnellste, kostengünstigste oder wirtschaftlichste und reibungsloseste Implementierung das Planungsziel darstellt, gilt es bei Rationalisierungs- und Innovationsprojekten, das „richtige" IT-System zu finden. Für die beiden ersteren Projekttypen wird daher lediglich eine Grobbewertung vorgenommen und ein Implementierungsplan aufgestellt.
Rationalisierungs- und Innovationsprojekte werden hingegen auf Basis detaillierter Investitionsplanungen durchgeführt. Bei größeren Vorhaben wird von der IT-Leitung gemeinsam mit den Anwendern eine entsprechende Vorstandsvorlage erstellt: Sie besteht üblicherweise aus inhaltlicher Begründung („Business Case"), Investitionsantrag, Wirtschaftlichkeitsbetrachtung, Amortisationsrechnung und Risikoabschätzung. Für IT-Innovations-

projekte wird abweichend statt der Amortisationsrechnung eine Nutzwertanalyse vorgenommen.
Ausschlaggebend aus Unternehmenssicht ist, daß die Wirtschaftlichkeitsbetrachtung sich an den Lebenszykluskosten der einzuführenden Systeme orientiert. Denn die laufenden Kosten für Betrieb und Pflege der IT-Systeme übertreffen bei fünfjähriger Nutzungszeit die Implementierungskosten durchschnittlich um einen Faktor 2. Bezahlt werden Rationalisierungsprojekte vom jeweiligen Anwenderbereich. Die Kosten für IT-Innovationsprojekte, vor allem auf Infrastrukturebene, werden abteilungsübergreifend finanziert, z. B. von der Holding.

In den strategischen Planungsprozeß werden insbesondere Schlüsselanwender („Lead-User") eng eingebunden, die in der Regel zu einem erheblichen Teil ihrer Arbeitskapazität hierfür freigestellt sind. Lead-User verfügen über spezifisches Know-how zum IT-Einsatz in Geschäftsprozessen sowie zum IT-Bedarf von Nutzern. Bei mehr als der Hälfte der IT-Profis sind solche „Lead-User" in den Fachabteilungen etabliert.

Insgesamt können die IT-Profis unternehmensintern in erheblichem Umfang auf eigenes Geschäftsprozeß-, Anwendungsplanungs-, Technologieplanungs- sowie Beratungs-Know-how zurückgreifen. Dies nutzen sie nicht nur zur Steigerung der IT-Leistung in den Geschäftsprozessen, sondern auch aktiv zur Beratung der Anwender. Von ihren Anwendern erhalten die IT-Profis dafür durchweg gute Noten und liegen damit deutlich vor den IT-Laien, die von den eigenen Anwendern lediglich als mittelmäßig bis schwach eingestuft werden.

Darüber hinaus nutzen die IT-Profis sehr konsequent externe Technologie-Expertise – natürlich auch, um Zugang zu neuem Spezialwissen zu gewinnen. Im Vergleich zu IT-Laien greifen sie sehr viel intensiver und gezielter auf Berater „von außen" zurück, insbesondere bei der Entwicklung von IT-Konzepten. Damit sichern sie sich eine unabhängige Prüfinstanz und Best-Practice-Anregungen für die weiteren Arbeitsschritte.

Besondere Aufmerksamkeit verdient die „institutionalisierte IT-Marktbeobachtung" der Profis, die sich bemühen, frühzeitig und systematisch IT-Innovationen zu identifizieren: Fast 90 Prozent der besten Unternehmen der Untersuchung werten regelmäßig neue Technologien und Anwendungen aus und beziehen dabei Anbieter-Experten ein. Mehr als ein Drittel der Profis hat sogar Mitarbeiter speziell zur Marktbeobachtung freigestellt.

In welchem Umfang solche Vorgehensweisen bereits heute Praxis sind, zeigt das Beispiel eines Finanzdienstleisters. Das Unternehmen hat ein High-Tech-Studio mit einem eigenen kleinen IT-Spähtrupp aus jungen Informatikern, Physikern und Wirtschaftsingenieuren aufgebaut. Diese sollen sich mit IT-Themen beschäftigen, die im Hinblick auf eine zukünftige Nutzung besonders attraktiv erscheinen, aber der Geschäftsführung noch schwer zu kommunizieren sind. So befassen sie sich u. a. mit dem zukünftigen Einsatz von Chipkarten oder Electronic Commerce und versuchen auf diese Weise gezielt, Differenzierungspotentiale gegenüber den Wettbewerbern zu identifizieren.

Ergänzt werden die organisatorischen Maßnahmen durch den Einsatz einer Vielzahl hochentwickelter IT-Planungsinstrumente, wie etwa Anwendungs- und Technologieportfolio, Ressourcenplanung, Kennzahlensysteme oder Szenariotechniken. Solche Hilfsmittel sind sowohl zur Anwendungs- als auch zur Technologie-Priorisierung einsetzbar und deshalb bei IT-Profis weit verbreitet. Spezielle Anwendungsportfolios dienen beispielsweise dazu, geeignete Softwaresysteme zu identifizieren bzw. IT-Investitionsvorhaben zu bewerten. Die Priorisierung erfolgt dabei nach Kriterien des Geschäftsnutzens: z. B. der Relevanz des zu unterstützenden Geschäftsprozesses für den Unternehmenserfolg, der Bedeutung der Anwendung für den Prozeß, der operativen Dringlichkeit der neuen Systemlösung etc. Mit Hilfe solcher überlegener Planungskonzepte lassen sich insbesondere unwirtschaftliche Projektvorhaben früher stoppen und Anwendungsstaus rascher auflösen.

IT-getriebene Innovationen in Geschäftsprozessen

Ein amerikanischer Automobilhersteller unternimmt derzeit große Anstrengungen, um mit Hilfe von IT-Projekten seine Geschäftsprozesse zu verbessern. Sein Ziel ist es, den IT-Einsatz vor allem auf innovative Anwendungen zu fokussieren. Dazu werden die Projekte in vier Kategorien eingeteilt:

- *Anwendungen mit hohem zukünftigem Verbesserungspotential:* noch nicht reif für den Einsatz im Tagesgeschäft, aber im Entwicklungsstadium (z. B. Virtual Reality im Fahrzeugvertrieb)
- *Strategische IT-Anwendungen:* generieren Wettbewerbsvorteile (z. B. Rapid Prototyping, Digital Mock-up)
- *Kernanwendungen:* Systeme, ohne die zentrale Geschäftsprozesse nicht laufen (z. B. PPS-Systeme)
- *Unterstützende Anwendungen:* Nice-to-have-Features (z. B. Electronic Slide Shows für Präsentationen)

Als Faustregel für die Allokation der IT-Ressourcen gilt, daß der ersten Kategorie ca. 20 Prozent der IT-Mitarbeiter, der zweiten rund 40 Prozent, der dritten rund 30 Prozent und der vierten maximal 10 Prozent zuzuteilen sind. Nach Ansicht des Unternehmens wird nur in den ersten beiden Kategorien echter Mehrwert geschaffen. Der Aufwand für die beiden letzten Kategorien ist dagegen zu minimieren.

Bessere Beherrschung von Planungsrisiken als Zukunftsaufgabe

Zukünftig muß sich die IT-Planung verstärkt den Risiken stellen, die aus der wachsenden Dynamik der Technologie selbst sowie aus der fortschreitenden Dezentralisierung der Unternehmensorganisation in kleinere, häufig nur noch durch IT verknüpfte Einheiten resultieren. Diese in Kapitel 4 näher beschriebenen Komplexitätsrisiken des Informationsmanagements erhalten besondere Brisanz angesichts zunehmender Informationsverfügbarkeit, steigender IT-Durchdringung und einer immer ausgeprägteren Prozeßorientierung der Unternehmen. Sie lassen sich nur noch durch einen Planungsprozeß bewältigen, der hinsichtlich Planungsgenauigkeit und -geschwindigkeit Quantensprünge ermöglicht. Zunehmend wichtiger werden hier die Partizipation von Anwendern und externen Beratern am Planungsprozeß sowie der Einsatz hochentwickelter IT-Tools, z. B. Szenariotechniken. Mit ihrer Hilfe lassen sich nicht nur Planungsrisiken identifizieren, sondern im Prinzip auch Maßnahmenprogramme zum Gegensteuern entwickeln und evaluieren. Daß sich der IT-Planungsprozeß in diese Richtung entwickelt, verdeutlichen erste Beispiele.

Best-Practice-Beispiel im IT-Planungsprozeß

Ein international führender Software-Anbieter setzt bereits heute moderne Planungsmethoden ein. Das Unternehmen hat mit der Umstellung von Mainframe- auf Client-Server-Technologie auch die europäische IT-Organisation völlig neu ausgerichtet. Im Zuge der Reorganisation wurde für die IT-Planung ein Projektteam etabliert, in dem Unternehmensleitung und Geschäftsbereiche jeweils paritätisch vertreten sind. Damit soll die IT-Planung auf die Geschäftsziele und Anforderungen der internen Kunden zugeschnitten werden.

Zur Vorbereitung der Planungsarbeiten leiten dezentrale IT-Business-Consulting-Teams aus Kenntnissen und Gesprächen mit den Geschäftsbereichen Bedürfnisse und Anforderungen ab und entwickeln in der Folge daraus Projektanträge. Über die Durchführung dieser Projekte wird dann übergreifend im Projektteam und unter Beteiligung der betreffenden zentralen und dezentralen Funktionen entschieden. Dazu werden alle Voranalysen aus den Geschäftsbereichen strukturiert und konsolidiert, um Abhängigkeiten zu identifizieren und bedeutsame Projekte auszuwählen. Die Kriterien für die Priorisierung basieren auf Konzernvorgaben und verknüpfen die strategische Bedeutung für das gesamte Unternehmen mit der operativen Dringlichkeit für die verschiedenen Geschäftsfelder. Investitionsrechnungen und Nutzwertanalysen ergänzen diesen Portfolio-Ansatz.

Das zeitlich und inhaltlich stark vorstrukturierte Hinterlegen der Entscheidungskriterien mit Informationen und Daten ist wie-

derum Aufgabe der dezentralen IT-Business-Consulting-Teams. Auch hierfür gibt es Unternehmensstandards. Allerdings können nicht alle Kriterien objektiv gemessen werden, vielmehr ergibt sich ihre Bedeutung letztlich durch die Argumentation im Verhandlungsprozeß. Dazu nimmt das Projektteam die endgültige Gewichtung vor und wählt dann nach einer 80/20-Regel aus.
1995 wurden mit diesem Ansatz insgesamt ca. 350 Anträge mit über 30.000 Manntagen Umfang und einem Planungshorizont von 18 Monaten analysiert. Die Auswahlmethodik ermöglichte es, die 20 bedeutsamsten Vorhaben gezielt zu ermitteln und zu priorisieren.

IT-Betrieb, Anwenderintegration und IT-Controlling

Neben den Planungs- und Steuerungsaufgaben gibt es eine Vielzahl operativer IT-Aufgaben, deren Erfüllung das Informationsmanagement sicherstellen muß. Am geläufigsten sind die Service-Leistungen des IT-Betriebs: Rechenzentrums- bzw. Serverleistungen, Benutzer-Help-Desk, Netzwerk-Management, Anwendungspflege u. ä. Hinzu kommen Projektarbeiten wie Entwicklung spezifischer Anwendersoftware, Einführung von Standard-Anwendungen. Die meisten dieser Leistungen werden heutzutage von den IT-Organisationen selbst erbracht, und daran wird sich nach den Planungen vieler Teilnehmer an der Untersuchung auch zukünftig wenig ändern.

Im Mittelpunkt dieses Abschnitts stehen die organisatorischen Hauptaufgaben des internen Betriebs. Wie die Ergebnisse der Untersuchung verdeutlichen, gibt es für die IT-Laien kaum eine Chance, aus dem Teufelskreis von mangelnder Kosten- und Leistungstransparenz, unzureichender Erfassung der Effizienzdefizite im IT-Betrieb und Wirkungslosigkeit der eigenen Maßnahmenentwicklung auszubrechen.

Besser machen es da die IT-Profis: Verteilte und vernetzte Service-Center stärken die Eigenverantwortlichkeit der Anwender und schaffen die Voraussetzungen für ein professionelles IT-Kosten- und Leistungs-Controlling. Zukünftig dürften sich die Optimierungsbemühungen vor allem auf die weitere Integration der Nutzer und die zunehmende Modularisierung der IT-Versorgung konzentrieren.

IT-Laien im „Teufelskreis"

Gerade im internen Betrieb weisen die IT-Laien große Leistungsrückstände gegenüber den IT-Profis auf – weitgehend verdeckt durch unzureichende Kommunikations- bzw. Controlling-Strukturen und ohne rigorose Aufholmaßnahmen kaum noch wettzumachen.

Der Kennzahlenvergleich fällt eindeutig aus (Schaubild 3.5): IT-Laien wenden 2,4 Prozent ihres Umsatzes für EDV auf, 2,3 Prozent ihrer Mitarbeiter sind mit EDV-Aufgaben bzw. IT-Projekten beschäftigt. Bei IT-Projekten überschreiten IT-Laien ihre Budgets um 35 Prozent und die Zeitvorgaben sogar um rund 50 Prozent. Damit erreichen sie Werte, die jeweils um ca. 20 bis 30 Prozent schlechter sind als die Vergleichswerte der IT-Profis.

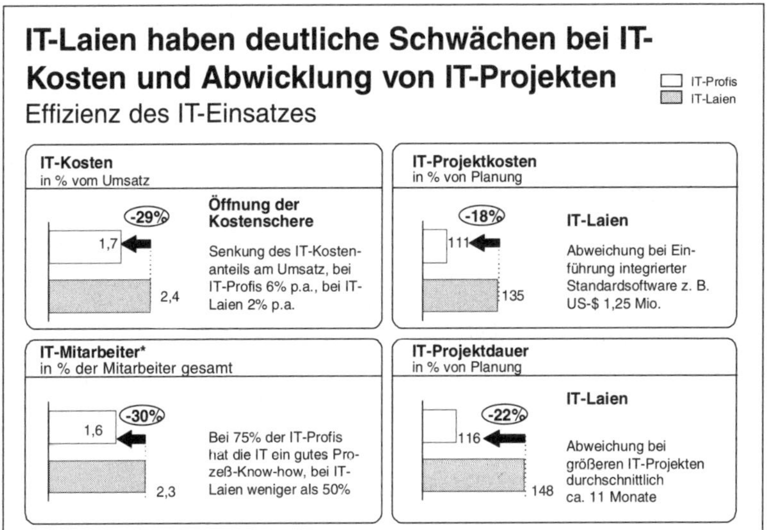

* Eigene zentrale und dezentrale Mitarbeiter sowie Externe

Quelle: McKinsey & Company, Inc. **Schaubild 3.5**

EDV-Leiter und -Mitarbeiter verfügen bei den IT-Laien häufig nur über unternehmensspezifisches, auf vorhandene Technologien konzentriertes Anwendungs-Know-how. Aus dieser relativ schmalen IT-Kompetenzbasis der DV-Abteilung und der ohnehin bestehenden, hohen Abhängigkeit der Fachabteilungen von DV-Unterstützungsleistungen resultieren erhebliche Risiken und Folgewirkungen für die IT-Laien:

- *Unzureichende Berücksichtigung von IT-Nutzeranforderungen und -bedürfnissen:* Auch bei System-Neueinführungen dominiert in der Regel das historisch gewachsene Technologieverständnis der DV-Abteilungen. Spezifiziert nach engen informationstechnischen Vorgaben, tragen die neuen Systeme nur sehr begrenzt den Nutzeranforderungen und -bedürfnissen der Fachabteilungen Rechnung. Eine Orientierung an den Geschäftsprozessen ist allenfalls ansatzweise gegeben. Ebenso unprofessionell gestaltet sich die Integration der Anwender in die Systementwicklung und den Einführungsprozeß. Lediglich 26 Prozent der IT-Laien – im Vergleich zu 53 Prozent der IT-Profis – haben hierfür explizite Schnittstellen zwischen EDV- und Fachabteilungen geschaffen. Kein Wunder, wenn Anwender die Effektivität der IT-Unterstützung bei den IT-Laien als bestenfalls mittelmäßig einstufen: Im Durchschnitt erhalten die IT-Laien hier lediglich 43 von 100 möglichen Punkten.

- *Fehlende Koppelung von IT-Systementwicklung und Geschäftsprozeß-Redesign:* Software-Entwicklung und Geschäftsprozeß-Redesign verlaufen weitgehend getrennt. Die EDV-Mitarbeiter der IT-Laien verfügen kaum über Prozeßberatungsfähigkeiten, und an der Neugestaltung der Geschäftsprozesse sind sie allenfalls marginal beteiligt. Wie die Analyse der Redesign-Großprojekte von IT-Laien zeigt, wird ein Viertel der Projekte ohne jede DV-Beteiligung durchgeführt. An der Hälfte der Projekte nimmt gerade mal ein EDV-Mitarbeiter als Projektteam-Mitglied teil.

- *Intransparenz von IT-Kosten und -Leistungen:* Nur 7 Prozent der IT-Laien verfügen – im Vergleich zu 53 Prozent der IT-Profis – über eine detaillierte und reproduzierbare IT-Kostenstrukturanalyse. Für die übrigen IT-Laien lassen sich die IT-

Kosten nur über mehr oder weniger aufwendige Recherchen oder über Schätzungen ermitteln (Schaubild 3.6).

Erfaßt werden, wenn überhaupt, allein die in den EDV-Abteilungen unmittelbar ausgewiesenen IT-Kosten; wobei die „Hidden Costs“ in den Fachabteilungen unberücksichtigt bleiben. Als Investitionen werden vielfach nur die Hardware- sowie größere Software-Anschaffungen angesehen. Business-Case-Planungen für Anwendungsprojekte gehen nur auf Beschaffungskosten ein, vernachlässigen die Betriebskosten und enthalten oft genug keine meßbaren Nutzengrößen.

IT-Kostentransparenz ist allzu oft nur frommer Wunsch

Kostentransparenz bei IT-Laien und IT-Profis in Prozent

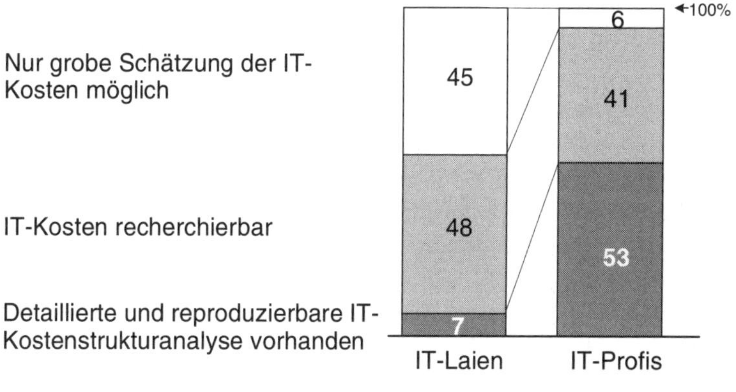

Quelle: McKinsey & Company, Inc.

Schaubild 3.6

Die Reaktionsmöglichkeiten der IT-Laien auf diese Defizite sind erstaunlich begrenzt, denn sie befinden sich hier in einer Art „Teufelskreis“: Fehlende Managementinstrumente und IT-Controlling-Tools verhindern, daß das Ausmaß der Defizite überhaupt klar genug erkannt wird. Mangelndes Problembewußtsein wiederum läßt eine objektive Auswertung des Handlungsbedarfs nicht zu. Damit können auch entsprechende Gegenmaßnahmen nicht systematisch abgeleitet bzw. mit der erforderlichen Entschlossenheit realisiert werden.

Statt dessen dominiert das Gewohnte: Die tatsächlichen IT-Kosten bleiben unbestimmbar. IT-Planungen und -Budgets erweisen sich für die Verantwortlichen in den Fachabteilungen als nicht „einsehbar“. IT-Entscheidungen gründen nicht auf den für Anwender relevanten Nutzengrößen, womit auch kein wirkungsvolles nachlaufendes Controlling des Projektnutzens möglich ist.

Best Practice: Verteilte und vernetzte Service Center mit breiter Anwenderverantwortlichkeit und aussagekräftigem Controlling

Zur Abwicklung der operativen Aufgaben haben die IT-Profis begonnen, interne IT-Service-Center einzurichten – als Dienstleistungsbereiche für die Anwender. Getrieben von neuen technologischen Möglichkeiten und veränderten Geschäftsanforderungen, wird die bisher in der IT-Organisation zentral vorgehaltene DV zunehmend in verteilten und vernetzten IT-Einheiten organisiert. Diese nehmen entweder bereichsübergreifend Unterstützungsfunktionen für mehrere Nutzerbereiche wahr oder sind dezentral in ihrem jeweiligen Nutzerbereich angesiedelt.

Die neuen Service Center konzentrieren sich auf spezifische, klar definierte Betriebsleistungen: Benutzer-Help-Desk, Netzwerk-Management, Desktop-Maintenance etc. Häufig arbeiten sie als Cost Center, die im externen Vergleich Best-Practice-Leistungsniveau erreichen. Um dieses hohe Niveau abzusichern, führen die IT-Profis regelmäßig Benchmarking-Vergleiche sowie Ausschreibungen durch, in denen sich die Service Center dem Wettbewerb mit externen Anbietern stellen müssen.

Was sind nun die spezifischen Stärken der IT-Profis bei Serviceleistungen? Analysiert man ihren Erfolg näher, so läßt sich eine charakteristische Kombination von Erfolgsfaktoren ermitteln.

Aufbau interner Kunden-Lieferanten-Beziehungen: Dauerhafte Kunden-Lieferanten-Beziehungen zwischen Informationsmanagement und Anwendern gründen im wesentlichen auf zwei Voraussetzungen. Zunächst bedarf es einer klaren Vereinbarung der

Servicelevel, d. h. die in Frage kommenden Leistungsmerkmale müssen genau spezifiziert und objektiv meßbar sein, wie das Beispiel eines Herstellers von Büroautomatisierungs-Technologie zeigt (Schaubild 3.7).

IT-Profis schaffen ein internes Kunden-Lieferanten-Verhältnis

Preis-Leistungs-Vergleiche bei IT-Profis

BEISPIEL: BÜROAUTOMATISIERUNG

Angebote der IT-Abteilung

Hardware	**Software**	**Service-Levels**
• Desktop (Pentium 133, 48 MB Memory, 1,6 GByte Harddisk, 256 KB Cache, CD-ROM, 17" SVGA Screen, ...) • Laptop (Pentium 120, 24 MB Memory, 1 GB Harddisk, CD-ROM, 12,1" Farbdisplay, ...)	• Betriebssystem – NT 4.x – Win 95 • Software – MS-Office – Antivirus • Spezialsoftware (optional) – MS-Project – PageMaker – ...	• Kostenlose Installation • Austausch defekter Geräte in 24h (80% in 4h) • Support innerhalb 1,5 h (80% in 45 min.) • Lieferung Neugeräte innerhalb 1 Woche • Bei Migration Pflege von zwei Release-Ständen über 1 Jahr

In Rechnung gestellte Preise

- Desktop (HW plus SW): US-$ 175,- pro Monat
- Laptop (HW plus SW): US-$ 275,- pro Monat
- Betrieb (Wartung, Helpdesk, Server, Drucker, Datensicherung): US-$ 125,- pro Monat und Rechner
- Netzwerk (Anschluß, E-Mail, Internet): US-$ 75,- pro Monat und Rechner

Quelle: McKinsey & Company, Inc.

Schaubild 3.7

Klar definierte Angebote für anwenderorientierte (statt technologieorientierte) Leistungspakete, wie Desktop, Anwendungssoftwarepakete oder Dienstleistungs-Level, werden jeweils mit wettbewerbsfähigen Stückpreisen bewertet. Damit können die IT-Anwender als Leistungsnachfrager ihren individuellen Bedarf gezielt nach Nutzen- und Kostenaspekten abdecken. Zugleich muß das Informationsmanagement als Leistungsanbieter im Wettbewerbsvergleich mit externen Marktanbietern versuchen, jeweils die effizienteste Lösung zu finden.

Darüber hinaus muß sich die Qualität der Leistungsbeziehung täglich aufs neue in der Umsetzung beweisen. Systematisches Nachhalten der internen Kundenzufriedenheit hilft hier, frühzeitig Ansatzpunkte für veränderte Bedarfe oder Schwächen in der Leistungserbringung zu erkennen und gezielt Gegenmaßnahmen zur Steigerung der Kundenzufriedenheit zu definieren.

Kunden-Feedback-System

Ein Unternehmen aus der Prozeßindustrie hat zur Verbesserung der internen Kundenzufriedenheit ein spezielles Feedback-System etabliert. Anders als herkömmliche Meßsysteme konzentriert es sich nicht auf die quantifizierbaren Nutzen- und Aufwandskriterien, sondern auf die qualitative Leistungswahrnehmung durch die internen Kunden. Damit soll es insbesondere die Akzeptanz der IT-Abteilung im Unternehmen erhöhen. Ziel ist es, mit Hilfe von sechs unterschiedlichen Einzelkomponenten – Kundenbefragung/Interviews, Fragebogen-gestützte Software-Projekt-Feedbacks, After-Sales-Befragung, Beschwerde-Management, Problem-Management am Help Desk sowie Service-Briefkasten – das Verhalten der IT-Mitarbeiter systematisch auf mehr Service-Qualität auszurichten.
Wie Erfahrungen bei der Systemeinführung zeigten, nutzen die internen Kunden das Instrumentarium nur, wenn sie dadurch *unmittelbar* Hilfe bei ihren eigenen Problemen erwarten dürfen. Ausschlaggebend für die Akzeptanz des Systems sind positive Veränderungen in der Arbeitsweise und im Verhalten der IT-Mitarbeiter. Nach neunmonatigem Einsatz sind erste Verbesserungen in der IT-Serviceleistung klar erkennbar. Inzwischen strebt das Unternehmen Verbesserungsziele von 20 Prozent bei der internen Kundenzufriedenheit an.

Integration der Anwender: Charakteristisch für das Vorgehen der IT-Profis ist, daß sie sich nicht nur bei der IT-Strategie-Entwicklung, sondern gerade auch im operativen Betrieb und bei der konkreten Projektarbeit um eine enge Einbindung der Anwender bemühen. Damit sind sie den Laien deutlich überlegen. Insbesondere die Einbindung von „Lead-User“ aus den Fachabteilungen betreiben die IT-Profis sehr nachdrücklich – und mit großem Erfolg. Mit durchschnittlich ca. 20 Prozent ihrer Arbeitszeit sind die „Lead-User“ unmittelbar beteiligt an der Definition der Systemanforderungen, der Identifikation von Verbesserungspotentialen, der Mitarbeit bei Systemtests, als Ansprechpartner bei Anwenderproblemen oder sogar als First-Level-Support in der

Fachabteilung. Aus Sicht der Anwender ist dies ein sehr erfolgreicher Ansatz. So bewerten die IT-Profis die Effektivität der „Lead-User“ insgesamt hoch und um fast 60 Prozent besser als die IT-Laien.

Überlegene IT-Projektmanagement-Skills: Während die Projektmanagement-Skills der IT-Laien als bestenfalls durchschnittlich bewertet werden, erhalten die Beratungs- und Anwendungsexperten der IT-Profis in der Regel gute bis sehr gute Noten für ihre Projektmanagement-Skills. Sie besitzen ein ausgeprägtes Know-how hinsichtlich Geschäftsprozeß-Redesign und verstehen es, eigene Kapazitäts- und Skill-Lücken gezielt durch Einbindung von externem Wissen aufzufüllen. Für IT-Profis erfolgt eine IT-Systemeinführung aus einer Geschäftsprozeß-Bedarfsanalyse, die sie kompetent unterstützen: 40 Prozent solcher Redesign-Projekte werden vom IT-Management initiiert; bei ca. einem Drittel stellt es den Projektleiter, und bei zwei Dritteln hat es ein (weiteres) Vollmitglied im Projektteam.

IT-Profis steigern den Systemnutzen durch aktive Anwenderberatung kontinuierlich

Durchführung von Systemreviews
in Prozent der Unternehmen

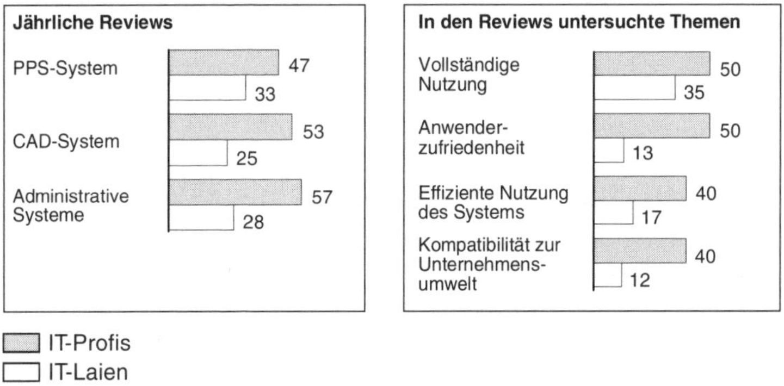

Quelle: McKinsey & Company, Inc.

Schaubild 3.8

Kontinuierliche Steigerung des Systemnutzens: Selbstgestecktes Ziel der IT-Profis ist es, den Nutzen der eingesetzten Systeme ständig zu erhöhen. Über die Hälfte der Profis verschaffen sich die dafür unabdingbare Leistungstransparenz über regelmäßige umfassende Reviews aller wichtigen Anwendungssysteme (Schaubild 3.8, Seite 139).

Sie konzentrieren sich dabei auf Kriterien wie Nutzungsintensität, Anwenderzufriedenheit, Effizienz der Nutzung sowie Kompatibilität zur übrigen Unternehmensumwelt und erreichen im Vergleich zu den IT-Laien eine hohe Abdeckung dieser Themen. Mit den Ergebnissen steuern die IT-Profis zum einen den effizienten Einsatz der Systeme, zum andern identifizieren sie Ansatzpunkte für Verbesserungen.

Professionelles IT-Kosten- und Leistungscontrolling: Über ein hochentwickeltes Kosten- und Leistungscontrolling können die Profis den IT-Beitrag zu den Geschäftsprozessen systematisch erfassen und kontrollieren. Angesichts der durchweg sehr hohen Kosten- und Leistungstransparenz haben auch externe Dienstleistungspartner bei den Profis kaum eine Chance, mit überzogenen Lösungsangeboten oder überhöhten Preisforderungen zum Zuge zu kommen. Darüber hinaus ermöglichen die Controlling-Tools eine effiziente operative IT-Budget-Planung, die bei den IT-Profis unmittelbar aus der strategischen IT-Planung abgeleitet wird. Ziel ist es, größere Schwankungen im IT-Budget möglichst zu vermeiden – u. a. durch kontinuierliche Systemerneuerung und flexible Lastverschiebung, etwa bei aktuellen, aber nicht geplanten Anforderungen aus dem Tagesgeschäft.

Standardisierter Bewertungsprozeß für IT-Investitionen

Ein Automobilhersteller mußte feststellen, daß die herkömmliche Bewertung von IT-Projekten auf Basis von Return-on-Investment-Rechnungen immer wieder zu Fehlern führte: Direkt zurechenbare Kosten der IT-Einführung, wie Aufwendungen für Schulungen, Implementierungs- und Betriebskosten, wurden regelmäßig zu ungenau geschätzt, indirekte oder versteckte

Kosten – z. B. gesunkene Produktivität in der Lernphase – zumeist völlig vernachlässigt.
Als Lösung entwickelte der Konzern einen standardisierten Bewertungsprozeß, der Kosten, Zeit- und Qualitätseffekte einer IT-Investition jeweils präzise erfassen soll. Verantwortlich für die Durchführung sind interfunktionale Teams, die IT-Organisation, Controlling und Anwenderbereich umfassen. Diese Teams haben Zugriff auf eine spezielle Projektdatenbank des Konzerns, in der Daten zu allen IT-Projekten verfügbar sind. Damit wird zum einen sichergestellt, daß die Kosten-Nutzen-Betrachtungen der Teams jeweils konsistent und umfassend sind. Zum anderen entsteht, gestützt auf die laufend aktualisierte Projektdatenbank, konzernweit ein quasi selbstlernendes System, denn immer neue Daten werden verfügbar und alle Prozeßverbesserungen bzw. neuen Verfahren der Teams systematisch gesammelt.

Integration der Kunden und weitere Modularisierung der IT-Versorgung als Zukunftsaufgaben

Analysiert man die Veränderungsdynamik in den Geschäftssystemen, so geht der Trend eindeutig hin zu einer wachsenden Integration der Endkunden in die Geschäftsprozesse der Fertigungsunternehmen. Für das Informationsmanagement bedeutet dies, daß es sich zukünftig nicht mehr auf die Versorgung interner Anwender sowie Lieferanten beschränken kann, sondern zunehmend auch Schnittstellen zu den Kunden als Nutzer unternehmensspezifischer IT schaffen muß. Erste Beispiele für den IT-Einsatz an der Kundenschnittstelle sind virtuelle Produktdemonstrationen auf Basis grafischer Animation und Visualisierung, wie in Kapitel 2 dargestellt.

Neben solchen technologiegetriebenen Innovationen muß das Informationsmanagement auch seinen Beitrag zur Neugestaltung der Wertschöpfungsketten leisten, wie in Kapitel 4 näher beschrieben. Informationstechnologie wird zunehmend die individuelle Optimierung einzelner Wertschöpfungskomponenten ermöglichen und dabei Synergien für den gesamten Geschäftsprozeß erschließen. Aufgabe des Informationsmanagements sollte es sein, in einer solchen fraktalen Unternehmensorganisation auch die Modularisierung der IT-Versorgung weiter voranzutreiben. Vom operativen IT-Service-Center aus müssen lokale und dezentrale Präsenz, kombiniert mit übergreifender Integration und Wissensverfügbarkeit, sichergestellt sein.

Outsourcing von IT-Leistungen

Outsourcing ist inzwischen eine weithin akzeptierte, normale Geschäftspraxis und vielfach auch die naheliegende Vorgehensweise zur Optimierung des IT-Einsatzes. Das Spektrum fremdvergebener Leistungen ist heute insgesamt sehr breit: Es reicht von Betriebsleistungen (z. B. Rechenzentrum, C/S-Konfigurationen und Netzwerkmanagement, Betrieb von Anwendungssystemen, Help Desks und Hotlines) über Projektleistungen (Anwendungsentwicklung oder Softwareeinführung) bis hin zu IT-nahen Dienstleistungen z. B. im Beratungs- und Ingenieurleistungsumfeld oder bei IT-intensiven Geschäftsprozessen wie Buchhaltung und Abrechnung.

Alle Teilnehmergruppen unserer Untersuchung nutzen Outsourcing intensiv. Rund drei Viertel der Unternehmen beziehen wenigstens einen Teil ihrer IT-Leistungen von außen. Daraus darf jedoch keineswegs geschlossen werden, daß erfolgreiche und weniger erfolgreiche Informationsmanager die „Make or Buy"-Entscheidung genausogut beherrschten. Vielmehr unterscheiden sich in der Praxis erfolgreiche und weniger erfolgreiche Informationsmanager erheblich. Zukünftig dürfen sich im Zuge der weiteren Differenzierung der Outsourcing-Leistungen die Leistungsabstände zwischen IT-Laien und IT-Profis eher noch vergrößern.

Gravierende Planungs- und Durchführungsmängel bei IT-Laien

IT-Laien konzentrieren sich bei der IT-Femdvergabe vorzugsweise auf Betriebs- und Projektleistungen, d. h. die traditionellen und ressourcenintensiven Aufgaben in Rechenzentrum und Anwendungsentwicklung (Schaubild 3.9, Seite 141).

IT-Laien lagern vor allem Betriebs- und Projektleistungen aus

Outsourcing bei IT-Laien

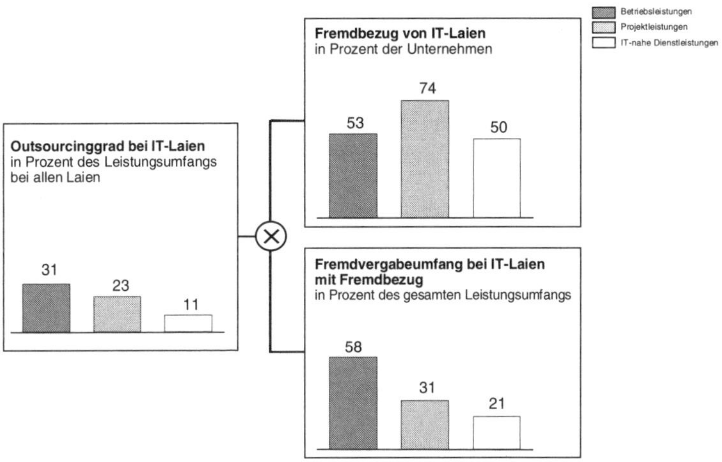

Quelle: McKinsey & Company, Inc. **Schaubild 3.9**

Ihr primäres Ziel ist es, die IT-Kosten zu optimieren. Kriterien wie Verbesserung der Service-Qualität, Zugang zu neuen Technologien oder rascher Know-how-Transfer spielen für sie zumeist nur eine untergeordnete Rolle.

Bei ihren Outsourcing-Anstrengungen werden sie durch eine Reihe charakteristischer Managementdefizite beeinträchtigt, die sich über alle Stufen des Outsourcing-Prozesses ziehen. Diese Defizite zeigen sich sowohl in der Planung als auch in der Durchführung von Outsourcing-Projekten. In ihrer Gesamtwirkung führen sie häufig dazu, daß IT-Laien die Kontrolle über den Outsourcing-Prozeß verlieren und in höchst einseitige Abhängigkeiten von externen IT-Dienstleistern geraten.

Zu eng gesteckte Ziele: In der Regel definieren IT-Laien ihr Anspruchsniveau nicht hoch genug, da sie sich nicht an Best-Practice-Leistungen orientieren, sondern ihren eigenen, nicht wettbewerbsfähigen Leistungsstand zugrunde legen. Zudem verstellt die Fixierung auf vermeintlich objektive Effizienzziele den Blick auf potentiell beachtliche Zusatznutzen. So konstatierte ein Untersuchungsteilnehmer: „Wir brauchen eine Simulationsrechnung für jede neue Werkzeugkonfiguration. Uns interessiert dabei nicht, welche werkstofftechnischen Optimierungsmöglichkeiten noch drin sind, sondern ob wir die Sicherheits-Zertifizierung erhalten. Für uns ist nur wichtig, wer uns diese Leistung am preiswertesten erbringen kann."

Unzureichende Beherrschung des Outsourcing-Prozesses: Steht am Anfang einer Outsourcing-Beziehung aus Sicht des IT-Laien häufig ein Vertrauensvorschuß in die „strategische Partnerschaft", so ist dieser in der Regel schnell aufgebraucht: Denn für das operative Management der Beziehung erweist sich mangelhaftes systematisches Controlling als gravierender Engpaß. Kontinuierliche Planung und Steuerung der Bedarfsentwicklung, regelmäßige Plan-Ist-Kontrolle von Leistungen und Aufwendungen oder spezifisches Controlling bei Projekten mit Outsourcer-Einbindung sind typische Problemfelder, die von IT-Laien eher unprofessionell bearbeitet werden. Zudem fällt in vielen Fällen dem vormaligen EDV-Leiter die Rolle des „Relationship-Managers" zu, ohne daß ihm hierfür notwendige Fähigkeiten und Instrumente zur Verfügung stünden.

Kein Wunder also, daß sich in der Fachpresse in jüngster Zeit Beiträge über gescheiterte Outsourcing-Partnerschaften häufen und in der Diskussion mit Informationsmanagern, deren IT ausgelagert wurde, immer öfter Kritik an unrealistischen Erwartungen der eigenen Unternehmen vernehmbar wird.

Outsourcing als Geschäftsrisiko

Kürzlich ist ein ursprünglich zehnjähriger Outsourcing-Kontrakt mit 1 Mrd. DM Volumen zwischen einem britischen Konglomerat aus verschiedenen Konsumgüterunternehmen und einem führenden globalen Outsourcing-Anbieter nach nicht einmal zwei Jahren Laufzeit gescheitert. In der ersten Phase wurde die IT vollständig restrukturiert und in eine zentrale Organisation mit 200 Mitarbeitern überführt sowie der Betrieb der gesamten IT-Infrastruktur übernommen. Unerwartete Marktveränderungen haben für den Konzern jedoch zu einer Neudefinition seiner Geschäftsstrategie mit massiver Desinvestition und Schrumpfung geführt, so daß sich die Basis für die Partnerschaft dramatisch verändert hat. Das unflexible Vertragsgerüst, die auf Wachstum ausgerichtete Zentralisierung, die pauschalen Leistungsvereinbarungen etc. schufen viele ungeklärte Probleme, die von den Betroffenen nun abzuwickeln sind.

Unklare Vertragsgestaltung: Bei der Vertragsgestaltung werden häufig Generalunternehmer-Kontrakte mit pauschalen Leistungspaketen vereinbart – ohne differenzierte Service-Level. Effizienzvorteile werden aus der Langfristigkeit und festen Budgetierung erhofft, während für zu erwartende Marktveränderungen keine expliziten weiteren Planungs- bzw. Verhandlungszyklen vereinbart werden. Hohe Risiken, wie etwa Bedarfsveränderungen gegenüber der Langfristplanung, starke „Lock-in"-Position des Anbieters oder hohe Abhängigkeit von nur einem einzelnen Anbieter sind die unmittelbaren Konsequenzen, die für Kunde wie Outsourcer gleichermaßen die große Gefahr des Scheiterns bergen.

Best Practice: Konzentration auf Effektivitätsverbesserungen und Prozeßbeherrschung

Ganz anders gehen dagegen die IT-Profis vor. Meist verfügen sie bereits über ein effizientes Informationsmanagement und – aus Benchmarking-Aktivitäten gewonnen – über ein sehr zutreffendes Bild von der Leistungsfähigkeit ihrer eigenen IT-Organisation. Sie konzentrieren sich deshalb bei ihren „Make or Buy"-Überlegungen vorzugsweise auf die IT-Nutzenoptimierung (Schaubild 3.10, Seite 144).

IT-Profis konzentrieren sich auf Effektivitätsverbesserungen

Motive für Outsourcing von IT-Leistungen
in Prozent der Unternehmen

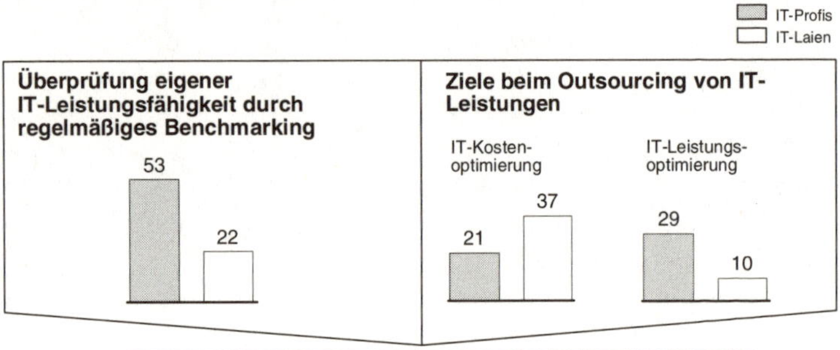

- Hohe eigene Effizienz von IT-Profis führt zu guter Wettbewerbsposition ggü. externen Outsourcing-Angeboten
- IT-Profis konzentrieren sich bei Outsourcing auf Effektivitätsverbesserung
- Fokus von IT-Laien bei Outsourcing ist Kostensenkung

Quelle: McKinsey & Company, Inc. **Schaubild 3.10**

Mit der Entscheidung für Effektivitätssteigerung als vorrangiges Outsourcing-Ziel verbindet sich auch ein deutlich anderes, differenzierteres Vorgehen (Schaubild 3.11, Seite 145).

- *Kaum Fremdvergabe von IT-Betriebsleistungen:* Lediglich etwa ein Viertel der IT-Profis vergibt IT-Betriebsleistungen überhaupt fremd – und zwar mit einer deutlich niedrigeren durchschnittlichen Leistungstiefe als die Laien (29 Prozent zu 58 Prozent). Zum effizienten Betrieb haben die IT-Profis die nötigen Skills häufig in der eigenen Organisation. Skaleneffekte spielen beim klassischen Outsourcing von Rechenzentren nur noch eine untergeordnete Rolle, denn viele Profis sind bereits dabei, Rechenzentrumssysteme durch Client-Server-Technologien abzulösen.
- *Selektive Fremdvergabe von Projektleistungen:* Etwa die Hälfte der IT-Profis bezieht bereits Projektleistungen vom Markt,

IT-Profis vergeben weniger fremd und gehen selektiver vor

Outsourcing bei IT-Profis

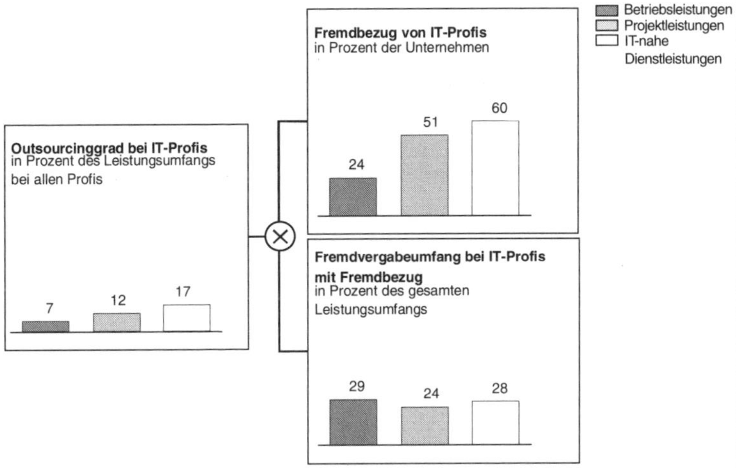

Quelle: McKinsey & Company, Inc.

Schaubild 3.11

wobei der Kapazitätsausgleich klar im Vordergrund steht. Gezielt werden einzelne Anwendungsentwicklungs-Projekte ausgewählt und fremdvergeben (in Summe ca. 25 Prozent des Projektvolumens), hauptsächlich um Kapazitätsengpässe abzudecken. Das ganze Projekt wird dann als Komplettleistung für das Unternehmen extern abgewickelt.

- *Zunehmende Fremdvergabe von IT-nahen Dienstleistungen:* Im Umfeld der IT-nahen Dienstleistungen sind die IT-Profis besonders agil, denn durch Einbindung externer Dienstleistungs-Expertise möchten sie auch ein schnelles Lernen und einen fokussierten Know-how-Aufbau ihrer eigenen Organisation sicherstellen. Beim Fremdvergabegrad, d. h. sowohl im Hinblick auf Anteil wie auch Intensität, sind die Profis mit 17 Prozent den Laien mit nur 11 Prozent erkennbar voraus.

Internet/Intranet als Herausforderung

Ein Unternehmen der Konsumgüterindustrie beabsichtigte, das Internet/Intranet als Vertriebs- und Marketingkanal stärker zu erschließen. Allerdings ist das notwendige Know-how gegenwärtig kaum verfügbar, und die Lebensdauer von Internet/Intranet-Anwendungen beträgt z. T. nur drei bis vier Monate. Angesichts dieser Risiken hat sich das Unternehmen dafür entschieden, zunächst hochspezialisierte Firmen, wo sich Freaks rund um die Uhr mit der Entwicklung beschäftigen können, für den Aufbau einer Internet-Präsenz einzusetzen. Parallel dazu wird jetzt eigenes Basis-Know-how in der Organisation aufgebaut, ohne das Personal aufzustocken. Auch zukünftig soll der Know-how-Aufbau angesichts der Unwägbarkeiten der weiteren (Technologie-)Entwicklung vor allem über externe Ressourcen abgedeckt werden.

Die IT-Profis haben die Schlüsselbedeutung des „Lieferantenmanagement" als Erfolgsfaktor fürs Outsourcing klar erkannt. Bei Aufbau und Umsetzung der Leistungsbeziehung konzentrieren sie sich besonders auf Vertragsgestaltung und Partnermanagement.

Charakteristisch für ihre Outsourcing-Verträge sind klar abgegrenzte Aufgaben zwischen externen und internen Leistungserbringern, umfassend und systematisch nach Nutzenkriterien spezifizierte Service-Level (z. B. Reaktionszeiten, Systemverfügbarkeiten, Ausstattung von Client-Arbeitsplätzen) sowie flexible Regelungen der Zusammenarbeit. So erlaubt etwa ein institutionalisierter Planungsprozeß zwischen Outsourcer und Kunde jeweils eine dynamische Anpassung der Vereinbarungen an marktgetriebene Bedarfsveränderungen. Risiken und Chancen werden insgesamt gleichmäßiger zwischen den Beteiligten verteilt. Die Verträge haben teilweise keinen Fixpreis mehr, sondern beruhen auf einer Risiko-Gewinn-Beteiligung. Zudem modularisieren Unternehmen verstärkt ihre auszulagernden IT-Dienstleistungen in dedizierte Pakete und vergeben sie an verschiedene Anbieter.

Ein Automobilhersteller beispielsweise will nach Auslaufen seines bisherigen General-Vergabevertrags für einen Großteil seines IT-Outsourcing-Volumens auch andere Lieferanten heranziehen: Entwicklung und Einführung von Software für die Auftragsbearbeitung sowie Desktop-Management bilden den Anfang.

Mit diesen Veränderungen verbinden sich auch neue Anforderungen an das Partnermanagement: Neben die bestehenden Aufgaben tritt beispielsweise als neue Funktion der *Broker* für interne und externe Services, Services Integration Management sowie Partnermanagement bei mehreren IT-Dienstleistungslieferanten. Statt „strategischer" Partnerschaften mit einem Lieferanten gewinnt zunehmend das Management von dynamischen Partnerschaften mit wechselnden IT-Service-Lieferanten an Bedeutung. Regelmäßige Neuausschreibungen und glaubwürdige Leistungsvergabe halten dabei konstant einen hohen Wettbewerbsdruck zwischen den Anbietern aufrecht und ermöglichen dem Unternehmen einen optimalen Leistungsbezug.

Outsourcing als dynamische Leistungspartnerschaft

Ein weltweit tätiger Komponentenbauer hat sein gesamtes System-Management, also RZ-Betrieb, Software-Implementierung, Anwenderberatung etc., langfristig an einen externen Dienstleister übertragen. Dabei gibt es keine Beschränkung auf die kaufmännischen Anwendungen. Auch die technische IT (CAD, EDI, Vax-Cluster) wurde fremdvergeben, so daß nur noch Anwendungen, die zur Kernkompetenz im Produktentwicklungsbereich zählen (Simulationen, spezielle Festigkeitsberechnungen), in der Verantwortung der F&E verbleiben. Der Facility-Management-Vertrag, der einen Übergang aller IT-Assets (Hardware, Softwarelizenzen, Mitarbeiter, Gebäude etc.) auf den Dienstleister einschließt, läuft über zehn Jahre.

Haupterfolgsfaktor dieser Partnerschaft ist die Erhaltung einer eigenen Informationsmanagementfunktion beim Komponentenbauer. Dazu wurde eigens eine Abteilung von fünf Mitarbeitern geschaffen, mit umfassenden Kompetenzen: Sie entwickelt die IT-Strategie, beobachtet den IT-Markt und übernimmt die Patenschaft für IT-Projekte. Sie ist auch verantwortlich für den Know-how-Transfer vom Dienstleister ins eigene Unternehmen und überwacht die Leistung des Servicepartners.

Folgende Vertragsbestandteile verdienen besondere Erwähnung:

- Flexibilität der Vereinbarungen: Jährlich werden ca. 10 Erweiterungs-/Änderungsvereinbarungen geschlossen, um das Regelwerk den jeweils aktuellen IT-Bedürfnissen anzupassen.
- Genaue Zuordnung von Preisen und Leistungen: Für die verschiedenen Einzelleistungen (Einzelaufträge für Projekte, RZ-Nutzung nach Zeiteinheiten etc) werden jeweils sehr differenzierte Einzelpreise festgelegt, um mehr Transparenz für den Kunden zu schaffen.

Preis-/Leistungsvereinbarungen sind jährlich neu zu verhandeln. Die eigene IT-Organisation stellt sicher, daß die Preise marktgerecht sind. Um ein aktuelles Bild über das Marktpreisniveau zu bekommen, werden regelmäßig Benchmarks von anderen EDV-Dienstleistern eingeholt. Zusätzlich zu den Benchmarking-Aktivitäten ist ein monatliches Monitoring wichtiger Leistungsindikatoren des Dienstleisters aufgebaut worden.
Die Ziele für IT-Einführungsprojekte, z. B. weltweiter Rollout einer integrierten Standardsoftware, werden jeweils vom Informationsmanagement definiert und dem Dienstleister verbindlich vorgegeben. Den Zuschlag zur Projektdurchführung erhält der Dienstleister nur, wenn er einen Angebotswettbewerb gegen Dritte gewinnt.
Um eine intensive Kommunikation zwischen der eigenen Organisation und dem Dienstleister sicherzustellen, existiert ein wöchentlicher Jour fixe.

Zukunftsaufgaben: Vom „Utility Management" bis zum „Business Process Outsourcing"

Der derzeitige Outsourcing-Boom wird, so die IT-Experten und Finanzanalysten, ungebrochen anhalten. Je nach Dienstleistungsbereich werden jährliche Wachstumsraten zwischen 10 Prozent und 30 Prozent von einschlägigen Researchfirmen vorhergesagt. Gleichwohl wird es weiterhin starke Veränderungen geben. Outsourcing-Praktiken, wie wir sie bisher nur bei den Besten finden, werden zum Industrie-Standard.

Ursprünglich klassische Outsourcing-Felder, wie Rechenzentrumsbetrieb und Anwendungsentwicklung und -betrieb, werden zunehmend ergänzt durch „IT-Utility-Management“: Der Anbieter übernimmt Bereitstellungs-, Installations- und Betriebsverantwortung für den Lebenszyklus der gesamten IT-Infrastruktur, die zukünftig immer weniger Mainframe-basiert sein wird, sondern auf Servern, Netzwerken, Desktops, Peripheriegeräten usw. aufbaut. Die Gartner Group beispielsweise geht davon aus, daß sich der inhaltliche Schwerpunkt von Outsourcing-Kontrakten mittelfristig deutlich hin zum IT-Utility-Management verlagern wird. Dies bedeutet, daß mehr als die Hälfte der Outsourcing-Beziehungen künftig in diesem Leistungsbereich angesiedelt sein werden.

Gleichzeitig wird sich der Modularisierungs- und Kommoditisierungstrend weiter verstärken. Klar definierte und spezifizierte Leistungspakete werden von den Nachfragern im Wettbewerb ausgeschrieben. Für solche „Massendienstleistungen“ werden sich eigene Marktpreise herausbilden, wobei hier das Vorgehen der US-Regierung Modellcharakter gewinnen könnte: Sie hat für das Outsourcing von Desktop-Betreuungsleistungen – Betrieb, Wartung, Technologie-Nachrüstung etc. – eine Rahmenausschreibung erarbeitet, um den Behörden die Anbieterauswahl zu erleichtern und vergleichbare Leistungsangebote zu niedrigeren Kosten zu erhalten.

Nicht ganz so eindeutig ist der Trend beim „Business Process Outsourcing“ (BPO) – ein Thema, das seit Anfang der neunziger Jahre in der Diskussion ist: In der Regel geht es darum, IT-nahe Geschäftsprozesse oder Geschäftsfunktionen jeweils komplett an einen Outsourcing-Anbieter fremdzuvergeben, häufig auf der Basis einer Risiko-Gewinn-Partnerschaft.

Im Rahmen unserer Untersuchung in der Fertigungsindustrie haben wir indes festgestellt, daß BPO bisher allenfalls auf begrenzte Akzeptanz stößt. Tendenziell sind es wiederum die IT-Laien, die hier aktiv sind, weil sie sich Kostenvorteile versprechen. Insgesamt sehen die befragten Unternehmen keinen klaren Trend zu BPO. Vielmehr gehen sie davon aus, daß die Auslagerung auch von strategisch unbedeutenden Geschäftsprozessen mittelfristig keine hohe Bedeutung erlangen wird.

Marktbeobachter erwarten hingegen gerade bei BPO ein großes Wachstum. Geschäftsprozesse, die sich möglicherweise für BPO eignen, sind: Buchhaltung, Rechnungsabwicklung, Logistik-Prozesse, Vertriebsunterstützung oder Kundendienstabwicklung. Unternehmen könnten so die Spezialisierungsvorteile Dritter in Aufgabenbereichen nutzen, die für sie weder strategisch wichtig noch mit eigenen Kernkompetenzen abdeckbar sind. Wesentliche Erfolgsvoraussetzung für BPO sind Verträge mit strenger Leistungsmessung und klaren Leistungszielen, verbunden mit einer systematischen und konsequenten Leistungskontrolle durch ein entsprechend befähigtes internes Controlling-Team.

Auch bei BPO haben – wie bei vielen Trends in der IT-Industrie – die amerikanischen Unternehmen eine Vorreiterrolle inne: In den USA ist, wie unsere Untersuchung zeigt, der Fremdvergabegrad bei Funktionen wie Lohn- und Gehaltsbuchhaltung, Faktura und Mahnwesen sowie Finanzbuchhaltung teilweise doppelt so hoch wie in den europäischen Unternehmen (Schaubild 3.12).

US-Unternehmen sind Vorreiter beim IT-nahen Geschäftsprozeß-Outsourcing

IT-nahes Geschäftsprozeß-Outsourcing
in Prozent der Unternehmen

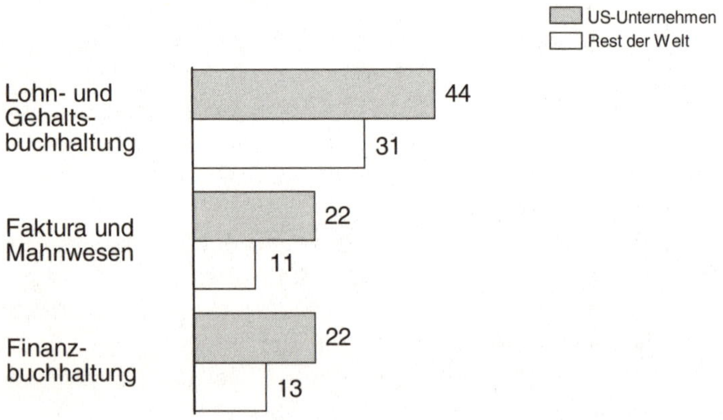

Quelle: McKinsey & Company, Inc.

Schaubild 3.12

Resümee

Überlegenes, kompetentes Informationsmanagement ist längst zu einem strategisch relevanten Wettbewerbsvorteil geworden. Denn es ist gleichermaßen Voraussetzung und treibende Kraft für den effizienten und effektiven Einsatz von IT. Vor allem durch die konsequente Unterstützung der Prozeßleistung in den Kernprozessen kann das Informationsmanagement, wie die IT-Profis demonstrieren, wesentlich zum Unternehmenserfolg beitragen.

Das Informationsmanagement der IT-Profis bewegt sich auf Best-Practice-Niveau. Untersucht man die Erfolgsmuster, so zeigt sich, daß die Leistungsvorteile der IT-Profis insbesondere in drei Bereichen liegen (Schaubild 3.13).

Die Professionalisierung der IT-Serviceleistungen vorantreiben

Aufgaben des Informationsmanagements

	IT-Planung, Steuerung und Beratung	IT-Umsetzung: Management interner operativer IT-Aufgaben	IT-Umsetzung: Outsourcing von IT-Leistungen
Standard	• Reaktive IT-Planung • Know-how-Lücken bei Technologien und Anwendungen • Mangelndes Planungsinstrumentarium	• Ineffizienter IT-Betrieb • Unzureichende Anwenderintegration in Projekten • Fehlende Kosten- und Leistungstransparenz	• Effizienzorientiertes Outsourcing mit Fokus auf Betriebsleistungen • Defizite bei Vertrags- und Partnermanagement
Best Practice	• Proaktive, geschäftsorientierte IT-Planung im dezidierten IT-Management • Geschäftsprozeß-Know-how intern/Nutzung externer Technologie-Expertise • Einsatz von IT-Portfolio-Planungsinstrumenten	• Interne IT-Service-Center dezentralisiert und vernetzt sowie wettbewerbsfähig auf Best-Practice-Niveau • "Lead-User" in Projektteams • Umfassendes und aussagestarkes Leistungs- und Kosten-Controlling	• Selektives Outsourcing, Zielsetzung Effektivitätssteigerung • Exzellentes Vertrags- und Partnermanagement (u. a. detaillierte Leistungs-Spezifikation)

Quelle: McKinsey & Company, Inc.

Schaubild 3.13

- Mit einer proaktiven und geschäftsorientierten IT-Planung und -Steuerung – basierend auf einem geeigneten Instrumentarium – wird die Geschäftsstrategie unmittelbar unterstützt. Das Informationsmanagement der IT-Profis kann dazu in aller

Regel auf ein umfangreiches Geschäftsprozeß-Know-how zurückgreifen.

- Operative IT-Aufgaben – wie Betrieb von IT-Infrastruktur, Help Desks, Anwendungsunterstützung usw. – werden vom Informationsmanagement federführend betreut, jedoch vielfach in dezentralen und vernetzten IT-Service-Centern erbracht. Hierbei sind proaktive Anwenderintegration und effizientes IT-Leistungs- und Kostencontrolling eine wichtige Voraussetzung.
- Informationsmanager der IT-Profis nutzen gezielt die Effektivitätsvorteile des Outsourcing von IT-Leistungen. Nicht Kostenargumente, sondern Leistungsverbesserung über smarte Fremdvergabe sind das zentrale Motiv hinter ihren „Make or Buy"-Entscheidungen. Zudem beherrschen sie in der Umsetzung kritische Faktoren, wie etwa Vertrags- und Partnermanagement, professionell.

Zukünftig wird sich das Informationsmanagement verstärkt zu einer eigenständigen Beratungs- und Servicekompetenz für Anwenderbereiche entwickeln und seinen Fokus auf (interne) Kundenzufriedenheit ausrichten. Seine wesentliche Funktion wird es sein, aus seinen Kenntnissen der neuen technologischen Möglichkeiten und seiner (wachsenden) Vertrautheit mit den Geschäftsprozessen heraus das Prozeß-Redesign und die Entwicklung neuer Geschäftskonzepte voranzutreiben. Dabei agiert das Informationsmanagement als Bedarfsermittler und Service-Broker; es ist zuständig für Ansprache, Management und Controlling der internen und externen Leistungspartner und vereinbart gemeinsam mit ihnen jeweils die zu erstellenden Leistungspakete.

3.2 Einführungsmanagement: Erst Geschäftsprozesse optimieren, dann innovative Anwendungssysteme einführen

Bei IT-Einführungen bevorzugen die meisten Unternehmen heute Standardsoftware gegenüber proprietären Lösungen. Besonders augenfällig ist die Präferenz der IT-Profis für integrierte Standardsoftware. Hierin unterscheiden sie sich deutlich von der eher indifferenten Laisser-Faire-Haltung der IT-Laien, wie unsere Untersuchung zeigt (Schaubild 3.14).

IT-Profis haben in integrierte Standardsoftware investiert

IT-Einführungsaufwand nach Softwaretypen

in Prozent des gesamten Arbeitsaufwandes für wesentliche Software-implementierungen 1993–96

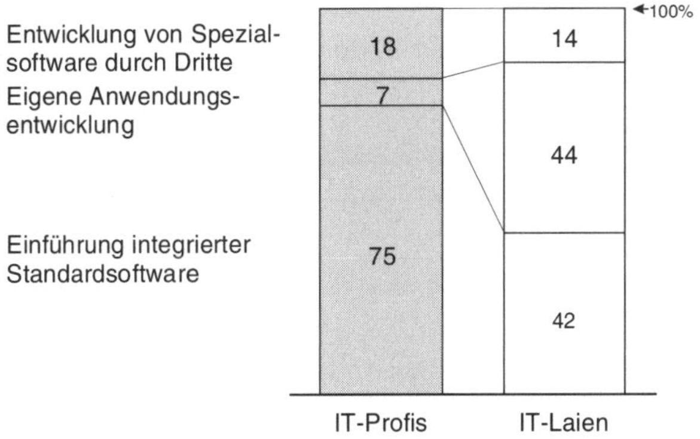

Quelle: McKinsey & Company, Inc.

Schaubild 3.14

Am weitesten verbreitet sind integrierte Standardsoftware-Pakete wie SAP R/3, Baan IV, SSA BPCS, Oracle Applications etc. Zu ihrer Einführung greifen IT-Laien und IT-Profis gerne auf die Unterstützung durch externe Berater zurück. Die Einführungsrisiken haben sich dadurch jedoch für die Unternehmen kaum verringert. Allen Standardisierungsanstrengungen und Beratungsleistungen zum Trotz weisen die meisten Unternehmen – vor allem die Laien, aber überraschenderweise auch viele Profis – eklatante Umsetzungsschwächen bei IT-Projekten auf (Schaubild 3.15, Seite 155):

- *Überlange Projektlaufzeiten:* In einem Unternehmen mit acht Standorten und ca. 1,5 Mrd. US-Dollar Jahresumsatz dauert die Einführung des Standardsoftwarepaketes X bereits vier Jahre, weitere fünf bis sechs sind schon jetzt veranschlagt.
- *Massive Budgetüberschreitungen ohne adäquaten Nutzen:* Die geplante Verbesserung der Leistung in der Auftragsabwicklung eines europäischen Automobilzulieferers durch die Einführung der integrierten Software Y (z. B. hatte man sich vorgenommen, die Lagerumschlagsquote um 70 Prozent zu erhöhen) blieb aus. Die Kosten des Einführungsprojektes allerdings waren so hoch, daß das Management in den beiden Einführungsjahren zynisch anstelle der Ergebnisse vor bzw. nach Steuern die „Ergebnisse vor bzw. nach Y" als Meßlatte für den Unternehmenserfolg definierte.
- *Unzulängliche Projektkonzeption:* Ein führendes Elektronikunternehmen brach 1993 sein Implementierungsprojekt für Softwarepaket Z nach neun Monaten ab, als das Management feststellen mußte, daß anders als von der eigenen IT-Leitung und von Beratern ursprünglich angegeben, erhebliche Umstellungen in den Geschäftsprozessen notwendig gewesen wären, um alle Abläufe im System abzubilden.

Diese Liste von Negativbeispielen könnte man, wie nicht nur unsere Erhebung zeigt, beinahe beliebig verlängern: Der durchschnittliche Zeitverzug bei größeren IT-Projekten liegt für IT-Laien bei knapp 50 Prozent oder 11 Monaten, die durchschnittliche Budgetüberschreitung bei über einem Drittel.

Welche Geschäftsrisiken sich damit für die Unternehmen bei zeitkritischen Projekten, wie etwa der Umstellung der Software auf das Jahr 2000 oder der EURO-Einführung, ergeben, kann sich jeder Leser unschwer ausmalen.

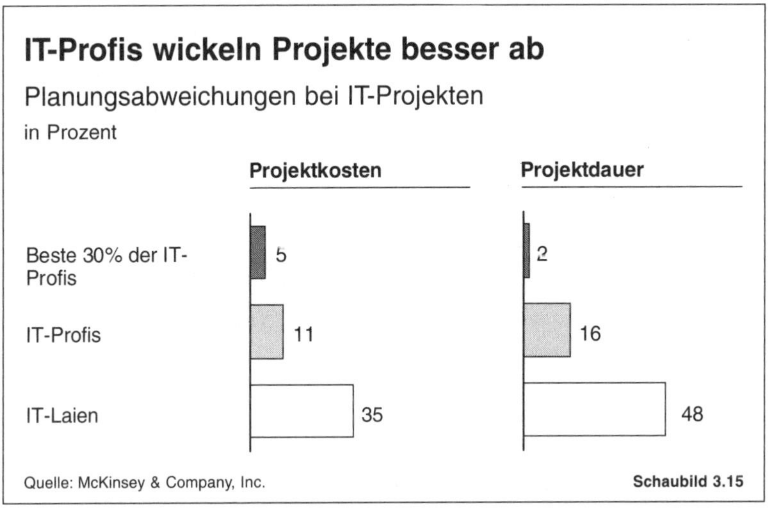

Schaubild 3.15

Typische Schwachstellen bei Einführungsprojekten – aus Sicht der Beteiligten

- *Vorstand:* „Die IT-Berater, die wir zum Einführungsprojekt unserer integrierten Standardsoftware herangezogen haben, erwiesen sich als völlig unqualifiziert. Weder waren sie in der Lage, unsere sehr speziellen Geschäftsprozesse zu verstehen und in der Software abzubilden, noch kannten sie sich mit allen Modulen des integrierten Paketes gut genug aus, um alle Auswirkungen von Tabellenanpassungen in einem Softwareteil auf die anderen zu überblicken."
- *IT-Leiter:* „Anwender und Vorstand haben meine Mannschaft und mich völlig im Stich gelassen. Nach der Entscheidung zur Implementierung des Standardpaketes hat sich der Vorstand völlig zurückgezogen, und die Bereichsleiter haben uns die versprochenen Personalkapazitäten aus den Fachbereichen nicht zur Verfügung gestellt."
- *Anwender:* „Unser IT-Leiter wollte sich mit der Einführung des Auftragsabwicklungssystems ein persönliches Denkmal setzen. Der sitzt in seinem Elfenbeinturm und hat, ohne uns

Anwender zu fragen, nur das Neueste und Teuerste gekauft. Leider paßt die Fertigungssteuerung nicht zu unserem Prozeß."

- *IT-Berater:* „Das Unternehmen hat uns viel zu spät hinzugezogen. Um das schlingernde Projekt in ruhigeres Fahrwasser zu bringen, mußten wir schlimmste Fehler ausbügeln: Der Vorstand hatte sich vorschnell für ein Produkt entschieden, es gab weder Ist-Analyse noch Soll-Konzept. Der IT-Leiter hatte keine klaren Ziele, und die Anwender wußten nicht, wie ihre Prozesse im Detail aussehen sollten."

Am Ende führen solche Schwächen im Einführungsmanagement immer zu gravierenden Budget- und Terminüberschreitungen. Daß es auch anders geht, verdeutlichen erfolgreiche Einführungsprojekte von Best-Practice-Unternehmen. Wie unsere Analysen zeigen, halten sich die besten IT-Profis im wesentlichen an drei verblüffend einfache Management-Grundprinzipien.

- *Konsequente Komplexitätsbegrenzung:* Geschäftsprozesse immer vor IT-Systemeinführung optimieren.
- *Smarte Systemauswahl:* State-of-the-Art-Anwendungssysteme gezielt einführen – vorzugsweise aus einer „Fast Follower"-Position.
- *Sorgfältiges Implementierungsvorgehen:* Mikrokosmen für Pilotierung nutzen und Regeln des Projektmanagements strikt einhalten.

Geschäftsprozesse immer vor IT-Systemeinführung optimieren

Der Einsatz von integrierter Standardsoftware ist – im Gegensatz zur landläufigen Meinung – noch längst keine Erfolgsgarantie: Anwender von SAP R/2 und R/3, Baan IV, Oracle Applications, SSA BPCS etc. finden sich sowohl unter den Profis als auch unter Laien, Snobs und Sparern. Bei genauerer Betrachtung der nachstehenden Matrix fällt allenfalls auf, daß 85 Prozent der Unternehmen mit hoher IT-Effektivität integrierte Standardsoftware nutzen, aber nur gut 60 Prozent der Unternehmen mit geringer IT-Effektivität (Schaubild 3.16). Hier spiegelt sich die Tatsache wider, daß die integrierten Systeme eine für die meisten Anwendungen ausreichende Funktionalität vorhalten und in Kombination mit einer modernen Hardware eine gute Verfügbarkeit gewährleisten.

Integrierte Standardsoftware allein ist noch keine Garantie für Effektivität und Effizienz der IT

Verbreitung integrierter Standardsoftware in Prozent der Unternehmen

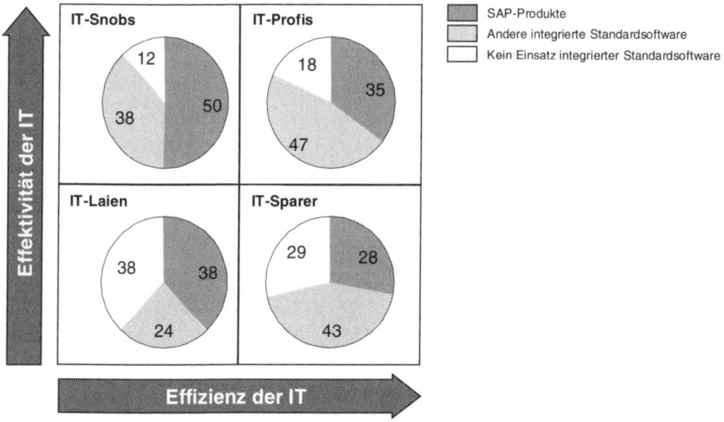

Quelle: McKinsey & Company, Inc.

Schaubild 3.16

Mithin macht die Nutzung von integrierter Standardsoftware allein ein Unternehmen noch nicht zum Profi. Oder anders ausgedrückt: Mit der Vorstandsentscheidung für ein bestimmtes Softwarepaket ist es nicht getan. Vielmehr gilt es, zunächst Klarheit über den Geschäftsprozeß zu schaffen, der unterstützt werden soll. Erst danach kann dann über die am besten geeignete Softwarelösung entschieden werden.[*)] Folglich sollte der Einführungsprozeß auch nicht mit der Softwareauswahl beginnen, wie viele Entscheider immer noch glauben, sondern mit der Analyse der Geschäftsprozesse, die durch IT zu unterstützen sind.

Statt über die wirklichen Ursachen von Ineffizienzen in Geschäftsprozessen oder von Betriebsstörungen nachzudenken, wird häufig vorschnell die Lösung in einer neuen Software-Anwendung gesucht. Das folgende Beispiel aus der Praxis dürfte manchem Leser vertraut vorkommen:

Im Werk X steigen die Vorräte an Zwischen- und Endprodukten. Trotzdem beschweren sich die Kunden über verspätete Lieferungen. Der Werksleiter macht die Planung verantwortlich, der Produktionsplaner sieht das Problem in der mangelnden Funktionalität des PPS-Systems, und der IT-Leiter fängt an, das Hohelied auf die innovative Leitstandtechnologie eines brandneuen, aufstrebenden Anbieters zu singen. Was folgt, ist ein verbaler Schlagabtausch zwischen Planer und EDV – sozusagen auf „Bits-und-Bytes-Ebene". Der Werksleiter kann schon nach wenigen Minuten nicht mehr folgen. Am Ende einigt man sich – der Empfehlung der EDV folgend – auf den kleinsten gemeinsamen Nenner: nämlich zur genannten Leitstandtechnologie überzuwechseln, um das Geschäftsprozeßproblem in den Griff zu bekommen.

Warum wird, wenn solche Probleme auftreten, eigentlich nicht zuerst der Geschäftsprozeß auf den Prüfstand gestellt – was doch naheläge? Angst vor organisatorischen Veränderungen, aber auch die Sprachbarrieren zwischen Anwendern und EDV-Abteilung verhindern eben dies. Soziale Isolierung und Technologie-„Fixierung" der IT-Mitarbeiter kommen häufig als weitere Hemmnisse hinzu. Solange aber diese grundsätzlichen Probleme der Unternehmenskultur nicht gelöst sind, erscheint keine sinnvolle Diskussion über die Analyse von Verbesserungspotentialen im Geschäftsprozeß möglich.

Hier müßte das Top-Management aktiv eingreifen, um sicherzustellen, daß einer neuen IT-Systemeinführung zumindest eine ernsthafte Überprüfung der zugrundeliegenden Geschäftsprozesse

[*)] Einen zweiten bedeutenden Erfolgsfaktor, die Auswahl der „richtigen" Standardsoftware, beschreiben wir auf Seite 173 ff.

vorausgeht, denn immerhin hat die Entscheidung für eine Systemeinführung eine weit in die Zukunft reichende Wirkung. Die durchschnittliche Nutzungsdauer von Datenbanksystemen beispielsweise liegt bei 10–15 Jahren, von Telekommunikationssystemen bei 10–12, von Betriebssystemen bei 8–10 sowie von unternehmensweiten Applikationen wie integrierter Standardsoftware immer noch bei 6–8 Jahren. Auch wenn die derzeitigen Abläufe zufriedenstellend erscheinen, muß man kritisch fragen, ob die bestehenden Geschäftsprozesse angesichts der allgemeinen Markt- und Wettbewerbsdynamik auch mittel- und längerfristig die Wettbewerbsfähigkeit sicherstellen können.

Bezeichnend ist, daß über 80 Prozent der IT-Profis Systemeinführungen nur im Kontext einer Geschäftsprozeßoptimierung vornehmen, während immer noch fast die Hälfte der IT-Laien glaubt, auf eine solche Prozeßanpassung verzichten zu können (Schaubild 3.17). Im günstigsten Fall schaffen sich die IT-Laien damit eine etwas bessere Unterstützung suboptimaler Prozesse. Allzu häufig jedoch „wird das Chaos in der Auftragsabwicklung auf dem Computer abgebildet", wie uns ein frustrierter Geschäftsführer freimütig gestand.

Zuerst sollten die Geschäftsprozesse optimiert werden

Einführung integrierter Standardsoftware in der Auftragsabwicklung
in Prozent der Unternehmen

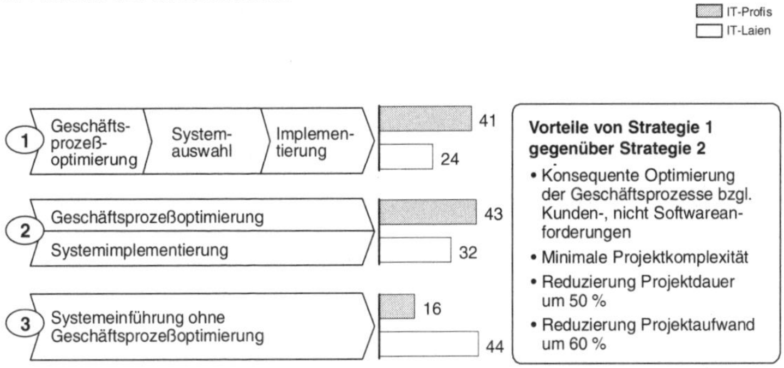

Quelle: McKinsey & Company, Inc.

Schaubild 3.17

Entscheidet man sich für die Geschäftsprozeßoptimierung, stellt sich als nächstes die Frage: erst Prozeßoptimierung und dann Systemeinführung oder beides parallel? Auch hier ist die Antwort für die besten Unternehmen eindeutig: Sequentielles Vorgehen eignet sich am besten dazu, um einem Ausufern der Projektkomplexität, aber auch einem allzu genügsamen „Dünnbrettbohren" beim Prozeßredesign entgegenzuwirken.

- *Minimierung von Komplexität:* Im Durchschnitt reduziert sequentielles Vorgehen, wie unsere Untersuchung ergab, die Implementierungszeit um ca. 50 Prozent und den Gesamtprojektaufwand um über 60 Prozent – vor allem aber verringert sich das Risiko des vollständigen Projektscheiterns.
  Gerade bei zeitkritischen Projekten wurde in der Vergangenheit gern auf ein paralleles Vorgehen zurückgegriffen: „Eine vorgeschaltete Prozeßoptimierung können wir uns nicht mehr leisten, der Zeitrahmen ist viel zu knapp", war das häufigste Argument.
  Die Ergebnisse waren in der Regel desillusionierend: Nicht selten führte mangelnder Projektfortschritt, da zu viele Arbeitspakete zugleich zu erledigen waren, zum vorzeitigen Projektabbruch. Meistens mußte das Projekt „irgendwie" zu Ende geführt werden. Entweder fiel die Prozeßoptimierung so rudimentär aus, daß sie den Namen kaum verdiente, oder das Unternehmen mußte, um die Aufgabenfülle zu bewältigen, in hohem Maße auf externe Ressourcen zurückgreifen, so daß die Projektkosten explodierten.

- *Ausschöpfung der Optimierungspotentiale:* Die Profis setzen nicht nur auf gründliche Ist-Analysen und Best-Practice-Vergleiche für die Konzeptionierung. Ebensowichtig sind ihnen klar definierte Implementierungsanforderungen, die konsequent nachgehalten werden.

  - Zu Ablaufanalyse und Redesignkonzeption werden externe Strategieberater oder Prozeßberater aus der eigenen Organisation herangezogen; letztere z. B. aus der konzerneigenen Beratungsabteilung oder aus Schwesterunternehmen, die bereits in der Vergangenheit ähnliche Projekte durchgeführt haben. Ziel ist es, innovatives Prozeß-Know-how dieser Spezialisten nutzen zu können bzw. erarbeitete Konzepte durch unabhängige Dritte überprüfen zu lassen.

- Ergebnis des Optimierungsprozesses sind für die Profis Groblayouts der neuen Abläufe mit ganz konkreten Implementierungsanforderungen hinsichtlich Effektivität und Effizienz: Wie stark sind die Lagerbestände durch ein besseres Lagerverwaltungssystem zu reduzieren? In welchem Umfang soll die Liefertreue durch die Einführung eines integrierten Supply-Chain-Management-Systems verbessert werden? Welcher Anteil Wiederholteile an Neukonstruktionen soll durch ein umfassendes PDM-System erreicht werden?

Auf Basis solcher Soll-Konzepte erfolgt dann die Auswahl der bestgeeigneten Standardsoftware-Lösung sowie die Feinanpassung der Geschäftsabläufe an die funktionalen Anforderungen der besten am Markt verfügbaren IT-Lösungen. Auch hier hilft den Profis ihr smartes Einführungsmanagement.

Die IT-Leitung ist stets von Anfang an in die Geschäftsprozeßoptimierung einbezogen, damit sie ihr Wissen über Möglichkeiten und Grenzen der potentiell verfügbaren Systeme frühzeitig in das Projekt einbringen kann. Ihr Blick richtet sich dabei nicht nur auf die spezifischen Einsatzbeschränkungen einzelner Systeme („Eine Bottleneck-Planung wird vom System X nicht unterstützt."), sondern ebensosehr auf ihre Innovationspotentiale. Wie uns ein Untersuchungsteilnehmer schilderte, wurde er erst durch die Gegenüberstellung der verschiedenen innovativen Software-Optionen auf eine zentrale Verbesserungsmöglichkeit in den Vertriebsabläufen aufmerksam. Mit dem Problem häufig unvollständiger und inkonsistenter Auftragsunterlagen konfrontiert, kam dem IT-Leiter eine einleuchtende Lösungsidee: die Nutzung eines Produktkonfigurator-Moduls, das in einem Softwarepaket standardmäßig enthalten war. Hierdurch konnte der gesamte, bisher extrem störungsanfällige Angebotsprozeß auf einfache Weise durch einen sehr viel schnelleren, „narrensicheren" Prozeß ersetzt werden. Auftragsdaten werden jetzt vom Vertriebsmitarbeiter noch vor Ort beim Kunden direkt ins PPS-System eingegeben.

Die Beschränkung der Prozeßoptimierung auf die Erstellung von Groblayouts der neuen Abläufe läßt Spielräume für die Softwareauswahl und Detailanpassung der Einzelabläufe: „Die Analyse verschiedener Softwarepakete hat uns bei der Optimierung der Prozeßdetails extrem geholfen. Für verschiedene Probleme bekamen wir Lösungen quasi auf dem silbernen Tablett geliefert, an die wir selber nie gedacht hätten", bestätigte uns der Produktionsleiter eines europäischen Spitzenunternehmens.

Werden künftig neuartige IT-Tools, wie etwa „Dynamic Enterprise Modelling" oder „Business Engineer", den Einführungsprozeß für integrierte Standardsoftware völlig „revolutionieren", wie ihre Anbieter lauthals verkünden? Wird damit das sequentielle Einführungsvorgehen zur „Erfolgsstrategie von gestern"?

Wohl nicht. Denn die genannten Werkzeuge bieten für die Grobkonzeption von Geschäftsprozessen nur wenig Hilfestellung. Sie beschleunigen lediglich die Konfiguration der IT-Systeme, gewährleisten eine konsistente Dokumentation und vereinfachen die Anpassungen der IT-Systemeinstellungen bei Detailänderungen auf Mikroprozeßebene. So dramatisch die Einsparungen auch sein mögen, die sich mit Hilfe dieser Tools erzielen lassen – nach Expertenschätzungen ca. 40–60 Prozent der heutigen Projektkosten –, die entscheidenden konzeptionellen Arbeiten der Geschäftsprozeßoptimierung können solche Werkzeuge nicht übernehmen.

Allenfalls das Angebot von vorkonzeptionierten Mikroprozeßbausteinen in industrie- oder geschäftsprozeßspezifischen Bibliotheken – wie es mittelfristig von IT-Anbietern bzw. Unternehmensberatern zu erwarten ist – könnte den sequentiellen Prozeß in Frage stellen. Denn damit würde das in solchen Software-Bibliotheken verfügbare Beratungs-Know-how zum entscheidenden Erfolgsfaktor, da es maßgeblichen Einfluß auf die Qualität softwareunterstützter Unternehmensprozesse hat. Bis zur Marktreife solcher Werkzeuge werden allerdings noch mehrere Jahre vergehen.

State-of-the-Art-Systeme gezielt einführen – vorzugsweise als „Fast Follower"

IT-Profis führen innovative IT-Systeme in der Regel deutlich früher ein als IT-Laien. Dies gilt nicht nur für neueste marktgängige Standardsoftware; auch bei der Entwicklung von Individualsoftware setzen die Profis eindeutig auf die fortschrittlicheren Software-Engineering-Tools.

Sind nun IT-Profis „Technologie-Enthusiasten", die Innovation um jeden Preis wollen und möglichst früh auf jeden Trend aufspringen? Nein, eher ist das Gegenteil der Fall. Sie sind lediglich bestrebt, aus den Erfahrungen der Vergangenheit und den Entwicklungen des IT-Markts, soweit absehbar, die richtigen Schlüsse zu ziehen. Natürlich hatten auch die IT-Profis in der Vergangenheit ihre Schwierigkeiten mit aufwendigen Eigenentwicklungen bzw. der Implementierung neuester Standardsoftware, deren Programmcode noch stark fehlerbehaftet oder unzureichend dokumentiert war. Aus diesen Erfahrungen entsteht bei den Profis – anders als bei den Laien – jedoch weder eine grundsätzliche IT-Skepsis noch ein zögerliches Einführungsverhalten.

Vielmehr sehen die IT-Profis in einem professionellen IT-Einsatz die Chance, ihre Geschäftsprozesse entscheidend weiterzuentwickeln. Aus dieser Grundüberlegung resultiert eine sehr bewußte und vorausschauende Analyse des IT-Marktes, vor allem der Verbesserungspotentiale durch neue Standardsoftware-Lösungen und durch neue Softwareentwicklungs-Tools. Diese Analyse geht aus von der Frage, inwiefern eine Wettbewerbsdifferenzierung durch IT möglich ist. Nur wenn echte Wettbewerbsvorteile erzielbar sind, setzen die IT-Profis auf die Entwicklung von Spezialsoftware, anderenfalls wird konsequent integrierte Standardsoftware eingesetzt.

Individualsoftware nur, wenn echte Wettbewerbsvorteile erzielbar sind

Differenzierungsmöglichkeiten bieten sich beim IT-Einsatz eher selten. Am augenfälligsten zeigt sich dies im bewußt vorsichtigen Verfahren der IT-Profis: In der Regel führen sie nur jedes sechste IT-Projekt als Pionier durch, darüber hinaus konzentrieren sie sich zur Zeit vorzugsweise auf die Einführung integrierter Standardsoftware. Ist jedoch ein klares Differenzierungspotential erkannt, wird es konsequent ausgeschöpft. Zu diesem Zweck werden neue Anwendungen für einen speziellen Anwendungsfall im Unternehmen entwickelt und implementiert. Und in einem solchen Fall lohnen sich Risiko und Aufwand einer echten „Pionierleistung".

Anpassungen bestehender Individualsoftware spielen bei den Profis dagegen eine vergleichsweise geringe Rolle. Nur ein Drittel ihres Entwicklungsaufwandes für Spezialsoftware fällt in diese Kategorie, während IT-Laien immerhin über 70 % ihrer Entwicklungskapazitäten dafür einsetzen (Schaubild 3.18).

IT-Profis schöpfen Differenzierungspotentiale durch innovative Spezialsoftware aus

Entwicklungsaufwand* für Spezialsoftware

in Prozent des gesamten Softwareentwicklungsaufwands

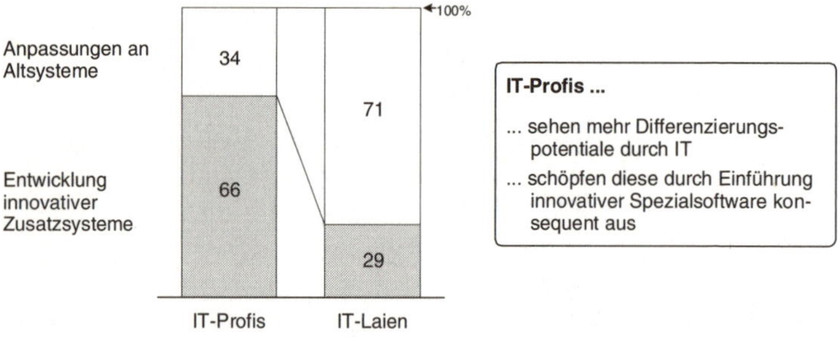

* Eigenaufwand und von Dritten bezogene Leistungen (Basis: Softwareprojekte 1993-96 mit Implementierungsaufwand > 1 Mann-Jahr)

Quelle: McKinsey & Company, Inc.

Schaubild 3.18

In welchen Bereichen Differenzierungspotentiale auftreten können, ist nicht pauschal bestimmbar, da Alleinstellungsmerkmale von sehr unterschiedlichen Rahmenbedingungen abhängen: Branchenstruktur, Unternehmenssituation, Marktlage etc. Dennoch lassen sich charakteristische Erfolgsmuster ausmachen.

Zulieferunternehmen, die in größeren Serien fertigen, können signifikante Wettbewerbsvorteile vor allem durch Konzentration ihrer IT-Anstrengungen auf die Produktentwicklung sowie auf die Optimierung der logistischen Kundenanbindung erlangen.

Für Unternehmen mit kleinen Serien und hoher Variantenvielfalt liegen potentielle Wettbewerbsvorteile vorzugsweise in der Konzentration ihrer IT-Anstrengungen auf intelligente Produktkonfigurationen sowie auf optimalen Service – mit dem Ziel, langfristige Kundenbindungen aufzubauen. Ein Hersteller von Hochleistungsservern beispielsweise stellt seinen Kunden gezielt Systeme zur Ferndiagnose und -wartung seiner Computer zur Verfügung und kann damit die Ausfallraten deutlich senken bzw. in vielen Fällen aufwendige Reparaturen vor Ort vermeiden.

Die Entscheidung für wettbewerbsdifferenzierende Individualsoftware schließt aber noch lange nicht mit ein, daß solche Programme auch im eigenen Haus entwickelt werden müssen.

Häufig ist es empfehlenswert, sie als Auftragsarbeit von Dritten erstellen zu lassen. Werden klare Spielregeln definiert und die Arbeitsumfänge genau festgelegt, kann die Zusammenarbeit beiderseits ergiebig sein. So haben die meisten Profis in den letzten Jahren erfolgreich ein Netzwerk von kleineren IT-Dienstleistern aufgebaut, die als strategische Partner die Codierung von Spezialsoftware übernehmen. Durch die Fremdvergabe lassen sich zum einen Fixkosten variabilisieren, denn für die Anwendungsentwicklung müssen keine eigenen Personalkapazitäten mehr vorgehalten werden. Zum anderen kann – und dies ist sehr viel wichtiger – auf das neueste IT-Know-how und die überlegene Flexibilität der spezialisierten Anbieter zurückgegriffen werden. Diese können häufig sehr viel schneller auf Markt-/Technologieveränderungen reagieren als das eigene, meist wesentlich größere Unternehmen.

Basis für die Zusammenarbeit sollten Ausschließlichkeitsverträge sein, die mit dem Programmierer abgeschlossen werden, um einen ausreichenden Know-how-Schutz zu gewährleisten. Ergänzend dazu muß auch für diese kleineren Dienstleister ein konsequentes Partner- und Projektmanagement eingerichtet werden.

Best Practice: Standardlösungen als „Fast Follower" einführen

Ist durch IT keine Differenzierung vom Wettbewerb möglich, entscheiden sich IT-Profis konsequent für ein integriertes Standardsoftware-Paket, das alle State-of-the-Art-Funktionalitäten anbietet und bereits mit Erfolg am Markt eingeführt ist. Damit lassen sich sowohl Effektivitäts- als auch Effizienzgewinne erzielen.

- Standardsoftware-Pakete bieten im Regelfall deutlich mehr Funktionalitäten als individuell programmierte Software. Zudem verbessert die Integration verschiedener Module entscheidend die Datenverfügbarkeit.
- Der Einsatz von praxisbewährter Standardsoftware minimiert Entwicklungszeit und Entwicklungskosten – insbesondere im Vergleich zur Entwicklung und Einführung entsprechender Spezialsoftware-Lösungen. Im Durchschnitt liegen die IT-Gesamtkosten von Unternehmen, die Standardsoftware mit nur geringen individuellen Anpassungen einsetzen, knapp 30 Prozent unter denen von Unternehmen, die überwiegend auf Individualsoftware setzen.

Beispiel: IT-Kostensenkung durch Standardisierung

Ein europäischer Maschinenbauer stellte seine Informationstechnik von 1993–1995 auf integrierte kaufmännische Unternehmenssoftware um – die IT-Kosten sanken um über 30 %. Die hauseigene Anwendungsentwicklung und -pflege, die bis dahin durch hohe Personalkosten, veraltete Cobol-Kenntnisse, mangelnde Konzentration auf geschäftskritische Anwendungen sowie fehlende Service-Mentalität gekennzeichnet war, wurde erheblich reduziert. Insgesamt übertrafen die Einsparungen bei den Personalkosten die Gesamtaufwendungen aus Einführungs-, Lizenz- und laufenden Ausgaben – gerechnet auf eine mindestens fünfjährige Nutzung des eingeführten Releases – um den Faktor 4 (Schaubild 3.19).

Die hohen Einführungskosten integrierter Standardsoftware werden durch niedrigere laufende Kosten überkompensiert

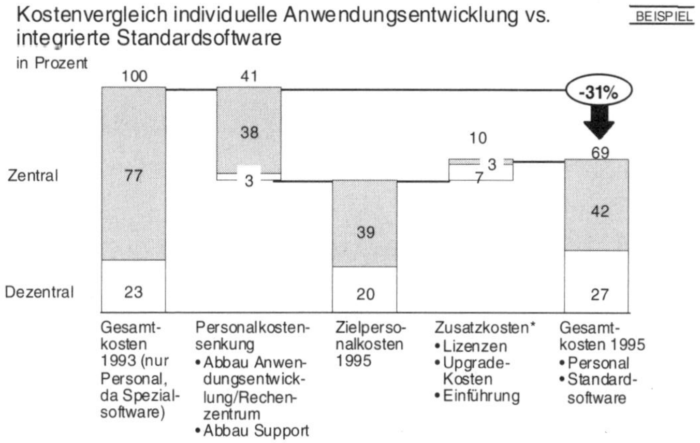

* Für integrierte Standardsoftware; Basis fünfjährige Nutzung

Quelle: McKinsey & Company, Inc.

Schaubild 3.19

Die Verbesserungsmöglichkeiten, die integrierte Standardsoftware-Pakete bieten, lassen sich allerdings nur ausschöpfen, wenn eine professionelle Systemauswahl sichergestellt ist. Dazu sollten vier Erfolgsregeln unbedingt eingehalten werden:

- Von neuen Softwareprodukten profitieren, aber Markterprobung abwarten („Fast Follower"-Strategie)!
- Das Integrationspotential bestimmen und vollständig ausschöpfen!
- Die Kernprozesse in den Mittelpunkt der Auswahlentscheidung stellen!
- Die Anwender intensiv in den Auswahlprozeß einbeziehen!

Von neuen Softwareprodukten profitieren, aber Markterprobung abwarten („Fast Follower"-Strategie): IT-Profis setzen innovative Versionen integrierter Standardsoftware im Durchschnitt deutlich früher ein als IT-Laien. Wenn es geht, verzichten sie dabei jedoch darauf, unausgereifte Releases zum frühesten Zeitpunkt als Branchenerste einzuführen. In 60 Prozent der Fälle implementieren sie Standardsoftware-Pakete als sogenannte „Fast Follower", also nicht als Branchenerster, aber deutlich vor dem Gros der Wettbewerber. IT-Laien dagegen springen entweder – in 15 Prozent der Fälle – zu früh auf noch nicht markterprobte Systeme oder entscheiden sich – in 70 Prozent der Fälle – für allzu zögerliche Einführungsstrategien (Schaubild 3.20).

IT-Profis führen integrierte Standardsoftware als „Fast Follower" ein

Einführungsstrategie für integrierte Standardsoftware
in Prozent der Systemeinführungen* der vergangenen Jahre

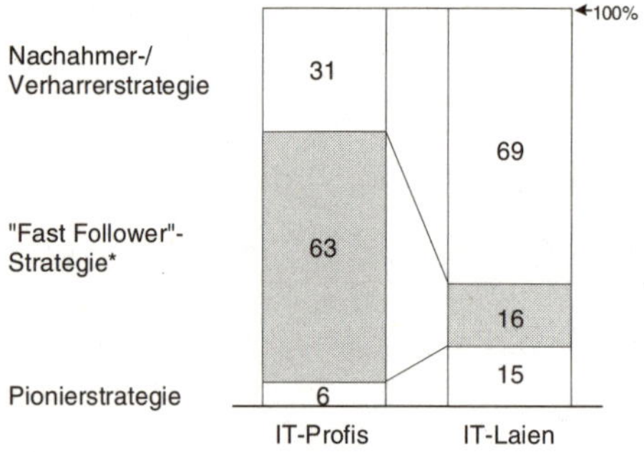

* Einführung neuer Systeme (z. B. Baan IV als Ersatz von proprietärem System) und Komplettablösung (z. B. Ersatz R/2 durch R/3), aber keine Release-Wechsel

Quelle: McKinsey & Company, Inc. **Schaubild 3.20**

Mit der Kombination von progressivem Informationsmanagement und intelligentem Einführungsmanagement verkürzen die IT-Profis die Dauer ihrer Einführungsprojekte und sichern sich zugleich deutliche Effektivitätsvorteile gegenüber den „Nachahmern" und „Verharrern" unter ihren Mitbewerbern. Wie unsere Untersuchung zeigt, weisen Unternehmen, die jeweils neueste Standardsoftware einsetzen, gegenüber Unternehmen, die ältere Versionen integrierter Systeme benutzen, eine um 20 Prozent bessere Funktionalität sowie eine um rund ein Drittel höhere Datenverfügbarkeit auf (Schaubild 3.21).

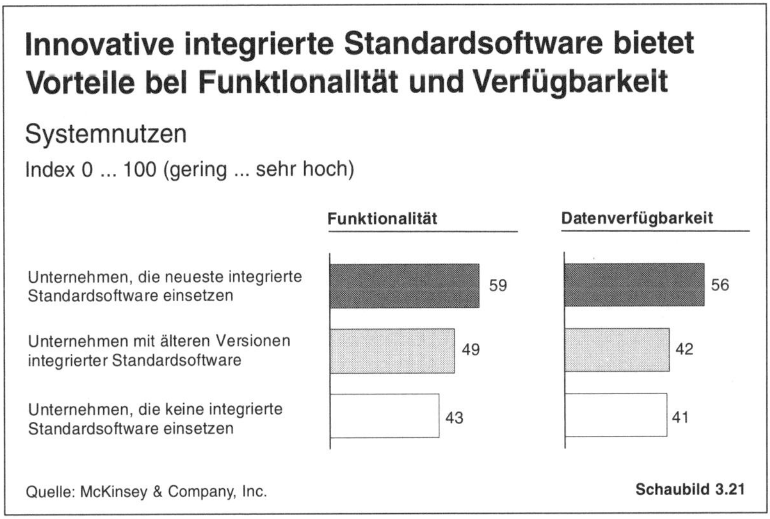

Schaubild 3.21

Anstatt überhastet jeweils als Branchenerster nach der neuesten Softwareinnovation zu greifen, setzen IT-Profis auf genaue Marktbeobachtung und gezielte Beschaffung. Sie informieren sich gründlich über die Nutzererfahrungen mit Ersteinführungen, z. B. anhand der Erfolgsgeschichten im Internet oder über Anwender-Roundtables. Bietet ein neues System für die Kerngeschäftsprozesse einen relevanten Zusatznutzen, entscheiden sie sich sehr rasch für seine Einführung, um ihren Anwendern die innovativen Funktionalitäten möglichst frühzeitig zur Verfügung zu stellen. Die Vorteile dieser „Fast Follower"-Strategie der Profis sind vielfältig:

- *Zugriff auf praxiserprobte Programme:* Indem sie klug abwarten, bis wirklich positive Anwendererfahrungen vorliegen und ein klarer Nutzengewinn erkennbar ist, stellen die IT-Profis sicher, daß sie ausgereifte Systeme erwerben, die weitestgehend fehlerfrei sind und für die auch eine umfassende Dokumentation existiert.

- *Zugang zu allen Systemfunktionalitäten:* Häufig sind in Erst-Releases noch nicht alle wichtigen Systemmodule enthalten. Indem die Profis warten, bis Versionen mit allen relevanten Funktionalitäten verfügbar sind, meiden sie geschickt die typischen Probleme von Erstnutzern: IT-Profis müssen keine Individualprogramme für die nötigen Zusatzfunktionalitäten erstellen oder Schnittstellen zu Altsystemen aufbauen, die solche Funktionalitäten bereits aufweisen. Ebensowenig müssen sie unternehmensspezifische Anpassungen der Standardsoftware vornehmen – was in aller Regel zu enttäuschenden Ergebnissen führt und später den Wechsel auf leistungsstärkere Releases enorm erschweren kann.
- *Verfügbarkeit von externer Berater-Expertise:* Auch versierte Systemberater, ohne die heute komplexe Systemeinführungen kaum mehr denkbar sind, brauchen Zeit, um sich mit neuen Softwaresystemen vertraut zu machen und die erforderliche Produkt-Expertise aufzubauen. Durch die Wahl der „Fast Follower"-Strategie stellen die Profis sicher, daß diese Erfahrung vorhanden ist.
- *Nutzung bewährter Einführungsverfahren:* Mit fortschreitender Marktdurchdringung bilden sich in der Regel (weitgehend) standardisierte Einführungsverfahren heraus, die in überschaubarer Zeit eine erfolgreiche Systemimplementierung ermöglichen. Damit können die Pakete immer schneller, sicherer und kostengünstiger implementiert werden. Wie unsere Ergebnisse illustrieren, machen sich gerade die Profis diesen Umstand zunutze: Im Durchschnitt benötigen sie für die Einführung integrierter Standardsoftware 40 Prozent weniger Zeit als die IT-Laien. Bei einer etwa gleich langen Nutzungszeit gewinnen die Profis deutlich mehr Zeit für eine produktive Anwendung, während die Laien Systemwechsel jeweils so kurz hintereinander durchführen, daß eine effektive Systemnutzung oft nicht möglich ist.

Das Integrationspotential bestimmen und vollständig ausschöpfen: Anders als IT-Laien, die vorzugsweise einzelne Funktionsbereiche optimieren, sind die IT-Profis bestrebt, mit Hilfe der Systemeinführung eine durchgängige Informationsplattform zu schaffen. Nach Möglichkeit soll sie alle wichtigen Unternehmensprozesse und Funktionen verbinden. Um dies zu erreichen, ermitteln die IT-Profis – im Rahmen detaillierter Analysen von Integrationsnutzen und -kosten – jeweils die „optimale Systemgrenze“: Sie legt fest, welche Funktionen bzw. Unternehmenseinheiten im einzelnen mit dem integrierten System unterstützt werden sollen. In Großunternehmen und Konzernen umfaßt sie in der Regel nicht mehr als eine strategische Geschäftseinheit. Für alle Funktionen innerhalb der Geschäftseinheit gilt dann, daß als einziges größeres IT-System nur das integrierte Standardpaket genutzt werden darf (Schaubild 3.22).

IT-Profis erreichen höhere Integration ihrer Anwendungssysteme

Integrationsgrad der Anwendungssysteme

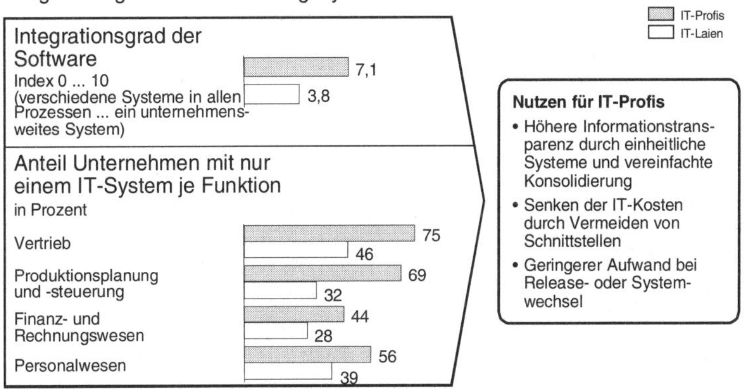

Quelle: McKinsey & Company, Inc. **Schaubild 3.22**

Eine solche Systemkonformität erreichen die IT-Laien nicht annähernd. Indem sie nur einzelne Module des integrierten Paketes nutzen und praxisbewährte andere Anwendungen weiter zulassen, schaffen sie zwar leichter die erforderliche Nutzerakzeptanz für das integrierte System, aber dieser Akzeptanzvorsprung ist teuer erkauft: Abgesehen davon, daß die Schnittstellenprobleme zwischen den verschiedenen Programmen einen hohen zusätzlichen Programmierbedarf schaffen, entstehen häufig auch Dateninkonsistenzen. Denn die einzelnen Anwendungen kommunizieren miteinander nicht in Echtzeit; Systemabgleiche sind damit – zumindest bei den heute eingesetzten Programmen – häufig nur über nächtliche Batch-Läufe möglich. Nicht selten fehlen schließlich, wie IT-Laien immer wieder bemerken müssen, wichtige elektronische Schnittstellen gänzlich, so daß kein durchgängiger Informationsfluß besteht und Daten nur von Hand in die verschiedenen Systeme eingegeben werden können.

Um für sich solche Schwierigkeiten auszuschließen, machen IT-Profis lieber Zugeständnisse bei den Funktionalitäten. Wie unsere Interviews ergaben, werden nämlich rund zwei Drittel der Funktionalitäten lediglich von 10 Prozent der Mitarbeiter genutzt, meist nur wenige Male im Jahr. Aus diesem Grund beschränken IT-Profis die Soll-Funktionalität der integrierten Standardsoftware konsequent auf die 80 Prozent relevanten Funktionalitäten, wobei sie für Sonderfälle als Alternative beispielsweise einfache Excel- oder Access-Anwendungen bereitstellen. Die Akzeptanz für diese Strategie sichern sie zum Teil mit unkonventionellen Lösungen.

„Verschrottungsprämien" für Altprogramme

Ein amerikanischer Automobilzulieferer sah sich aus verschiedenen Gründen gezwungen, extrem schnell von der implementierten Individualsoftware auf ein integriertes Standardpaket zu migrieren. Gegen diese Umstellung regte sich Widerstand von zwei Seiten: Zum einen blockierten viele Anwender die Umstellung, da alle Bildschirmoberflächen ein neues Design hatten, eine Reihe gewohnter Abläufe geändert werden mußte und nicht alle Funktionalitäten der alten Individualsoftware im neuen Paket enthalten waren. Zum anderen waren die IT-Mitarbeiter gegen den Systemwechsel, da fast zwei Drittel von ihnen mit Anwendungsentwicklung und -pflege beschäftigt waren und bei Einführung des Standardpakets um ihren Arbeitsplatz fürchteten.

Um sich aus dieser Zwickmühle zu befreien, verfiel die Geschäftsführung auf eine ebenso einfache wie wirkungsvolle Lösung: Sie führte für die IT-Mitarbeiter „Verschrottungsprämien" für Altprogramme ein, die für jede vom Zentralrechner gelöschte Anwendung fällig wurden. Die Ergebnisse waren verblüffend. Einerseits wurde erstmals ernsthaft analysiert, welche Programme wie häufig angewendet wurden und welchen Nutzen die einzelnen Mitarbeiter in den Fachabteilungen daraus zogen. Das Erstaunen, wie viele Berichte monatlich generiert, aber nie gelesen wurden, war sehr groß. Andererseits waren die IT-Mitarbeiter gezwungen, sich aktiv mit der Funktionalität der integrierten Standardsoftware vertraut zu machen und sich aktiv für die neue Lösung einzusetzen. Denn um die Altprogramme zu löschen und die Prämien zu erlangen, mußten sie jeweils zuerst bei den skeptischen Anwendern erfolgreiche Überzeugungsarbeit leisten.

Die Kernprozesse in den Mittelpunkt der Auswahlentscheidung stellen: Soll es SAP sein? Oder Baan? Oder vielleicht doch BPCS? Für viele Unternehmen ist der Name des Software-Anbieters wichtiger als der Beitrag des IT-Systems zur Prozeßleistung. In aller Regel ein Kardinalfehler. Denn die Effektivitäts- und Effizienzpotentiale eines neuen IT-Systems lassen sich nur dann sinnvoll nutzen, wenn es – nach vorausgehender Prozeßoptimierung – die Kernprozesse optimal unterstützt. Im Vergleich dazu sind alle anderen Auswahlkriterien als nachrangig zu betrachten. Tut man dies nicht, sind herbe Enttäuschungen schon vorprogrammiert.

Typische Fehler bei der Softwareauswahl

Ein nordamerikanischer Stahlhersteller entschied sich mit Blick auf das Millenniumproblem, seine alte, nicht mehr anpassungsfähige Individualsoftware durch ein neues integriertes Standardsoftwarepaket zu ersetzen, das nebenbei auch deutliche Kosteneinsparungen in Pflege und Betrieb ermöglichen sollte.
Um die Auswahl vorzubereiten, wurde der EDV-Chef vom zuständigen Finanzvorstand mit einer Marktanalyse der gängigen

Unternehmenssoftware beauftragt. Drei Standardpakete wurden in die engere Wahl genommen und auf ihre Funktionalität überprüft. Aufgrund der unternehmensinternen Berichtsstrukturen legte das Projektteam besonderes Gewicht auf die Finanz- und Controllingmodule der Systeme. Am Ende wurde vom Finanzvorstand gegen die Bedenken der Werksleitung ein Produkt durchgesetzt, das den anderen im Bereich Finanzwesen/Controlling überlegen war, jedoch Schwächen bei der Unterstützung der Produktionsplanung aufwies. Erste Probleme traten bereits in der Einführungsphase auf, als es sich als unmöglich erwies, eine für das Kerngeschäft des Unternehmens notwendige, engpaßorientierte Produktionsplanungslogik in das MRP-basierte System zu integrieren. Zum völligen Desaster geriet die Implementierung, als versucht wurde, die bestehenden Planungsprozesse im Werk an die Logik des eingeführten Systems anzupassen: Die Liefertreue ging aufgrund mangelnder Planungsgenauigkeit und -flexibilität drastisch zurück, gleichzeitig stiegen die Lagerbestände extrem an. Beigetragen haben zu dieser traurigen Entwicklung vor allem zwei charakteristische Fehlentscheidungen:

- Das Standardpaket wurde aufgrund seiner Leistungsfähigkeit im Finanz-/Controllingbereich ausgewählt, obwohl es in seiner Primärfunktion die Auftragsabwicklung des Unternehmens nicht stabil unterstützen konnte. Besser wäre es gewesen, den Auftragsabwicklungsprozeß durch die für ihn optimale Softwarelösung zu unterstützen, da dieser den größten Beitrag zum Unternehmenserfolg liefert.
- Die Unternehmensleitung versuchte, das Groblayout ihrer Kernprozesse an die Erfordernisse der Software anzupassen, indem sie auf die notwendige Bottleneck-Planung verzichtete und statt dessen einer MRP-II-Logik den Vorzug gab. Damit wurden im Zuge der Softwareeinführung Prozesse neu definiert, die nicht den Geschäftsanforderungen entsprachen. Daß diese Prozesse am Ende stark automatisiert waren, macht die Sache nicht besser, denn „wenn man in die falsche Richtung läuft, ist es egal, wie schnell man rennt", wie einer der beteiligten Manager lapidar bemerkte.

Wie sollte nun eine solche Auswahlentscheidung in Konzernen bzw. Großunternehmen mit einem sehr breiten Produktspektrum und sehr unterschiedlichen Kernprozessen getroffen werden? Für die optimale Unterstützung der Auftragsabwicklung in der Kolbenfertigung könnten beispielsweise ganz andere Softwarefunktionalitäten gefragt sein als etwa für die Unterstützung von Vertrieb und Fertigung von Papiermaschinen. Für die Geschäftseinheit A könnte deshalb Softwarepaket X, für die Geschäftseinheit B dagegen Softwarepaket Y jeweils die optimale Lösung sein. Wie ist hier am besten zu verfahren?

Allgemein betrachtet, hängt der Grad der Standardisierung von IT-Applikationen im Konzern von zwei Parametern ab:

- *Auftragsabwicklungsprozeß der Konzernunternehmen:* Gehören die Geschäftseinheiten A, B zur Gruppe der Standardprodukthersteller, der Spezialisten oder zu den Mischtypen?[*)]
- *Intensität der konzerninternen Lieferbeziehungen:* Ist Geschäftseinheit A Teilelieferant für Geschäftseinheit B?

Ausgehend von diesen Rahmenbedingungen kristallisieren sich drei Problemfälle heraus. Für die ersten beiden lassen sich plausible Lösungen jeweils allgemein skizzieren; für den dritten gibt es keine generelle Lösung.

- *Fall A: Geschäftseinheiten haben den gleichen Auftragsabwicklungsprozeß:* Sind alle Geschäftseinheiten beispielsweise Großserienfertiger mit nur kleinem Kundenkreis (etwa Automobilzulieferer), so ist die Definition eines einzigen konzernweiten Standards zu empfehlen, der für alle Geschäftseinheiten verbindlich ist – unabhängig von der Intensität der konzerninternen Lieferbeziehungen. Denn hier ist es möglich, einen Konzernstandard zu schaffen, der einen verbindlichen Kern von 90–95 Prozent der Funktionalität enthält. In einem Pilotprojekt kann man dann einen Standardeinführungsprozeß festlegen sowie ein Implementierungsteam trainieren, das für den konzernweiten Rollout zuständig ist. Die Vorteile solch

---

*) Definition siehe Kapitel „Operativer Kernprozeß", Seite 69 f.

eines einheitlichen Vorgehens liegen auf der Hand: Kostenvorteile bei Soft- und Hardwarebezug, Lernkurveneffekte bei Einführung/weltweitem Rollout sowie Etablierung einer durchgehenden Datenbasis im Gesamtunternehmen mit Vorteilen im Supply Chain Management.

- *Fall B: Die Konzernunternehmen haben unterschiedliche Auftragsabwicklungsprozesse, aber nur geringe konzerninterne Lieferbeziehungen:*[*] In diesem Fall ist weitgehende Freizügigkeit die gebotene Lösung. Unterschiedliche Standardpakete können für Geschäftseinheiten mit verschiedenen Auftragsabwicklungsprozessen durchaus zugelassen werden, da die Integrationsvorteile lediglich in der gemeinsamen Beschaffung sowie einer vereinfachten Berichterstattung an die Holding liegen, mithin im Vergleich zu den Kosten entsprechender Systemanpassungen marginal sind. Um auf Konzernebene ein wirkungsvolles Finanzcontrolling zu ermöglichen, kann ein Set von ausgewählten Finanzkennzahlen, die regelmäßig an die Zentrale zu übermitteln sind, für alle Geschäftseinheiten verbindlich definiert werden. Datentechnisch kann dies durch einen wöchentlichen oder monatlichen Download geschehen, der ohne direkten Zugriff der Zentrale auf die Applikationen der Geschäftseinheiten durchführbar ist.
- *Fall C: Die Konzernunternehmen haben unterschiedliche Auftragsabwicklungsprozesse und gleichzeitig intensive konzerninterne Lieferbeziehungen*: Für diesen schwierigen Fall gibt es kein Patentrezept. Der Zielkonflikt zwischen dem Konzernwunsch nach einer einheitlichen Datenbasis zur Gesamtsteuerung und dem Wunsch der Geschäftseinheiten nach einer möglichst gut auf den eigenen Auftragsabwicklungsprozeß abgestimmten Software läßt sich ohne Trade-offs nicht lösen. Als Anregung könnte die Lösung dienen, die in einem skandinavischen Mischkonzern gefunden wurde. Das Unternehmen fertigt in Sparte A auftragsspezifische Produkte in Kleinserien, in Sparte B Rohmaterialien in einem kontinuierlichen Pro-

[*] Ein Beispiel liefert ein US-Konzern: Eine Sparte dieses Unternehmens fertigt einfache Massenprodukte für die Freizeitindustrie, während eine andere komplexe Komponenten für die Raumfahrtindustrie herstellt. Das heißt, anonyme Massenfertigung für eine sehr große Zahl von Kunden auf der einen, kundenspezifische Auftragsfertigung in kleinsten Stückzahlen auf der anderen Seite.

zeß. Die Rohmaterialien dienen z. T. als Vorprodukte für die kundenspezifischen Erzeugnisse, werden aber auch direkt am Markt verkauft. Beide Sparten haben die gleiche Kundengruppe, die von einer divisionsübergreifenden, in nationale Gesellschaften gegliederten Verkaufsorganisation vertrieben werden. Damit müssen zum einen unterschiedliche Produktionsplanungssysteme für die verschiedenen Fertigungstypen verfügbar sein. Zum anderen braucht der Vertrieb eine vollständige, tagesaktuelle Datentransparenz über beide Divisionen, um dem Kunden beispielsweise korrekte Liefertermine nennen zu können.
Um diesem Dilemma zu entgehen, wurde eine differenzierte Lösung entwickelt (Schaubild 3.23). Für beide Sparten wurden jeweils unterschiedlich konfigurierte Standardpakete ausgewählt, um die Fertigungsspezifika optimal abzubilden. Gleichzeitig wurde spartenübergreifend ein zentrales Auftragsverwaltungs- und -auflösungssystem zur zentralen Grobplanung eingeführt. Im Vergleich zur alten „Insel"-Lösung mit einer Vielzahl individueller, nicht vernetzter Systeme bietet die neue Lösung nicht nur datentechnische Vorteile wie weniger Schnittstellen sowie Verfügbarkeit konsistenter und ak-

Ein zentrales Auftragsverwaltungs- und -auflösungssystem integriert die Spartensoftware

Meta-PPS-Konzept

BEISPIEL: WELTWEIT TÄTIGER KOMPONENTENHERSTELLER

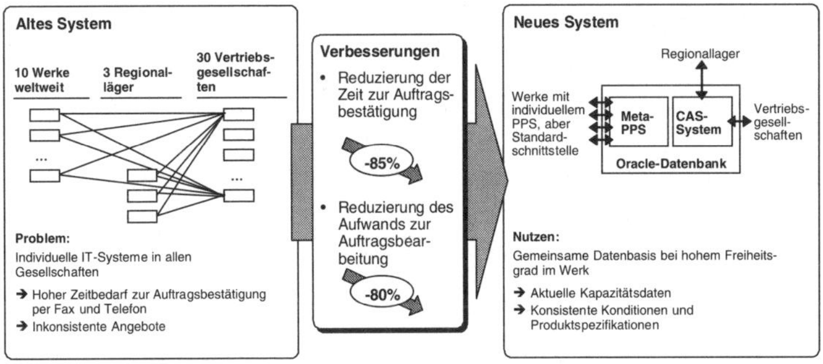

Quelle: McKinsey & Company, Inc. **Schaubild 3.23**

tueller Daten, sondern vor allem auch echte Prozeßverbesserungen. So reduzierte sich die Zeit zur Auftragsbestätigung durch die Vertriebsmitarbeiter um 85 Prozent, der Aufwand in der Auftragsbearbeitung um 80 Prozent, da Vollständigkeit und Konsistenz der Aufträge jetzt vom Außendienst direkt vor Ort sichergestellt werden können.

Die Anwender intensiv in den Auswahlprozeß einbeziehen: Um die Nutzung von IT-Applikationen zu verbessern, setzen IT-Profis neben regelmäßigem intensivem Anwendertraining vor allem auf die konsequente Einbeziehung der Beteiligten in den System-Auswahlprozeß und halten sich damit an die alte Projektmanagementregel „Betroffene zu Beteiligten machen".

Wichtig ist für die Profis, daß die Aufgaben im Auswahlprozeß klar verteilt sind: Während die IT-Abteilung vor allem für eine möglichst weitgehende Standardisierung und Integration verantwortlich ist und dazu Machbarkeitsprüfungen sowie Abschätzungen von Projektaufwand und -kosten vornimmt, fällt dem Anwender die Aufgabe zu, die in der Geschäftsprozeßoptimierung festgelegten globalen Verbesserungsziele für einzelne Prozeßschritte zu detaillieren. Von IT-Mitarbeitern und IT-Anwendern werden diese Detailziele dann gemeinsam in Systemspezifikationen übersetzt.

Implementierung: Mikrokosmen für Pilotierung nutzen und Regeln des Projektmanagements strikt einhalten

Sind die Geschäftsprozesse optimiert und die richtigen Software-Entscheidungen getroffen, muß eine möglichst schnelle und reibungslose Systemeinführung sichergestellt werden. Die IT-Profis erreichen dieses Ziel, indem sie sich strikt an die Grundregeln des Projektmanagements halten:

- *Professionelle Projektplanung* mit
  - Pilotanwendungen auf Basis von Mikrokosmen,
  - anspruchsvoller Zielsetzung auf Basis externer Benchmarks.

- *Adäquate Zusammensetzung des Projektteams* mit
  - Übertragung von Projektverantwortung auf die Anwender,
  - Einsatz von externen Implementierungsberatern, mit Schwerpunkt auf Konzeptoptimierung.
- *Konsequentes Projektcontrolling*, verbunden mit der Etablierung eines kontinuierlichen Verbesserungsprozesses.

Diese Prinzipien gelten für die Implementierung von Individualsoftware ebenso wie von Standardsoftware. Bei Standardsoftware ist allerdings ein Fallstrick zu meiden, der IT-Nutzern immer wieder zum Verhängnis werden kann. Grundprinzip muß sein, möglichst keinen Eingriff in den Originalcode der Software vorzunehmen – auch wenn dies noch so verlockend erscheint. Vermeintlich geringfügige Codeanpassungen bei der ausgewählten integrierten Software – etwa um Funktionalitäten des alten Systems zu erreichen und die Akzeptanz für das neue System zu erhöhen – werden in ihren Folgewirkungen meist völlig unterschätzt (Schaubild 3.24).

Änderungen im Originalcode können teuer werden

IT-Kosten und Softwarestandardisierung

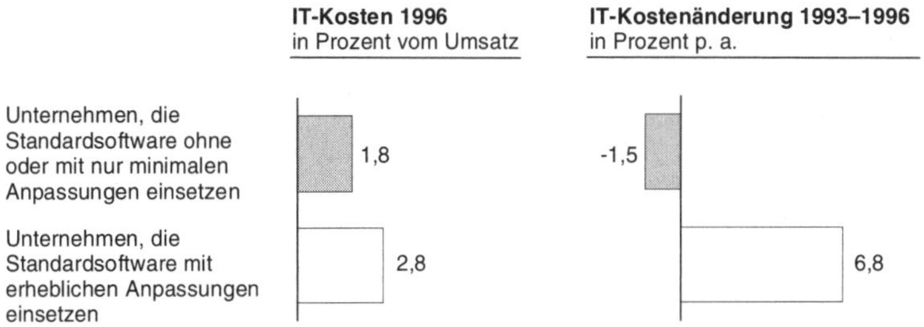

Quelle: McKinsey & Company, Inc.

Schaubild 3.24

Unternehmen, die erhebliche Anpassungen an ihrer Standardsoftware vornehmen, weisen nach den Ergebnissen unserer Untersuchung nicht nur eine um mindestens 50 Prozent schlechtere IT-Kostenposition auf; noch bedenklicher sind die Langfristwirkungen. Anpasser von Standardsoftware verzeichnen z. T. extreme Kostensteigerungen, die am Ende alle IT-Investitionsspielräume zunichte machen können.

Geradezu ein Lehrbeispiel ist hier der Fall eines europäischen Komponentenherstellers. Bei ihm stiegen die IT-Kosten von 1993 auf 1996 um nicht weniger als 44 Prozent – bedingt durch den unkontrolliert hochschnellenden Anpassungsaufwand bei der eingesetzten Standardsoftware (Schaubild 3.25).

IT-Kosten explodieren durch unkontrollierten Anpassungsaufwand

Entwicklung der IT-Kosten am Beispiel eines Komponentenherstellers
in Prozent vom Umsatz

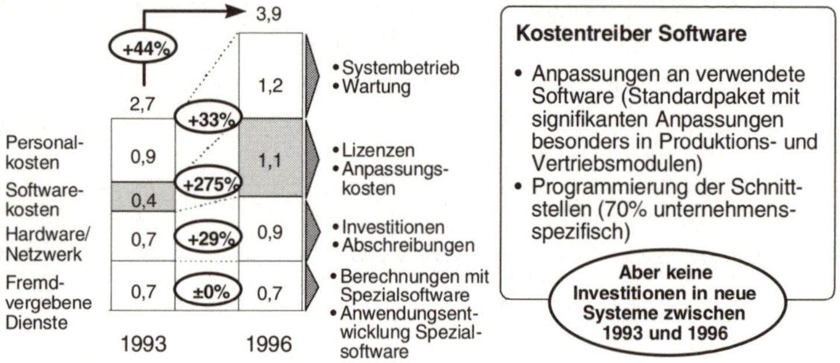

Quelle: McKinsey & Company, Inc.

Schaubild 3.25

Der Hersteller hatte zunächst schulmäßig seine Geschäftsprozesse angepaßt und dann das am besten geeignete Standardsoftwarepaket herausgesucht. Beim Detailabgleich stellte sich allerdings heraus, daß unterhalb des Prozeßgroblayouts, das der Systemauswahl zugrunde lag, eine Vielzahl von Einzelabläufen mit der Softwarespezifikation nicht übereinstimmte. Daraufhin fing das Unternehmen gemeinsam mit seinen Softwareberatern an, Anpassungen am Originalcode des Paketes vorzunehmen, um das Programm an die Abläufe anzupassen.

Resultat war ein extrem langwieriger und aufwendiger Einführungsprojektverlauf. Am gravierendsten waren jedoch die Langfristprobleme, die aus dem hohen Anpassungsgrad entstanden: Bei Upgrades des Paketes wie auch bei Änderungen an umgebenden Anwendungen müssen jetzt die im Originalcode veränderten Passagen jeweils neu angepaßt werden. Dies ist so kompliziert, daß Spezialisten vom Softwarehersteller hinzugezogen werden müssen, was natürlich wiederum erhebliche Zusatzkosten verursacht.

Wesentlich günstiger wäre es für das Unternehmen gewesen, im Rahmen der Geschäftsprozeßoptimierung nur das Groblayout der Prozesse zu definieren. Nach der Softwareauswahl hätte man dann die Einzelabläufe im Detail an die Erfordernisse des Programms anpassen können.

Professionelle Projektplanung

IT-Profis legen Wert auf eine sorgfältige, umfassende Migrationsplanung für den Übergang vom alten zum neuen IT-System. Hierfür wenden sie zwei Drittel der gesamten in der Implementierung anfallenden Arbeitsumfänge auf, während die Laien im Vergleich nur knapp die Hälfte ihres Aufwandes in die Projektplanung investieren. Schwerpunkte des Planungsprozesses der Profis sind die Konzeption des Projektvorgehens, die Detaillierung der Zielvorgaben (Projektdauer, -meilensteine, -kosten sowie -verantwortlichkeiten) und nicht zuletzt die Festlegung des Beratereinsatzes in der Implementierungsphase.

Pilotanwendungen in „Mikrokosmen" als präferiertes Vorgehen: IT-Profis entscheiden sich vorzugsweise für ein schrittweises Implementierungsvorgehen mit Pilotierungen der einzelnen Module des neuen Softwarepaketes in jeweils begrenzten Anwendungsumfeldern. Solche „Mikrokosmen" umfassen in der Regel einen kompletten Kernprozeß. Erst nach erfolgreichem Abschluß der Pilotanwendungen kommt es dann zum Rollout für größere Funktionen oder Geschäftseinheiten. Mit diesem Vorgehen können sich die Profis die Vorteile ihrer sequentiellen Einführungsstrategie sowie die Vorteile aus dem Rapid Prototyping von Software und der modularen Implementierung am besten zunutze machen.

Pilotanwendung im „Mikrokosmos"

Ein europäischer Maschinenbauer wählte als „Mikrokosmos" für die Systemeinführung zunächst den Auftragsabwicklungsprozeß eines Produkts von marginaler Umsatzbedeutung. Für dieses klar abgrenzbare Testfeld wurden dann die neuen Geschäftsabläufe grob festgelegt und nach der Softwareauswahl die Detailspezifikationen definiert. Da an die Softwareeinführung auch der Wechsel vom Großrechner auf eine Client-Server-Lösung gekoppelt war, entschloß sich die Geschäftsleitung aus Sicherheitserwägungen zu einem dreimonatigen Parallelbetrieb in der Übergangsphase. Auf der neuen Hardware wurde dazu eine Testkonfiguration des neuen PPS-Moduls implementiert. Damit konnten die Produktionsplaner dann anhand echter (aus dem alten System übernommener) Daten vier Wochen lang Tests durchführen, um Schwachstellen des neuen Systems zu identifizieren. Die erkannten Schwachstellen wurden in weiteren vier Wochen schrittweise ausgeräumt – mittels weniger, streng limitierter Änderungen am Standard der Software. Nach einer kurzen Überprüfung der Fehlerfreiheit wurden abschließend die im Test veränderten Daten gelöscht, die echten überspielt und für dieses Produkt auf Echtbetrieb geschaltet. Über einen Zeitraum von neun Monaten wurden dann schrittweise die ganze Produktlinie, das komplette Werk und schließlich weitere Unternehmensstandorte auf das neue System umgestellt.

Analysiert man das Vorgehen nach Managementgesichtspunkten, so zeigt sich, daß praktisch alle genannten Implementierungs-Tools zum Einsatz kamen: Sequenzstrategie, Rapid Prototyping (durch Test am unbedeutenden, aber typischen Produkt) sowie Modularisierung (Start mit PPS, späteres Rollout auf andere Module). Dabei konnten die Vorteile der einzelnen Methoden der Reihe nach genutzt werden: schnelle Erfolge, begrenztes Projektrisiko, intensive Anwendereinbindung usw.

Anspruchsvolle Zielsetzung auf Basis externer Benchmarks: Ausgehend von den mit der IT-Einführung verfolgten, übergeordneten Geschäftszielen legen die IT-Profis sehr genau die Detailziele fest für Funktionalitäten, Projektdauer, -kosten, -verantwortlichkeiten und -meilensteine sowie für „nachlaufende" Kenngrößen, z. B. die aufgrund der Systemeinführung anfallenden Betriebs-, Wartungs- oder Schulungskosten. Denn „wo nicht gemessen wird, werden auch keine Verbesserungen erzielt", wie ein französischer Top-Manager treffend bemerkte. Entscheidend für die akkurate Detaillierung der Zielvorgaben ist dabei nicht so sehr, mit welchem Projektplanungssystem dieser Prozeß unterstützt wird. Hier konnten wir keinen eindeutigen „Sieger" ermitteln.

Ausschlaggebend sind nach unseren Erfahrungen vielmehr konsequente Durchführung, Überprüfung der Zielerreichung im Wege von Reviews sowie das vom Management gesetzte Anspruchsniveau.

Für IT-Profis haben Zielvereinbarungen grundsätzlich „Vertragscharakter", d. h. sie sind wechselseitig verbindlich für Management und Mitarbeiter, für IT-Abteilung und IT-Anwender (Schaubild 3.26). Übergreifendes Ziel ist es, interne Kunden-Lieferanten-Verhältnisse zu schaffen, die den IT-Anwendern

IT-Profis orientieren sich an Benchmarks und legen Ziele schriftlich fest

Zielplanung von IT-Projekten

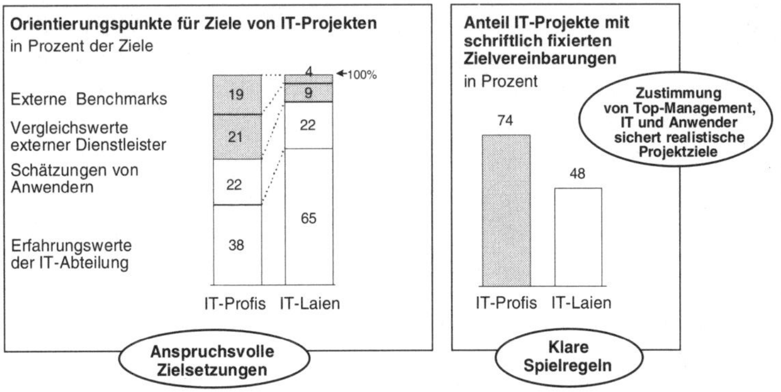

Quelle: McKinsey & Company, Inc.

Schaubild 3.26

Planungssicherheit geben und zugleich eine möglichst objektive Bewertung der Leistung der IT-Abteilung durch die Geschäftsleitung erlauben. Dieser Leitvorstellung folgend, schätzen IT-Profis technische und betriebswirtschaftliche Zielwerte – also z. B. Funktionalitäten einerseits bzw. Einführungs- und laufende Kosten usw. andererseits – nicht einfach intern ab, wie es die meisten IT-Laien tun, sondern ziehen oftmals externe, objektivierbare Benchmarks heran, um wirklich qualitativ hochwertige Lösungen zu erhalten, bei minimalen Einführungszeiten und -kosten. Die aus den Benchmarks abgeleiteten und mit den Mitarbeitern gemeinsam festgelegten Ziele werden dann, wie in Kapitel 3.1 beschrieben, meist schriftlich niedergelegt, um für alle Beteiligten „klare Spielregeln“ zu schaffen.

Angebotswettbewerb als Best Practice

Ein skandinavischer Mischkonzern schrieb den Auftrag zum Ausbau des unternehmenseigenen Intranet offen aus, um eine Wettbewerbssituation zwischen der eigenen IT-Abteilung und externen Dienstleistern herzustellen. Klare Vorstandsentscheidung war, daß das Projekt nur dann intern durchgeführt werden dürfte, wenn das von der eigenen IT-Abteilung abgegebene „Angebot“ mindestens auf dem Leistungsniveau des besten externen Angebots läge. Damit gelang es, im Unternehmen ein neues, an realen Marktbedingungen orientiertes Anspruchsniveau zu etablieren. Die gängige Praxis von IT-Abteilungen, Zielgrößen lediglich anhand interner Erfahrungswerte abzuschätzen und meist noch einen Produktivitätspuffer einzukalkulieren, um die Planziele auch bequem erreichen zu können, wurde auf diese Weise elegant außer Kraft gesetzt.

Adäquate Zusammensetzung des Projektteams

Implementierungsteams ist in der Regel nur dann der erhoffte Erfolg beschieden, wenn IT-Nutzer bereits frühzeitig konsequent in die Teamarbeit einbezogen werden und klare „Spielregeln“ für den Beratereinsatz definiert sind. Wie Erfahrungen immer wieder demonstrieren, empfiehlt es sich, die Gesamtverantwortung für das Projekt direkt auf die Anwender zu übertragen und den Einsatz der externen Implementierungsberater vorzugsweise auf die Konzeptionierung zu beschränken.

Übertragung von Projektverantwortung auf die Anwender: IT-Profis beziehen die Anwender nicht nur in die Auswahlentscheidung ein, sondern übertragen Mitarbeitern aus IT-nutzenden Funktionsbereichen, bevorzugt den im Kapitel 3.1 vorgestellten „Lead-User“, häufig auch die Projektleitung in der Implementierungsphase. Gibt es hier Probleme mit einem nicht ausreichenden IT-Wissen, so bietet sich eine „Tandem“-Konstruktion an: Statt einem Projektleiter wird ein Führungsduo berufen, das aus einem Anwender („Machtpromotor“) und einem IT-Mitarbeiter („Fachpromotor“) besteht. Gleichzeitig übernehmen Anwender in der Realisierungsphase einen größeren Anteil am Gesamtumfang der Arbeiten (Schaubild 3.27).

IT-Profis binden Anwender intensiver in IT-Projekte ein

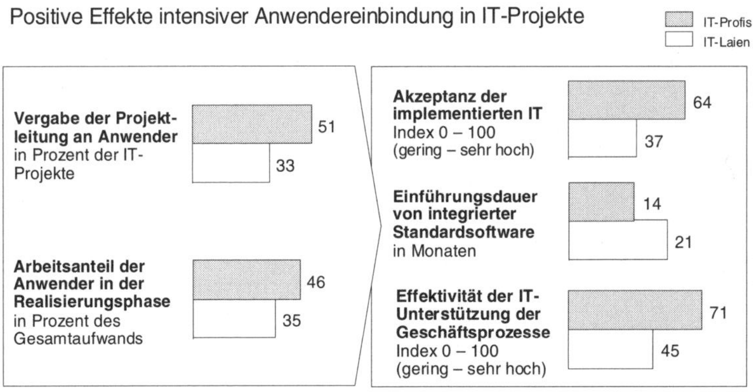

Quelle: McKinsey & Company, Inc.

Schaubild 3.27

Der Nutzen, der den IT-Profis daraus erwächst, daß sie ausgewählte IT-Anwender zur Projektarbeit abstellen können, spricht für sich: Die Akzeptanz für die Systemeinführung ist ungleich höher, die Einführungsdauer ungleich kürzer als bei den IT-Laien. Überdies steigt mit der Intensität der Anwendereinbindung in der Regel auch die Effektivität der IT-Unterstützung für die Geschäftsprozesse bemerkenswert an.

Einsatz externer Implementierungsberater mit Schwerpunkt Konzeptoptimierung: „Große und komplexe IT-Projekte wie eine SAP-R/3-Einführung sind ohne externe Hilfe heutzutage überhaupt nicht mehr durchführbar." In dieser Rolleneinschätzung sind sich, wie unsere Interviews ergaben, IT-Laien und IT-Profis durchaus einig. Die individuelle Leistung der Externen wird dagegen sehr unterschiedlich beurteilt. Insbesondere die IT-Laien klagten über Schwierigkeiten in der Zusammenarbeit mit Dritten: Die Kritik reichte von „Abzockermentalität" über „nicht in der Lage, unsere Prozesse zu verstehen" bis hin zu „unqualifiziert". Von den IT-Profis hörten wir solche Aussagen praktisch nie. Wie schaffen es die Profis nun, Beraterexpertise offensichtlich gewinnbringender zu nutzen? Was machen sie im Umgang mit Beratern anders?

Wie sich zeigt, nutzen IT-Profis Implementierungsberater tendenziell noch intensiver als es IT-Laien tun – allerdings mit einer völlig anderen Erwartungshaltung: Für die Profis liegt das Ziel darin, sich möglichst schnell die Expertise der Berater anzueignen und sich ebenso rasch wieder von ihnen unabhängig zu machen (Schaubild 3.28, Seite 187).

Schon in der Konzeptphase werden Externe ins Haus geholt, um die bisher intern entwickelten Ansätze im Rahmen eines externen Projektreviews überprüfen zu lassen oder um Informationen zu neuesten, am Markt erhältlichen IT-Produkten zu bekommen. Die Profis greifen für die Implementierungsunterstützung in starkem Ausmaß auf die Beratungsleistungen der Hersteller selbst zurück, während IT-Laien hier eher mit unabhängigen IT-Beratern kooperieren.

Welchen Implementierungsberater sie auch hinzuziehen, die Profis achten stets darauf, daß der Beratungsauftrag klar abgegrenzt und die Beratungsleistung genau kontrollierbar ist. Haben sie genug eigene Expertise aufgebaut, so sind sie bestrebt, die Beteiligung Externer an der Umsetzung auf ein Minimum zu

IT-Profis nutzen Berater-Know-how für die Implementierungsplanung

Planung der Implementierungsphase
Arbeitsanteil in Prozent des Gesamtplanungsaufwands

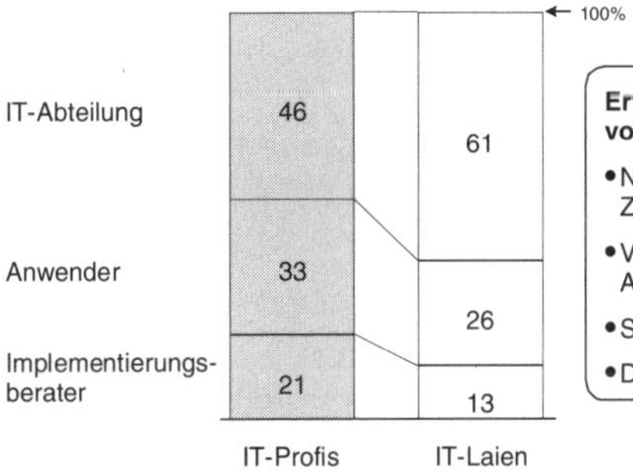

Erfolgsfaktoren bei der Einbindung von Implementierungsberatern

- Nutzung für Konzeptreview und für Zugang zu neuestem Know-how
- Vergabe klar abgegrenzter Arbeitspakete
- Schnelles Lernen von Externen
- Direktkooperation mit Softwarehersteller

Quelle: McKinsey & Company, Inc. **Schaubild 3.28**

beschränken. Damit beugen sie möglichen Interessenkonflikten vor und vermeiden zugleich die leidvollen Erfahrungen, wie sie Laien immer wieder machen müssen: „Unsere Berater im PPS-Projekt sind nur daran interessiert, Mann-Tage zu verkaufen, nicht aber die Einführung zügig durchzuziehen" – mit diesen Worten faßte uns gegenüber der IT-Leiter eines Laien seine Implementierungserfahrungen mit externen Beratern zusammen.

Konsequentes Projektcontrolling

Was in anderen Funktionsbereichen sowie in Entwicklungsprojekten gemeinhin als selbstverständlich gilt, ist im IT-Projektmanagement bei vielen Laien, aber auch bei einigen Profis noch längst nicht zum Standard geworden: konsequentes Projektcontrolling, verbunden mit nachlaufenden Reviews und kontinuierlicher Verbesserung. Das Problem liegt hier, wie die Survey-Ergebnisse verdeutlichen, weniger in fehlenden IT-Tools zur Unterstützung des Projektmanagements als vielmehr in mangelnder organisatorischer Disziplin (Schaubild 3.29, Seite 188).

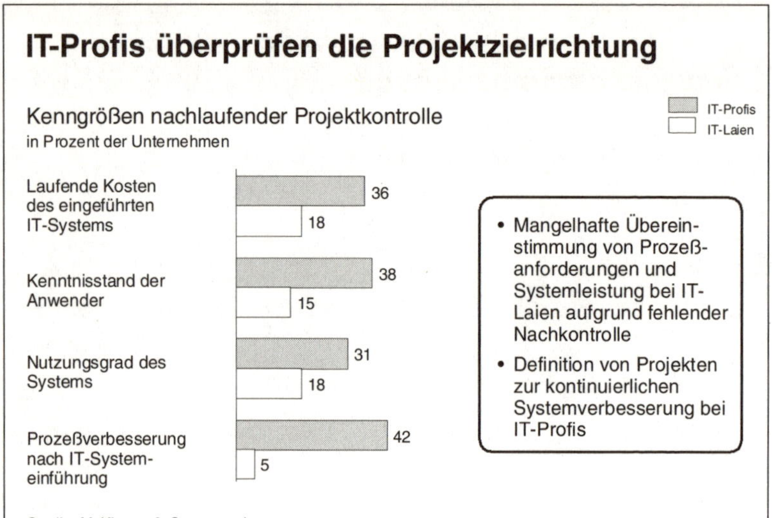

Schaubild 3.29

Über 80 Prozent der IT-Laien kennen zwar ein formales Meilenstein-Controlling von IT-Projekten, doch nimmt das Top-Management gerade mal die aufgelaufenen Projektkosten ab und prüft den Terminplan – von einem inhaltlichen Steuern kann, wie in Kapitel 1 ausgeführt, keine Rede sein. Zu erklären ist dieses Desinteresse im wesentlichen aus der geringen Priorität, die IT im Top-Management der Laien genießt, sowie aus dem in der Regel unzureichenden IT-Know-how vieler Vorstände.

Auch bei den Profis selbst besteht hier noch, wie unsere Untersuchung der Kontrollaktivitäten nach Projektschluß ergab, deutlicher Verbesserungsbedarf: Nur die besten 30 Prozent der Profis überprüfen in zumeist halbjährlichen „Post-Mortem-Reviews", ob das eingeführte System den Kostenrahmen sprengt, ob die Anwender wie geplant geschult sind und ob die Nutzung den ursprünglichen Vorstellungen entspricht. Den anderen Profis sowie vor allem den IT-Laien droht ein böses Erwachen: Die Betriebskosten erweisen sich bei nachträglicher Prüfung häufig als unerwartet hoch, und die eingeführte Software ist nicht annähernd so bedienerfreundlich wie angenommen. Die Hotline muß mehr in Anspruch genommen werden als veranschlagt. Die

Anwenderakzeptanz ist so gering, daß neben der neuen Applikation die alte quasi als „Schattensystem" fortbesteht. Und dergleichen Überraschungen mehr.

Die Profis versuchen, hier gezielt gegenzusteuern und regelmäßig zu prüfen, ob und in welchem Ausmaß Verbesserungsbedarf besteht (Schaubild 3.30). Ihre Erfahrungen halten sie in Projektdatenbanken und ähnlichen Dateien fest, um aus Fehlern zu lernen bzw. positive Erfahrungen für Folgeprojekte erneut nutzbar zu machen. So sind sie in der Lage, für die IT einen kontinuierlichen Verbesserungsprozeß aufzubauen, wie es in der Produktion seit der Qualitätsmanagement-Welle längst gang und gäbe ist.

IT-Profis verbessern ihr Einführungsmanagement kontinuierlich

„Virtuous cycle" und „vicious cycle" der IT-Systemeinführung

IT-Profis: Verbesserungsspirale

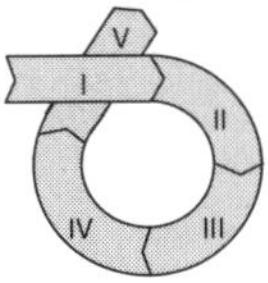

IT-Laien: Abwärtsspirale

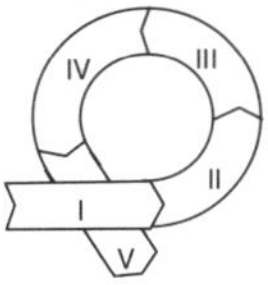

		IT-Profis	IT-Laien
I	Top-Management-Anspruch	Hoch/ ehrgeizige Ziele	Gering/weniger anspruchsvolle Ziele
II	Zielerreichungsgrad (Abweichung)	Hoch (13%)	Gering (42%)
III	Einführungsdauer integrierter Standardsoftware	14 Monate	21 Monate
IV	Zufriedenheit mit Prozeß (Index 0-5)	4,1	2,9
V	Anspruch für Folgeprojekte	Noch höher	Noch geringer

Quelle: McKinsey & Company, Inc. **Schaubild 3.30**

Resümee

Die Bewältigung des technischen Fortschritts stellt heute noch die größte Herausforderung des Einführungsmanagements dar. Dennoch müssen (größere) Einführungsprojekte nicht notwendigerweise zum Alptraum werden. Wenn man dem sequentiellen Vorgehen der Profis – erst Geschäftsprozeßoptimierung, dann Systemauswahl und anschließend Implementierung – folgt und die Erfolgsfaktoren der einzelnen Schritte genau beachtet, lassen sich die IT-Einführungsprozesse durchaus sicher beherrschen (Schaubild 3.31).

Erfolgsfaktoren der Systemeinführung beachten

Einführung komplexer Anwendungssysteme – Zusammenfassung

	Geschäftsprozeß-optimierung	**Systemauswahl**	**Implementierung**
Kernaussage	Geschäftsprozesse vor Systemeinführung optimieren, da allein Einsatz innovativer Software für Effektivität und Effizienz nicht hinreichend	Innovative Anwendungssysteme gezielt früh einführen	Mikrokosmen für Pilotanwendungen nutzen und bekannte Projektmanagementprinzipien konsequent anwenden
Erfolgs-faktoren	• Nur Groblayout der Prozesse festlegen • Eigene IT-Abteilung und Strategieberater einbeziehen • Klare, an Benchmarks orientierte Verbesserungsziele setzen • Innovative IT-Funktionalität zur Prozeßverbesserung nutzen	• Pionierstrategie nur für wettbewerbsdifferenzierende IT anwenden • Integrierte Standardsoftware als "Fast Follower" einführen – Von neuen Produkten profitieren, aber Markterprobung abwarten – Integrationspotential bestimmen und vollständig ausschöpfen – Kernprozesse in den Mittelpunkt der Auswahl stellen – Anwender intensiv in Auswahlprozeß einbeziehen	• Grundsatz: Bei Einführung von Standardsoftware keine Eingriffe in den Originalcode zulassen • Professionelle Projektplanung – Pilotanwendungen auf Basis von Mikrokosmen einführen – Anspruchsvolle Ziele anhand externer Benchmarks setzen • Richtiges Projektteam – Projektverantwortung auf Anwender übertragen – Externe Implementierungsberater zur Konzeptoptimierung nutzen • Konsequentes Projektcontrolling

Quelle: McKinsey & Company, Inc.

Schaubild 3.31

Künftig dürfte der Faktor Technologie seinen limitierenden Charakter zunehmend verlieren – getrieben durch vier Schlüsseltrends, die in der Untersuchung deutlich erkennbar wurden:

- Standardsoftwarepakete werden zunehmend „offener“, d. h. eine Kombination verschiedener Module wird entsprechend einfacher. Als Folge wird sich die IT-Durchdringung der Kernfunktionen weiter beschleunigen. Daraus entstehen neue Differenzierungspotentiale für die Unternehmen.

- Mikroprozeßmodellierungstechniken wie „Dynamic Enterprise Modelling“ werden die Einführungsprozesse erheblich verkürzen und die Anforderungen an implementierende Teams stark verändern.
- Mit der Entstehung von industrie- und geschäftsprozeßspezifischen Mikroprozeßbibliotheken wird eine zunehmende Standardisierung der Unternehmensabläufe einhergehen. Mittelfristig werden Best-Practice-Prozesse immer schneller und einfacher implementiert werden können.
- Zunehmende Etablierung von (bereichs-/unternehmensübergreifenden) Teamstrukturen, verbunden mit der organisatorischen Ausrichtung auf Kernprozesse, wird dazu führen, daß Projektmanagement zum Standard-Know-how der meisten Mitarbeiter wird.

Als Folge wird sich der Stellenwert der einzelnen Schritte im IT-Einführungsprozeß deutlich verändern: Systemauswahl und Implementierung werden sich zunehmend unkritischer gestalten, während Geschäftsprozeß-Redesign noch stärker in den Vordergrund treten wird. Die Anwender müssen daher noch früher und intensiver in diese Phase der IT-Projekte eingebunden werden.

Gleichzeitig gewinnt professionelles Informationsmanagement immer mehr an Bedeutung: Zum einen muß es imstande sein, frühzeitig die Chancen, die aus neuen IT-Entwicklungen entstehen, abzuschätzen und zu vermitteln. Zum anderen muß es erforderliche technologische und organisatorische Anpassungen konsequent anstoßen und betreuend begleiten.

Kapitel 4

Ausblick: Zukunftsperspektiven des IT-Einsatzes

Einleitung

In den vorausgehenden Kapiteln haben wir den Einfluß der Informationstechnik auf den Unternehmenserfolg dargestellt und die Rolle des Informationsmanagements kritisch beleuchtet. Wir sind dabei bewußt der „Empirie" unserer Untersuchung gefolgt und haben sozusagen eine „Momentaufnahme" erstellt.

Man könnte nun einwenden, der Nutzen einer solchen Momentaufnahme werde durch die Dynamik des Wandels weitgehend relativiert; neue Techniken und Anwendungsformen könnten unter Umständen zu ganz anderen Best Practice-Empfehlungen für das Informationsmanagement führen.

Ferner, so könnte man argumentieren, müßte der aufgezeigte Trend zur Standardisierung bestehender Anwendungen und Techniken (z. B. integrierte Standardsoftware und objektorientierte Programmiersprachen) doch in weiterer Folge die Aufgaben des Informationsmanagements zunehmend vereinfachen. Im Extremfall würden die einzelnen Anwender selbst das Informationsmanagement übernehmen. Bei entsprechender Standardisierung könnten schließlich Einkaufsabteilung und Anwender auch direkt über die Beschaffung von Software und Hardware entscheiden.

Realistisch erscheint eine solche Einschätzung nicht. Nach unserer Überzeugung werden im Kräftespiel zwischen fortschreitender Standardisierung und Dynamik des IT-Umfeldes die Komplexität und folglich die Anforderungen an das Informationsmanagement zumindest in absehbarer Zukunft weiterhin zunehmen. Damit dürften die in diesem Buch dargelegten Empfehlungen für ein überlegenes Informationsmanagement in Zukunft eher noch an Relevanz gewinnen. Auf längere Sicht ist zu befürchten, daß sich der Abstand zwischen den IT-Laien und den IT-Profis noch weiter vergrößert. Die überlegenen Informationsmanager können ihren Vorsprung gezielt ausbauen, während den Laien vielfach die Voraussetzungen zum erfolgreichen Aufholen fehlen.

Im folgenden möchten wir die aus unserer Sicht wesentlichen Trends und Wirkungszusammenhänge näher darstellen. Ausgehend von einem Überblick über die IT-Dynamik werden die neuen Anwendungsfelder der Informations- und Kommunikationstechnologie beschrieben. Die Auswirkungen auf das Informationsmanagement, soweit sie heute schon absehbar sind, stehen am Ende unseres Ausblicks.

4.1 Ungebrochene IT-Dynamik

Angesichts der anhaltenden Dynamik lassen sich die Entwicklungen im IT-Umfeld und ihre Konsequenzen für das Informationsmanagement nur grob skizzieren. Uberdies sind die Wechselwirkungen zwischen den verschiedenen Einflußfaktoren bisher wenig erforscht (Schaubild 4.1).

Erfolgreiches IT-Management muß instabilen Umfeldbedingungen Rechnung tragen

Neue Herausforderungen

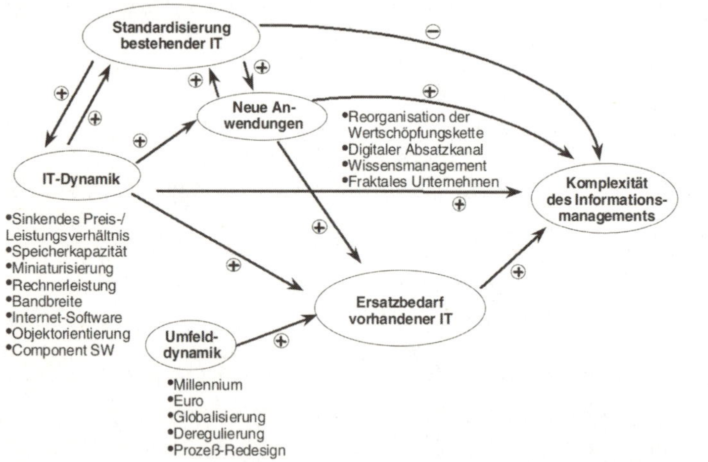

Quelle: McKinsey & Company, Inc. **Schaubild 4.1**

Aus heutiger Sicht dürften vor allem drei Faktoren den Komplexitätsanstieg im Informationsmanagement vorantreiben;

insgesamt werden sie die Vereinfachungspotentiale deutlich überkompensieren, die aus der Standardisierung und dem Erfahrungsaufbau resultieren:

- Aufkommen neuer Basistechniken, die in zyklischer Folge völlig neue IT-Anwendungen ermöglichen,
- Wechselwirkungen von technischem Wandel und Standardisierung,
- Substitution bestehender Anwendungen und Techniken aufgrund komplexer Umweltanforderungen.

Aufkommen neuer Basistechniken

Die Entwicklung der Informationstechnik ist gekennzeichnet von einem ungebrochenen Trend zu mehr Leistung bei Rechnern, Speichern und in der Kommunikationstechnik, verbunden mit einem dramatischen Kostenverfall. Allein in den vergangenen sieben Jahren sind die Kosten einer Stunde Rechenzentrumsleistung auf ein Zehntel der Kosten von 1990 gefallen. Auch nach Ablösung der Großrechnergeneration durch offene Rechnernetze und PCs ist keine Trendwende in Sicht. Die Prognosen der International Data Corporation (IDC) lassen erwarten, daß beispielsweise die Rechnerleistung von Intel-Chips von heute ca. 250 MIPS bei Pentium-Prozessoren auf über 500 MIPS im Jahr 2000 steigen wird. Auch die Kommunikationskosten werden weiter sinken; so dürfte u. a. die fortschreitende Deregulierung der Telekommunikationsmärkte in Europa diese Entwicklung beschleunigen. Gleichzeitig wird das Angebot an Übertragungsbandbreite von heute ca. 64 KB/s bzw. 34 MB/s (in speziellen Netzen) auf über 100 MB/s langfristig zunehmen. Das Internet, schon jetzt als Standard der globalen Informationsgesellschaft etabliert, wird damit auch für datenintensivere Übertragungsformen wie Videokonferenzen etc. zunehmend interessant.

Mit Internet-Softwaretechnologien, wie z. B. HTML und JAVA, stehen Entwicklungswerkzeuge zur Verfügung, die es den Unternehmen gestatten, neue betriebliche Anwendungssysteme – zu geringen Kosten und mit hoher Flexibilität – intern zu entwikkeln und zu betreiben. In naher Zukunft soll es den Sekretärinnen mittels spezieller Internet-Software möglich sein, eigene Intranet-Anwendungen (z. B. für Reisebuchungen) über sogenannte HTML-Pages selbst zu erstellen. Internet-Serviceanbieter wie Netscape bieten bereits heute auf dieser Basis komplette Programme für Reisekostenabrechnung oder Lagerhaltung an. Nach IDC belaufen sich die Implementierungskosten pro Nutzer auf 1.500 US-Dollar – bei einer Amortisationszeit von manchmal lediglich sechs bis zwölf Wochen.

Spezialsoftwareanbieter wie *Actra* aus Silicon Valley offerieren inzwischen Spezialsoftware, um Kunden und Lieferanten im World Wide Web zusammenzubringen. Sie integrieren hierbei Funktionalitäten von Datenbanksystemen, Search Engines, Sicherheitssoftware und Zahlungssystemen in einer Toolbox und passen den Transaktionsprozeß kundenspezifisch an.

In den USA setzen schon heute 63 Prozent der Großunternehmen Intranets ein oder planen deren Einsatz. In Großbritannien werden nach Schätzungen des Marktforschungsinstituts Durlacher Multimedia bis zum Jahr 2001 voraussichtlich 20 Prozent der IT-Ausgaben auf Intranet-Anwendungen entfallen.

CASE-Tools (Computer Aided Software Engineering) ermöglichen schon seit Ende der achtziger Jahre eine systematische Dokumentation der Software-Entwicklung. Trotzdem blieb ihr Einfluß auf Softwareproduktivität und -qualität bislang begrenzt, da die Anpassungen/Änderungen der mit CASE entwickelten Modelle oft sehr aufwendig waren und eine direkte Modellimplementierung ohnehin nicht möglich war. Seit einigen Jahren sind sogenannte „objektorientierte Modelle zur Mikroprozeßmodellierung" (OPM) verfügbar, die Mikroprozesse direkt in objektorientierten Programmiersprachen (z. B. C++) beschreiben. Damit entfallen die bisherigen Nachteile von CASE. Alle großen Anbieter von integrierter Standardsoftware verwenden inzwischen die OPM-Technologie (z. B. Baan) oder planen zumindest ihre Einführung. Schon heute lassen sich so die Einführungskosten von Standardsoftware von einem Faktor 5–10 auf einen Faktor 2–3 der Lizenzkosten reduzieren. Mittelfristig könnte auch die Selbstinstallation komplexer integrierter Anwendungssysteme in vielen Unternehmen Realität werden.

Objektorientierte Programmiersprachen könnten auch den Integrationsnutzen der am Markt erhältlichen integrierten Standardsoftware-Produkte zunehmend in Frage stellen. Denn mit ihrer Hilfe lassen sich komplexe Schnittstellen zwischen Anwendungsbereichen auf der Ebene sogenannter Geschäftsobjekte beschreiben. Auf diese Weise kann die bisher komplexe Kommunikation zwischen einzelnen Komponenten der integrierten Standardsoftware und mit anderen Anwendungen entscheidend vereinfacht werden.

Zur Zeit arbeiten die Softwareanbieter an der Entwicklung der nächsten Programmgeneration auf Basis einer objektorientierten Systemarchitektur. Ziel ist es, einen neuen Schnittstellenstandard auf der Ebene der Geschäftsobjekte zu definieren. Sowie sich diese neue Systemarchitektur für integrierte Standardsoftware in den Unternehmen durchzusetzen beginnt, ist mit einer Welle weiterer Ergänzungen und Verfeinerungen der Programmierung von Geschäftskomponenten zu rechnen („Component Software"). Denn bei Verbesserungen in den Einzelkomponenten fallen die Schnittstellenkosten nicht mehr so stark ins Gewicht, und entsprechend hoch ist der Anreiz, Optimierungsmöglichkeiten individuell zu nutzen.

Wechselwirkung von technischem Wandel und Standardisierung

Die ungebrochene IT-Dynamik läßt nicht nur neue Basistechniken und Anwendungen entstehen, sie bewirkt zugleich auch eine Standardisierung bestehender Basistechniken. Damit vergrößert sich bei sinkenden Preisen und steigender Leistungsfähigkeit der zugängliche Markt. Schon deshalb ist es für die Hersteller interessant, die Kostenvorteile auszuschöpfen, die in der Produktstandardisierung bzw. der Entwicklung eines Industriestandards stecken. Der UNIX-Standard für Betriebssysteme bei Rechnern mittlerer Leistungsfähigkeit hat sich so in den achtziger Jahren herausgebildet. Zudem fördern sogenannte „Netzwerk-Ökonomien" das Aufkommen von Standards oder Quasistandards in der Informationstechnik. Der Nutzen eines Internet-Dienstleistungsanbieters beispielsweise wächst für die Teilnehmer exponentiell mit der Anzahl der Teilnehmer.

Standardisierung wird jedoch bei anhaltender Technikdynamik nicht zu einer Commodisierung des IT-Angebotes führen. Vielmehr verhält es sich mit der IT-Entwicklung wie mit dem Straßenverkehr: Der Aufbau einer genormten Straßeninfrastruktur schafft erst die Anreize, entsprechende Fahrzeuge herzustellen. Das neue Fahrzeugangebot führt nicht nur zu einer Verlagerung bestehender Verkehre, sondern schafft insbesondere zusätzliches Verkehrsaufkommen – was wiederum den Infrastrukturaufbau vorantreibt. In diesem Sinne stimuliert die Standardisierung bestehender Informationstechniken über die erreichte Kostendegression die Ausweitung des Anwendungsspektrums bzw. der IT-Nachfrage, und dies wiederum fördert die Herausbildung neuer Basistechnologien und Anwendungen, die auf den neu entstehenden Standards aufsetzen. So haben Microsoft und Intel mit WINDOWS und den Intel-Mikroprozessoren Quasistandards für PCs geschaffen, die wiederum viele mittelständische Software-Entwickler veranlaßten, spezielle Anwendungssoftware für neue Nutzerzielgruppen zu entwickeln. Ähnlich ist im SAP-Umfeld ein breiter Markt für SAP-Implementierungsunterstützung und -beratung entstanden.

Substitution bestehender Anwendungen und Techniken

Neue, leistungsfähige Anwendungen und Techniken schaffen einen ständigen Anreiz, den Austausch bestehender Anwendungen und Plattformen zu beschleunigen. Aber auch Industrietrends, wie Globalisierung oder Deregulierung, können – wenn sie Anpassungen in der Geschäftsstrategie und damit verbunden innovative Verbesserungen in Geschäftsprozessen stimulieren – bestehende Anwendungssoftware vorzeitig obsolet werden lassen und ihre Ablösung bzw. eine Anpassung beschleunigen. Das gleiche gilt für Sonderphänomene, wie die Euro-Einführung oder das Millennium-Problem, das derzeit bei installierter Software eine regelrechte Umrüstungswelle auslöst.

Technik- und Umfelddynamik werden, wie aus diesen Trendbeschreibungen deutlich wird, die Komplexität des Informationsmanagements erhöhen: Damit wachsen auch die Anforderungen an die Unternehmen im Bereich Informationstechnik. Die Dynamik der Informationstechnik und des Unternehmensumfeldes fördert die vorzeitige Substitution der heute im Einsatz befindlichen Informationstechnik. Die Migration vorhandener Systeme wird zu einer zentralen Herausforderung. Auch wenn der Standardisierungsgrad bestehender Systeme weiter zunehmen wird, entstehen gleichzeitig völlig neue Techniken und Anwendungsfelder, die das Einsatzspektrum von IT in Fertigungsunternehmen deutlich erweitern. Dies wiederum steigert die Komplexität des Informationsmanagements.

4.2 Neue IT-Anwendungsfelder: Vom Wissensmanagement zur multimedialen Integration von Partnern und Kunden

Das Ausmaß, in dem sich die Anwendungsfelder der Informations- und Kommunikationstechnik verändern werden, läßt sich entlang zweier Dimensionen veranschaulichen (Schaubild 4.2, Seite 202).

Die *Reichhaltigkeit der Information/Kommunikation* wird mittels IT in den nächsten Jahren deutlich steigen. Bisher primär Mittel der Daten- und Textverarbeitung, ermöglicht IT heute Bild- und Tonverarbeitung mit wachsender Nutzerfreundlichkeit – und dies auch interaktiv (z. B. PC-Videokonferenz). Gleichzeitig erhöht sich die *Reichweite der Anwendungen.* War bisher die Verarbeitung von Bild/Video und Ton nur auf Spezialrechner-Netzwerken zu hohen Kosten möglich, so steht mit der Internet-Technologie jetzt eine kostengünstige Plattform zur Verfügung, um nicht nur standort- oder unternehmensintern (Intranet) zu kommunizieren, sondern auch über das eigene Unternehmen hinaus eine gemeinsame Kommunikationsplattform mit Handelspart-

Vier Kernanwendungsbereiche zeichnen sich ab ...
Anwendungsfelder der Informations- und Kommunikationstechnik

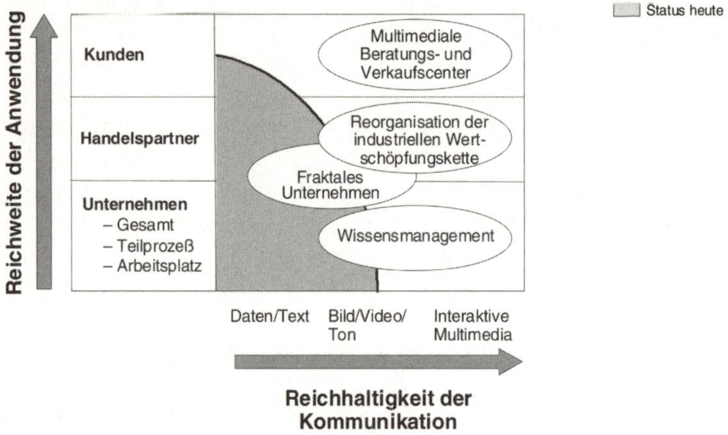

Quelle: McKinsey & Company, Inc. **Schaubild 4.2**

nern und Kunden aufzubauen. Im folgenden wollen wir anhand von Beispielen vier potentielle Kernanwendungsbereiche der Informations- und Kommunikationstechnik vorstellen: integriertes Wissensmanagement, das fraktale Unternehmen, die Reorganisation der Wertschöpfungskette und das multimediale Beratungs- und Verkaufscenter.

Integriertes Wissensmanagement als neues IT-Anwendungsfeld

„Wissen ist Information, kombiniert mit Erfahrung, Kontext, Interpretation und Reflexion – eine hochwertige Form von Information also, jederzeit verfügbar für Entscheidungen und Handlungen." Ausgehend von dieser bekannten Definition von Thomas H. Davenport hat sich in den letzten Jahren eine Diskussion entwickelt, wie das in Institutionen vorhandene individuelle und organisatorische *Wissen* mit Hilfe moderner *Informations- und*

Kommunikationstechnik systematisch genutzt und weiterentwikkelt werden kann.

Gefördert wurde die Diskussion insbesondere durch das Aufkommen spezieller Datenverarbeitungsstandards für Text, Bild und Multimedia sowie die wachsende Verbreitung von Groupware und Intranet-Tools, die heute via Internet verfügbar sind. Inzwischen haben experimentierfreudige IT-Profis begonnen, diese neuen IT-Anwendungen unter programmatischen Schlagwörtern wie „Knowledge-Management" oder „Integriertes Wissensmanagement" als Plattformen zur Wissenserfassung und –verbreitung in Unternehmensnetzwerken zu nutzen.

Stufenmodell des Wissensmanagements

Abhängig vom jeweils gewählten Anspruchsniveau lassen sich drei Stufen des IT-unterstützten Wissensmanagements unterscheiden.

Stufe 1: Auf der Grundstufe geht es in erster Linie darum, im Unternehmen *explizit vorhandenes, strukturiertes Wissen* verfügbar zu machen. Dieser Stufe lassen sich alle Projekte zuordnen, in denen Berichte unterschiedlichster Art, z. B. Forschungsberichte, Kundenbesuchsberichte etc., elektronisch erfaßt oder Markt-/Wettbewerbsinformationen aus den verschiedensten Quellen, etwa dem Internet, zusammengeführt und gesichtet werden.

Beim Aufbau solcher *Wissensdatenbanken* stehen vor allem Fragestellungen wie die Auswahl geeigneter Klassifizierungsschemata bzw. Filterverfahren und effiziente Suchalgorithmen im Vordergrund. Besondere Bedeutung hat die Kombination konventioneller Daten, z. B. technischer Produktinformationen, mit fallspezifischen Dokumenten, etwa Marketing-orientierten Produktinformationen/-präsentationen, sowie der Einsatz „intelligenter" Filter, mit deren Hilfe Informationen bestimmten Themen situativ bzw. Ereignis-orientiert zugeordnet werden können.

Stufe 2: Auf der nächsthöheren Stufe kann die *Unterstützung des Zugriffs auf explizites, strukturiertes Wissen* durch IT weite-

re große Nutzenpotentiale erschließen. Zum Einsatz kommen hier insbesondere Groupware-Tools wie *Lotus Notes* in Verbindung mit globalen Telekommunikationsnetzen und spezifischen Optionen der Dokumentenverwaltung. Wiederverwendung durch Produktdesigns, Erfahrungsaustausch über Forschungsergebnisse, Erstellung von „Who-is-Who"-Verzeichnissen über Fachexperten etc. – solche Anwendungen stellen unmittelbare Nutzungsmöglichkeiten dar. *Microsoft* beispielsweise hat mit Hilfe eines Wissensmanagement-Systems der 2. Stufe einen internen elektronischen Stellenmarkt geschaffen, um für bestimmte Projekte mit definiertem Stellen/Anforderungsprofil jeweils die am besten geeigneten Mitarbeiter zu finden.
Stufe 3: Die ambitionierteste Anwendung besteht schließlich darin, bisher unstrukturiertes, nur individuell verfügbares Wissen von Mitarbeitern in explizites, strukturiertes und für die gesamte Organisation verfügbares Wissen zu transformieren. Dabei kann es nicht darum gehen, lediglich das in der Organisation implizit vorhandene Wissen zu digitalisieren; denn ein solches Vorgehen erscheint wenig erfolgversprechend. Erforderlich ist vielmehr ein umfassender organisatorischer Ansatz, der die Strukturierungslogik für die DV-technische Auswertung jeweils in Grundzügen vorgibt und den Eingriff in bisheriges Herrschaftswissen ermöglicht. Gelingt es, einen solchen Ansatz institutionell umzusetzen, so werden Wissensentstehung, -verbreitung und -nutzung entscheidend gefördert. Eine neue Qualität der Arbeitsorganisation und -verteilung entsteht im Unternehmen; kooperative Wissensnutzung wird dann schrittweise Herrschaftswissen substituieren.

Auf dem Weg zur kooperativen Wissensnutzung kann IT offensichtlich nur die geeignete Transfer-Plattform zur Verfügung stellen. Zur erfolgreichen Implementierung gerade der höheren Stufen von Wissensmanagement (siehe Kasten) bedarf es deshalb, über die Aufgabenstellungen hinaus, einer ganzheitlichen Betrachtung – auch des Personalmanagements und des organisatorischen Rahmens.

Effektives Wissensmanagment ist somit als komplexe geschäftspolitische Aufgabe zu betrachten. Schon im Rahmen der strategischen Planung müssen die wesentlichen *Wissensziele* des Unternehmens als Leitvorstellungen verankert werden. Für ihre Realisierung müssen dann konkrete operative Ziele vorgegeben und die organisatorischen „Spielregeln" für die Wissensaneignung und -weitergabe festgelegt werden. Die IT-basierten Prozesse des Wissensmanagements ergänzen bzw. konkurrieren dabei mit Formen informeller Netzwerke einzelner Mitarbeiter. Noch immer sind Workshops, Kantinentreffen oder das Telefon die relevantesten Medien des informellen Wissentransfers. Vielleicht können hier die zunehmend populären „Diskussionsforen" im Intranet – für jeweils ausgewählte Mitarbeitergruppen – dem IT-unterstützten Wissensmanagement im Unternehmen zum Durchbruch verhelfen.

Noch blockieren allerdings vielfach eigennützige Motive wie „Wissen ist Macht" oder das bekannte „Not invented here"-Syndrom die Weitergabe und Nutzung von Wissen. Ohne eine offene *Wissenskultur,* die Austausch und Evolution von Wissen in der Organisation ganz allgemein stimuliert sowie wechselseitiges Lernen und Informationsaustausch gezielt fördert, kann das Potential der neuen Informations- und Kommunikationstechniken nicht annähernd ausgeschöpft werden.

Als Agenda für ein gezieltes Veränderungsprogramm im Unternehmen verstanden, kann ein effektives IT-gestütztes Wissensmanagement dagegen in den nächsten Jahren die Unternehmensrealität entscheidend verändern. Gerade für die IT-Profis erscheint Wissensmanagement als der gegebene Weg, weitere Wissensbereiche des Unternehmens smart via IT zu integrieren.

Welche Möglichkeiten ein integriertes Wissensmanagement heute schon bietet, läßt sich an folgendem Beispiel aus dem Fertigungsbereich illustrieren.

Wissensmanagement auf Basis eines Workflow-Systems

Motorola hat für die Fertigung von Modems mit komplexer Montage und aufwendigem Qualitätsstandard bereits eine Wissensmanagement-Anwendung auf Shop-Floor-Ebene installiert, die auch Pilotcharakter für andere Linien hat. Die einzelnen Komponenten der Modems werden zunächst in der Entwicklung mit Hilfe einer Digitalkamera digitalisiert und die Fotos dann anschließend mit detaillierten Anweisungen für Montage, Test, Verpackung und Versand versehen. Der Fertigungsmitarbeiter sieht an der Linie die Montageanleitung auf dem Bildschirm und hat durch spezielle Markierungen die Möglichkeit, neue Teile und entsprechende Anweisungen unmittelbar zu identifizieren. Auftretende Fehler und ihre Ursachen kann er direkt an der Linie dem System (via Intranet) mitteilen. Änderungen in der Dokumentation werden auf dem Webserver vorgenommen und stehen simultan allen Arbeitsplatzterminals zur Verfügung. Der Verbesserungsprozeß bei Produktneueinführungen bzw. -anpassungen läßt sich durch das Motorola-Intranet deutlich beschleunigen. Gleichzeitig bietet es einen eleganten Weg, die ISO-Spezifikationen (9001) effizienter zu erfüllen. Die Kosten der Inbetriebnahme sind relativ gering, allerdings bedarf es strikter Nutzungsvorschriften, um Qualität und Konsistenz des Fertigungsprozesses nachhaltig zu verbessern.

Das „fraktale" Unternehmen – zum IT-Beitrag auf den einzelnen Wertschöpfungsstufen des Unternehmens

Schon allein durch den systematischen Einsatz konventioneller Informationstechnik – unternehmensintern, aber auch zwischen dem Unternehmen und seinen Partnern – bietet die Informationstechnologie die Chance zur grundlegenden Unternehmensreorganisation. Stichworte wie „funktionales Outsourcing", „fraktales", „modulares" oder „virtuelles" Unternehmen beschreiben hier unterschiedliche Spielarten eines Trends, der sich in den nächsten Jahren weiter fortsetzen wird: Die Informationstechnik fördert systematisch den Wettbewerb auf einzelnen Wertschöpfungsstufen bzw. Kompetenzebenen, und damit auch das Entstehen von Partnernetzen. Unternehmen, die sich diesen Trend zunutze machen, können ihre Wettbewerbsposition nachhaltig verbessern.

In welcher Form die Informationstechnik Unternehmensorganisation und Wettbewerbsumfeld beeinflußt, läßt sich am besten anhand wesentlicher Wirkungsmechanismen beschreiben. Im folgenden greifen wir drei davon beispielhaft heraus (Schaubild 4.3):

IT-Einsatz fördert den Wettbewerb auf den Wertschöpfungsstufen

Wirkung der Informationstechnik auf die Unternehmensorganisation

IT-Ansatzpunkt	Organisatorische Auswirkung	Beispiele
Überlegene Geschäftssteuerung	Integrator des „virtuellen Unternehmens“	– Lewis Galoob US (Geschäftsmanagement) – Puma (Entwicklung und Vermarktung) – ABB (unternehmensinternes Lieferantennetzwerk)
+		
Sinkende Transaktionskosten zwischen Unternehmenseinheiten	„Fraktales Unternehmen“	– Volkswagen Resende (Systemlieferantenintegration an einem Fertigungsstandort)
+		
Spezialisierungsvorteil für Teilprozeß	Funktionales Outsourcing/ IT-basiertes Prozeßredesign	– Service/Call-Center – Logistik/Einkaufsmanagement – Buchhaltung, Factoring, etc.

Quelle: McKinsey & Company, Inc.

Schaubild 4.3

IT-basierte Reorganisation schafft Spezialisierungsvorteile: Die Nutzung von Spezialisierungsvorteilen auf einzelnen Wertschöpfungsstufen durch IT-basierte Reorganisation ist an sich kein neues Thema. Schon in den sechziger Jahren wurden – durch die Einführung von Großrechnersystemen – die Buchhaltungs- und Lohnabrechnungsaufgaben grundlegend reorganisiert. Auch Spezialanbieter, wie etwa *Datev*, konnten sich erfolgreich in diesem Markt etablieren. In den letzten zehn Jahren haben sich die Aufgabenfelder, die sich für eine IT-basierte Reorganisation eignen, deutlich erweitert; inzwischen umfassen sie alle Unternehmensbereiche von der Bearbeitung spezieller Entwicklungsaufgaben (z. B. Rapid Prototyping, siehe Kapitel 2.1) über Logistikdienstleistungen (z. B. Lagermanagement) bis hin zu Vertriebs- und Serviceleistungen (z. B. Leistungsabrechnung). Jüngstes Beispiel ist die Reorganisation von Verkaufs- und Serviceaufgaben in sogenannten Call Centern.

IT-Call-Center

IT-Call-Center ermöglichen echte Leistungssprünge bei der telefonischen Kundenbetreuung. Die EDV-gesteuerte automatische Anrufzuweisung minimiert die Wartezeiten für Kunden. Einfache Auskünfte können heute schon von IT-Expertensystemen übernommen werden. Auf längere Sicht werden sich Auskunftsfähigkeit und Beratungsqualität der Call Center bis hin zur Ferndiagnose und gezielten Terminunterstützung von Service- und Vertriebsmitarbeitern verbessern lassen. Möglich wird dies durch eine zunehmend ausgefeilte Beratungssoftware und die Verfügbarkeit immer aussagefähigerer Kundeninformationen.

In der Regel ist es erst eine überlegene Gesamtkonzeption des neuen Prozesses, die zu einer erfolgreichen Reorganisation führt, und nicht die reine Technik. Allerdings fällt der IT bei der Konzeptionsrealisierung eine Schlüsselrolle zu, und erst das Verständnis des IT-Potentials erlaubt es, neue Konzepte zu entwickeln.

Trotz inzwischen zahlreicher Spezialanbieter, welche die Übernahme der Betriebsaufgaben für die beschriebenen Wertschöpfungsbereiche anbieten, muß – wie schon beim Outsourcing reiner DV-Dienstleistungen (siehe Kapitel 3.1) – ein Outsourcing dieser Prozesse als Alternative zu einer internen Reorganisation sorgfältig geprüft werden. Wie auch unsere Untersuchung zeigt, erkennen IT-Profis das Outsourcing-Potential rechtzeitig und nutzen es gezielt. Sie greifen insbesondere dann auf Fremdleistungen zurück, wenn sie in der „Inhouse"-Leistung keine strategische Kernkompetenz für sich erkennen und Fremdvergabe die Leistungsfähigkeit des in Frage stehenden Prozesses deutlich steigert.

IT-basierte Vernetzung senkt Transaktionskosten und fördert Systempartnerschaften: Auf die Vorteile der Integration von

Kunden und Lieferanten durch IT-Systeme wurde bereits mehrfach hingewiesen. Durch neue kommunikationstechnische Lösungen wie CAD-Datenaustausch oder EDI-basierte Bestellabwicklung lassen sich aber nicht nur die Transaktionskosten zwischen den Partnern deutlich reduzieren. Auch das Verhältnis zwischen Lieferant und Hersteller kann sich grundlegend ändern. Für den Hersteller kann es sich als sinnvoll erweisen, Teile seiner Wertschöpfung, etwa Entwicklungs- oder Montageaufgaben, an den Lieferanten abzugeben oder umgekehrt solche Aufgaben gegenüber seinen Abnehmern zu übernehmen. Im Extremfall entsteht eine „fraktale Fabrik", bei der verschiedene Systempartner an einem Fertigungsstandort eng zusammenarbeiten, wie das folgende Beispiel zeigt.

Fraktale Fabrik – das Modell Volkswagenwerk Resende

Wie weit die Neuordnung von Aufgabenbereichen gehen kann, demonstriert das Volkswagenwerk Resende in Brasilien.
In Resende baute Volkswagen 1996 eine Montagefabrik für Lastwagen und Omnibusfahrzeuge mit 1.500 Mitarbeitern, von denen nur noch 200 bei Volkswagen selbst angestellt sind. Acht vollständig selbständige Systemlieferanten montieren ihre Komponenten, z. B. Getriebe, Achsen etc., völlig eigenständig. Die Systempartner arbeiten mit VW schon bei der Abstimmung ihrer einzelnen Komponenten im Rahmen der Vorentwicklung eng zusammen. Am Montageband liefert jeder einzelne Systempartner „just in time" seinen Wertschöpfungsbeitrag entsprechend einem exakt festgelegten Logistik-Konzept. Die Aufgaben beginnen mit der An- und Ablaufplanung und setzen Liefer- und Termintreue bei Einhaltung hoher Qualitätsstandards voraus. Die Steuerung dieses komplexen Montageprozesses erfordert nicht nur höchste Zuverlässigkeit und Qualitätsstandards bei den Systempartnern. Es bedarf auch einer umfangreichen IT-Infrastruktur zur Steuerung der Systempartner und des Montageprozesses; ohne sie läßt sich ein derart hochintegrierter Logistik- und Fertigungsprozeß nicht realisieren.

Natürlich erfordert die Realisierung eines „fraktalen" Fertigungsorganisationsmodells nicht nur eine grundlegende strategische Analyse des Geschäftssystems, auch das Informationsmanagement muß sich neuen Herausforderungen stellen. Die neue IT-Infrastruktur muß exakt auf die neuen operativen Systeme ausgerichtet werden – von der Beschaffung über die Produktionssteuerung bis zur Auslieferung. Um die erheblichen Risiken der Umstellungsphase zu beherrschen, bedarf es eines überlegenen IT-Konzepts ebenso wie eines professionellen Projektmanagements.

IT-basierte Koordination ermöglicht überlegene Geschäftssteuerung: Der Trend zu sinkenden Transaktionskosten erleichtert es den Unternehmen, einzelne Wertschöpfungskomponenten, z. B. Entwicklungsleistungen, Produktionsleistungen oder Vertriebsleistungen, zunehmend fremdzubeziehen und sich selbst auf die Entwicklung und Vermarktung der Geschäftsidee und die Koordination des Wertschöpfungsprozesses zu konzentrieren. Im Extremfall erfolgt die Arbeit mit einzelnen Partnern nur noch auftragsbezogen auf Basis einer allgemeinen Qualifizierungsanforderung („virtuelles Unternehmen") – ohne die komplizierten, zum Teil exklusiven Rahmenvertragsvereinbarungen von Systempartnern.

Inzwischen gibt es schon erste Beispiele für solche „virtuellen Unternehmen". *Lewis Galoob Toys* etwa, ein amerikanischer Hersteller von Spielzeugwaren, konzentriert sich auf die Führung eines Netzwerkes selbständiger Unternehmen und die Vermarktung der gemeinsam produzierten Waren (Integratorenrolle). Produktideen und Entwicklungsleistungen erwirbt er von unabhängigen Erfindern bzw. Ingenieurbüros. Produziert wird bei Subunternehmen in Hongkong und China. Logistik- und Vertriebsaufgaben werden von selbständigen Speditionen und Vertriebsrepräsentanten wahrgenommen.

Auch der deutsche Sportartikelhersteller PUMA hat sich notgedrungen durch konsequentes Outsourcing und Konzentration auf die Kernkompetenzen zum Integrator eines Partnernetzwerkes entwickelt. Nach der Ermittlung gravierender Leistungsdefizite in den Fertigungsbereichen bestimmter Produktbereiche wurden dort nur noch Entwicklung und Vermarktung als Kernaufgaben beibehalten. Mittlerweile wird auch über eine komplette Fremdvergabe der Logistik nachgedacht.

„Virtuelle Unternehmen" bedürfen allerdings einer leistungsfähigen Kommunikations- und Informationsinfrastruktur, um die Koordination der dezentral ausgeführten Aufgaben und die Koordination des verteilten Wissens im Netzwerk sicherzustellen. Die konsequente Nutzung der Informationstechnik zur überlegenen Geschäftsentwicklung und -steuerung wird damit zum entscheidenden Wettbewerbsvorteil.

Im Wettbewerb mit konventionellen Fertigungsunternehmen nutzen „virtuelle Unternehmen" gezielt die Standort- und Spezialisierungsvorteile der Zulieferer für einzelne Wertschöpfungsbereiche und konzentrieren sich auf wenige unternehmerische Kernfunktionen. Dem Informationsmanagement fällt eine Schlüsselrolle zu, wenn es gilt, eine überlegene Geschäftssteuerung operativ umzusetzen und den Leistungsprozeß zu koordinieren, etwa im Rahmen der Steuerung der Distributionslogistik.

Konventionelle Fertigungsunternehmen können dem entstehenden Wettbewerbsdruck auf Dauer nur begegnen, indem sie ihre Wertschöpfungsprozesse einzeln am Wettbewerbsniveau ausrichten und dabei die potentiellen Vorteile einer unternehmensinternen Integration systematisch ausnutzen. Die oft unzureichende Nutzung überlegener integrierter Anwendungssysteme in den einzelnen Kernprozessen könnte hier als Indikator für noch erschließbare erhebliche Leistungsreserven dienen, wie in Kapitel 2 ausführlich diskutiert.

Organisationsstruktur von Asea Brown Boveri

ABB versteht sich als Netzwerk grundsätzlich unabhängiger lokaler Profit-Center. Die Unternehmenssteuerung erfolgt zunächst durch ein ausgefeiltes, standardisiertes Management-Informationssystem (ABACUS), in dem die Geschäftsziele der einzelnen Einheiten geplant und überwacht werden. Länderübergreifende Spezialteams stimmen zusätzlich innerhalb der Sparten Entwicklungs- und Fertigungsstandards zwischen einzelnen Regionalbereichen ab und teilen Einzelaufgaben auf die Ländergesellschaften auf. Im Rahmen der internationalen Koordination des Entwicklungs- und Fertigungslogistikprozesses wird auf spezielle IT-Systeme zurückgegriffen. Ebenso werden spartenübergreifend alle Beschaffungsaktivitäten der mehr als 3.500 Einkaufsabteilungen international koordiniert.

Gerade für Großunternehmen könnte sich die Auseinandersetzung mit der Idee des virtuellen Unternehmens als fruchtbar erweisen. Sie könnten lernen, wie man – ohne Verlust von Identität oder „Ownership" – horizontal oder vertikal verbundene Geschäftseinheiten dezentral führen und gleichzeitig die bestehenden Synergien in einem IT-basierten Netzwerkverbund realisieren kann.

IT als Auslöser der Restrukturierung der industriellen Wertschöpfungskette

Erhebliche Leistungsreserven lassen sich darüber hinaus industrieübergreifend erschließen, und zwar durch die Restrukturierung der gesamten Wertschöpfungskette vom Lieferanten bis hin zum Endkunden.

Die Grundidee einer mittels IT verbesserten Koordination der Beziehung zwischen Lieferant, Hersteller und Kunden, die in unseren Untersuchungsergebnissen eine eindrucksvolle Bestätigung fand, wird hierbei auf mehrstufige Wertschöpfungsketten übertragen: die sogenannten „Supply Chains". Ähnlich wie beim „fraktalen" Unternehmen geht es gar nicht so sehr um die Beschleunigung des Datenaustauschs oder die Senkung der Kommunikationskosten durch neue Technologien, auch wenn diese Ziele den Veränderungsprozeß zu Beginn bestimmen. Leitgedanke ist vielmehr die integrierte, industrieübergreifende Neugestaltung der Kommunikations- und Transaktionsprozesse.

Wie schnell und in welchem Ausmaß sich diese Idee in einer einzelnen Branche durchsetzen wird, hängt von verschiedenen Faktoren ab. Nur wenn sich die unterschiedlichen Interessen der einzelnen Partner in Einklang bringen lassen, sind innovative Konzepte wirklich durchsetzbar. Geschwindigkeit und Ausmaß dieser Entwicklung können bis heute nur fallweise prognostiziert werden. Eine wichtige Vorreiterrolle hat die US-Automobilindustrie übernommen, wie das Beispiel ANX verdeutlicht.

Das Produktionsnetzwerk Automotive Network eXchange (ANX) als Zukunftsmodell

Chrysler, Ford und General Motors haben 1997 gemeinsam ein Pilotsystem für ein integriertes privates Kommunikationsnetzwerk eingerichtet, das die drei Automobilfirmen mit ihren Hauptlieferanten verknüpft. Ziel ist es, in der gesamten Wertschöpfungskette über mehrere Stufen mehrere Milliarden Dollar jährlich zu sparen und damit die Fahrzeugkosten für alle Hersteller deutlich zu senken. Das ANX-Netzwerk soll die einheitliche Übertragungsplattform für alle Aufträge werden, einschließlich Lieferdaten, Finanzdaten und CAD-Daten. Für Direktlieferanten bietet ANX schon kurzfristig erhebliche Vorteile. Der Zulieferer Johnson Controls beispielsweise kann nach eigenen Schätzungen seine Kommunikationskosten direkt um bis zu 70 Prozent senken, da sich durch ANX ca. 50–100 direkte Wahlverbindungen zu den drei Herstellern auf einen Schlag ersetzen lassen.

Die mit ANX verbundene Vision ist allerdings ambitionierter: In Zukunft soll ANX nicht mehr auf bestehenden papierbasierten Prozessen aufsetzen, sondern jeder Hersteller soll seine internen Prozesse ANX-kompatibel anpassen. Dies würde den Übertragungsprozeß beschleunigen und die Datenqualität entscheidend verbessern. Heute dauert der interne Übertragungsprozeß von Lieferdaten vom Werk via Fax bis zur PC-Eingabe via EDI an den Kunden noch eine Woche. Dieser Effekt multipliziert sich kaskadenförmig je Unterlieferant in der gesamten Wertschöpfungskette. Johnson Controls erwartet erhebliche Einsparungen, sobald die Unterlieferanten der zweiten und dritten Stufe ins Netz integriert sind.

Wie die Möglichkeiten von ANX modellhaft zeigen, verspricht die Optimierung der industriellen Wertschöpfungskette durch eine integrierte IT-Infrastruktur eine Vielzahl von Vorteilen: Die häufig hohen Transaktionskosten zwischen Handelspartnern lassen sich auf das *interne* Kostenniveau senken, die Inanspruchnahme der Leistung ist flexibel auf Abruf möglich. Die gesamte Leistungserstellung wird beschleunigt und flexibilisiert – und eine kreativere, kundengerechtere Produktentwicklung wird denkbar. Zudem lassen sich gerade die Geschäftsbeziehungen mit internationalen Partnern ungleich effektiver nutzen. Denn dank der dramatisch sinkenden Kosten des Wissensaustauschs verändern sich die „Economics" globaler Entwicklungs-, Produktions- oder Vertriebsnetze von Grund auf.

Durch die Umgestaltung der Partnerbeziehungen wird sich aber auch das Machtgefüge in der Wertschöpfungskette verschieben und die Bindung der Geschäftspartner intensivieren. Proprietäres Wissen wird Dritten leichter zugänglich. Schließlich müssen auch Vorleistungen in die IT-Infrastruktur erbracht sowie Standards und Haftungsbedingungen neu festgelegt werden.

Die Geschwindigkeit, mit der eine Industrie bereit ist, ihre Wertschöpfungskette umzugestalten, und der Umfang der Anpassungen hängen somit nicht in erster Linie vom technischen Fortschritt ab. Ausschlaggebend sind vielmehr die jeweiligen Markt-/Wettbewerbsbedingungen einer Branche. So dürften sich die IT-getriebenen Veränderungen z. B. beschleunigen, wenn eine hohe Innovationsrate – bei kurzlebiger Produktdifferenzierung – zu flexibler Produktion und Verkürzung der Lieferzeiten zwingt. Oder wenn die Wertschöpfungskette von wenigen dominanten Anbietern beherrscht wird, die von der Neuordnung überproportional profitieren.

Die bekanntesten Ansätze zu einer IT-basierten Reorganisation der Wertschöpfungskette finden sich nicht zufällig in globalisierten Industrien, wie etwa der Automobil- und Computerbranche.

Multimediale Beratungs- und Verkaufs-Center als „Taktgeber" der Wertschöpfungsketten

Warum sollte die IT-getriebene Optimierung von Wertschöpfungsketten eigentlich bei den Primärkunden enden? Was spricht dagegen, auch die Endkunden einzubeziehen?

Schon heute können Kunden per Telefon, Fax oder PC Online-Bestellungen aufgeben, sich im Internet über das Angebot alternativer Anbieter informieren oder in „Communities of Interest" Erfahrungen austauschen. Mit weiter sinkenden Kommunikationskosten, größeren Bandbreiten (ISDN), wachsender privater PC-Nutzung und der Verfügbarkeit sicherer digitaler Zahlungsverfahren (Digital Cash, Trust Center etc.) wird dieser „digitale Vertriebskanal" auch für private Endkunden erheblich an Bedeutung gewinnen („Electronic Commerce"). Für Industrie- und Handelskunden bietet sich die Nutzung spezieller Netze mit hoher Bandbreite an: Damit wird es möglich, hochleistungsfähige multimediale Beratungs- und Verkaufs-Center in jeder Region zu akzeptablen Kosten einzurichten und gleichzeitig durch speziell geschulte Mitarbeiter exzellente Beratungsleistungen anzubieten.

Durch die Kombination von Systemen zur grafischen Produktkonfiguration und Kalkulation mit einer multimedialen Verkaufsoberfläche wird der digitale Vertriebskanal weiter an Attraktivität gewinnen und den Herstellern neue Präsentationsformate zur Differenzierung bieten. Vieles spricht dafür, Produktkonfiguratoren (vgl. Kapitel 2.2) direkt den Endkunden zur Verfügung zu stellen. Statt der üblichen Auswahl in Produktkatalogen kann der Kunde dann online die von ihm präferierte Produktvariante auf Komponentenbasis zusammenstellen, sich einen verbindlichen Kostenvoranschlag ausdrucken lassen und gleichzeitig den Auftrag vergeben. Die amerikanische Computerfirma Dell verkauft schon heute als erfolgreichster Internet-Händler täglich für über eine Million US-Dollar individuell konfigurierte Rechner.

Besonders vorteilhaft für den Anbieter ist, daß Kundenpräferenzen und Kaufverhalten zentral verfolgt und ausgewertet werden können. Damit lassen sich die Online-Präsentationen flexibel an Nachfrageveränderungen anpassen. Im Handel werden diese Verfahren heute schon erfolgreich angewandt. Produktauswahl, werbliche Ansprache sowie Preisbildung und Rabattierung können auf diese Weise schrittweise kundenspezifisch modifiziert („Segment of One") werden.

Bei entsprechender Bandbreite des Netzes können auch aufwendige multimediale Produktdarbietungen und sogar 3D-

Produktsimulationen (Virtual-Reality-Anwendungen) über digitale Vertriebskanäle angeboten werden. Mit Blick auf die hohen Bereitstellungskosten dürften solche Multimedia-Anwendungen zunächst an den klassischen Verkaufsstandorten, und auch hier – aufgrund des hohen Aufwands – eher mittel- bis langfristig eingesetzt werden. Erste Anwendungsbeispiele können als Indiz für diesen Trend dienen.

Smart Car – virtuelle Produkte am Point of Sale

Um Kunden schon vor dem Kauf emotional anzusprechen und die Kaufbereitschaft zu fördern, plant Daimler-Benz mit der Smart-Car-Promotion neue Wege zu beschreiten. Für mehr als eine Million Mark wurde ein mobiles Virtual-Reality-System entwickelt, das im wesentlichen aus einem Gerüst, einem mit Navigationssensoren ausgestatteten Gestänge, einem Flüssigkristallbildschirm und einem Grafikcomputer besteht. Ganz nach seinem Geschmack kann der Kunde im Verkaufsgespräch Farbe und Zubehör auswählen. Der Computer konfiguriert das Produkt wunschgemäß, und der Kunde kann das individuelle Fahrzeug mit Hilfe des 3D-Systems so erleben, als stünde es im Verkaufsraum. Bei entsprechender Kundenakzeptanz soll das System ab 1999 in Autohäusern installiert werden.

In ihrer Gesamtwirkung haben die neuen Informationstechniken durchaus das Potential, die Schnittstelle zum Kunden auch in Fertigungsunternehmen grundlegend zu verändern. Digitaler Vertrieb via Internet verspricht selbst mittelständisch orientierten Fertigungsunternehmen einen leichteren Zugang zu den Märkten der Welt, und den Großunternehmen erlaubt er, dem Handel das Geschäft streitig zu machen. Multimedia, Simulationssoftware und Data-based-Marketing-Techniken verbessern die Beratungs- und Serviceleistung und ermöglichen eine gezieltere Kundenansprache.

Die IT-Profis jedenfalls werden das Potential der neuen Techniken systematisch ausschöpfen, um ihre Markt-/Wettbewerbsposition zu stärken und ihren Vorsprung gegenüber den Mitbewerbern weiter auszubauen.

4.3 Neue Herausforderungen für das Informationsmanagement

Aus den Produktivitätssprüngen der neuen Softwaretechniken, der Vervielfachung der Anwendungsmöglichkeiten sowie dem Zwang zur Anpassung/Migration bestehender Systeme resultiert ein Komplexitätsanstieg im Informationsmanagement, dessen Ende nicht abzusehen ist. Dieser Komplexitätsanstieg trifft in vielen Unternehmen auf ein Informationsmanagement, das bereits heute – wie in Kapitel 3 deutlich wurde – in wesentlichen Fragen überfordert ist.

Um hier bestehen zu können und hoffnungslose Leistungsrückstände gegenüber den jeweils Branchenbesten zu vermeiden, müssen gerade die Unternehmen mit bisher eher durchschnittlicher bzw. schwächerer IM-Leistung überzeugende Antworten finden auf die zentralen Gestaltungsaufgaben des zukünftigen IT-Einsatzes. Derzeit zeichnen sich vor allem folgende Herausforderungen ab:

- *Steigende Ansprüche an die IT-Planung:* Nur Best-Practice-Unternehmen verfügen bisher über eine proaktive, geschäftsorientierte Planung ihrer Informationstechnologie-Budgets. Demgegenüber stößt man quer durch die Branchen auf Know-how-Lücken bei neuen Techniken und eine eher reaktive Planung bei vielfach unzureichendem Einsatz von bewährten Planungsinstrumenten und unzureichender Kostentransparenz. Die beschriebenen Trends werden das Anspruchsniveau für die IT-Planung erhöhen und das Anwendungsspektrum erheblich erweitern.

  Zugleich steigt die Komplexität/Vielfalt der zu planenden Systemarchitekturen: Neben der konventionellen Systemlandschaft entstehen neue Technikplattformen, die es zu integrieren gilt. Gerade die Integration konventioneller integrierter Anwendungssysteme mit Intranet-Anwendungen wirft neue Fragen hinsichtlich der Ziel-Anwendungsarchitektur auf. Mittelfristig müssen sich die Unternehmen auf erhebliche integrationsbedingte Umstellungs- und Anpassungskosten einstellen.

In aller Regel lassen sich Investitionen in Anwendungen und Basissysteme nicht unabhängig voneinander planen. So hängt etwa der Nutzen eines neuen Datenbanksystems als Systemplattform ab von den auf ihr als Plattform geplanten IT-Anwendungen. Die wirtschaftliche Bewertung von IT-Investitionen, schon in der Vergangenheit ein kompliziertes Unterfangen, wird bei zunehmender Vernetzung von Anwendungen und Systemen eher noch komplexer.
Vor diesem Hintergrund wird der Aufbau einer modularen IM-Organisation mit starkem, eigenständigem, Top-Management-orientiertem IT-Planungs- und Beratungsbereich, wie in Kapitel 3.1 vorgeschlagen, vorrangige Bedeutung erhalten.

- *Entwicklung neuer Lösungen für Systembetrieb und Betreuung:* Schon heute ist in vielen Unternehmen der IT-Betrieb als ineffizient einzustufen – angesichts unzureichender Anwenderintegration und fehlender Kosten- und Leistungstransparenz. Durch eine flexibel über das ganze Netz verteilte Anwendungssoftware wird die Systemarchitektur insgesamt noch komplexer und störanfälliger. Die Gewährleistung eines stabilen Netzbetriebs über Standorte und das Unternehmen hinweg stellt das Netzwerkmanagement und den Systembetrieb vor schwierige Aufgaben.
  Als Alternative bietet sich Fremdvergabe an leistungsstarke spezialisierte Anbieter für IT-Dienstleistungen an – vom Outsourcing von Rechenzentrumsaufgaben über Netzbetreuung bis hin zur kompletten Konfiguration und Betreuung von PC-Systemen. Die für den Systembetrieb und die Betreuung zuständigen Unternehmensbereiche müssen sich deshalb zunehmend an ihrer Wettbewerbsfähigkeit gegenüber externen Dienstleistungsanbietern messen lassen. Entscheidet man sich für die Fremdvergabe einzelner Leistungsbereiche, so fällt dem Partnermanagement eine Schlüsselrolle zu. Ohne professionelles Partnermanagement – wie in Kapitel 3.1 diagnostiziert – lassen sich die erhofften Leistungs- und Produktivitätsvorteile nicht dauerhaft realisieren.

- *Die Verlagerung der Aufgabenstellungen im Einführungsmanagement:* Leitziel neuer Einführungsprozesse sollte die

Integration und Ergänzung der bestehenden operativen Systeme innerhalb des Unternehmens, aber auch zwischen den Unternehmen, Lieferanten und Kunden sein. Das entstehende Datenpotential gilt es, z. B. mit speziellen Anwendungen wie Data Warehousing, auch für Planungszwecke auszuwerten und gezielt für Vermarktungsaktivitäten zu nutzen. Wie in Kapitel 3.2 beschrieben, sollte die Eigen- oder Individualentwicklung solcher Anwendungen in der Regel auf Bereiche mit klarem strategischem Vorteil begrenzt bleiben – um spezielles Anwendungs-Know-how zu sichern. Auch für neue Anwendungsgebiete wird man zunehmend auf standardisierbare oder vorkonfigurierte Anwendungssoftware („Component Software") zurückgreifen können. Aufwand und Kosten der Einführungsunterstützung werden dank neuer Konfigurationswerkzeuge weiter sinken und die Anpassungen der Software zugleich deutlich erleichtert werden.
Dennoch werden die Anforderungen an das Einführungsmanagement unverändert hoch bleiben. Die Migration bestehender Anwendungssysteme und Daten ist mit erheblichem Aufwand verbunden – häufig bedingt durch mangelnde Dokumentation, aber auch durch die geringe Integrationsfähigkeit der vielfach noch proprietären Systeme. Im Rahmen des Ausbaus der Anwendungslandschaft steigt mit der Anwendungsvielfalt und dem Grad der Systemintegration auch die Komplexität des Schnittstellen- und Integrationsmanagements. Ohne eine professionelle Geschäftsprozeßanalyse als erstem Schritt wird künftig kaum eine erfolgreiche Einführung neuer Anwendersysteme mehr möglich sein. Insgesamt verlagern sich die Einführungsmanagement-Aufgaben damit weiterhin von der Software-Anpassung zur Umgestaltung organisatorischer Abläufe im Unternehmen.

Resümee

Faßt man die zentralen Argumente des Buches noch einmal zusammen, so bietet die Informationstechnologie – getrieben durch die anhaltende Technik- und Umfelddynamik – den Unternehmen vielfältige Anwendungsmöglichkeiten und auf dieser Grundlage beachtliche Differenzierungsmöglichkeiten im Wettbewerb. Die Herausforderungen an das Informationsmanagement als kritischer Engpaß der Umsetzung im Unternehmen werden dadurch jedoch nicht geringer, sondern eher noch höher.

Vor diesem Hintergrund gewinnen die Befunde unserer Untersuchung besondere Brisanz:

- Die meisten Fertigungsunternehmen nutzen das Potential der Informationstechnologie heute nur unzureichend (Kapitel 1).
- IT-Profis werden aller Voraussicht nach durch professionelles Informationsmanagement ihren Wettbewerbsvorsprung weiter ausbauen (Kapitel 2).
- IT-Laien müssen, um die Leistungslücke im Informationsmanagement zu schließen, enorme Anstrengungen zur Umgestaltung auf sich nehmen (Kapitel 3).
- Dem Top-Management fällt quer durch die Branchen die Aufgabe zu, im Informationsmanagement Best-Practice-Niveau zu erreichen und es für die zukünftigen Herausforderungen fit zu machen (Kapitel 4).

Entscheiden sich die IT-Laien, immerhin rund die Hälfte der befragten Unternehmen, nicht für ein entschlossenes Gegensteuern, dann verspielen sie ihre Chance, die neuen Anwendungspotentiale der Informationstechnik zur nachhaltigen Verbesserung des Unternehmenserfolges zu nutzen.

Anhang

Überblick über die Untersuchung

Die Prozeßleistungsindikatoren

Der Indikator für die Leistung des Informationsmanagements

A.1 Überblick über die Untersuchung

Weltweit haben sich insgesamt 102 internationale Unternehmen aus verschiedenen Branchen der produzierenden Industrie an unserer Untersuchung beteiligt. Davon haben 72 Unternehmen in vollem Umfang teilgenommen (Schaubild I). In diesen Unternehmen haben wir auf der Basis vorher versandter Fragebogen neun persönliche Interviews mit Top-Managern aus allen Unternehmensbereichen geführt und so etwa 3.500 Daten je Unternehmen erhoben.

Weitere 30 Unternehmen haben wir zu Expertenthemen befragt. Gegenstand der Interviews waren aktuelle Themen, wie z. B. Outsourcing, Rapid Prototyping, Produktkonfiguration und integrierte Standardsoftware, wobei wir in diesen Bereichen ergänzend noch Gespräche mit ausgewählten Anbietern dieser IT-Dienstleistungen/Produkte geführt haben.

Verschiedene Regionen sowie Industrie- und Größensegmente sind abgedeckt

Untersuchungsbasis in Prozent der Unternehmen

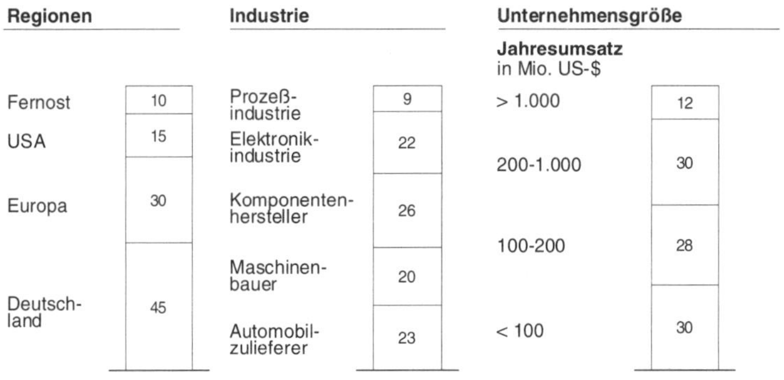

Quelle: McKinsey & Company, Inc.

Schaubild I

Die untersuchten Unternehmenseinheiten weisen zwischen 30 Millionen US-Dollar und 9 Milliarden US-Dollar Umsatzvolumen auf. Die meisten der kleineren Einheiten stellen eine Geschäftseinheit großer Konzerne mit dezentraler IT-Organisation dar. Insgesamt gehören 72 Prozent der Unternehmen Konzernen oder Gruppen an, die einen Umsatz von über 1 Milliarde US-Dollar aufweisen.

Auch bezüglich regionaler Zusammengehörigkeit, nach Unternehmensgröße oder nach Branche ergibt sich ein ausgewogenes Bild. Die befragten Unternehmen nutzten als Standardsoftware unter anderem folgende Systeme: SAP R/3, BaaN, Oracle Applications und SSAB PICS.

A.2 Die Prozeßleistungsindikatoren

Der Zusammenhang zwischen gutem IT-Management und dem Unternehmenserfolg wurde auf zwei Arten – wie in Kapitel 1 ausgeführt – nachgewiesen.

Die Leistung der teilnehmenden Unternehmen wird dabei durch Indikatoren für den Unternehmenserfolg, für die Prozeßleistung und für die Leistungsfähigkeit des Informationsmanagements beschrieben. Zum einen wurde der direkte Zusammenhang zwischen gutem IT-Management und Unternehmenserfolg gemessen. Zum anderen wurde untersucht, wie die IT als solche die Leistung der Prozesse beeinflußt (z. B. Entwicklung, operative Leistungserstellung) und damit auf den Unternehmenserfolg wirkt (vgl. dazu im Detail Kapitel 1). Dabei wurde darauf geachtet, unabhängige Indikatoren für den Unternehmenserfolg sowie die Leistungserstellung in einzelnen Kern- und Leistungsprozessen und die Informationsmanagementleistung zu definieren.

Der Indikator für Unternehmenserfolg

Der Indikator für den Unternehmenserfolg setzt sich zu gleichen Anteilen aus üblichen Finanzindikatoren – dem operativen Ergebnis, dem Ergebniswachstum, dem Umsatzwachstum und dem mit der Marktentwicklung relativierten Umsatzwachstum – zusammen. Das operative Ergebnis ist dabei der Durchschnitt von 1993 bis 1996. Auf denselben Zeitraum beziehen sich auch die Veränderungen (Schaubild II).

Aufbau des Indikators für den finanziellen Erfolg

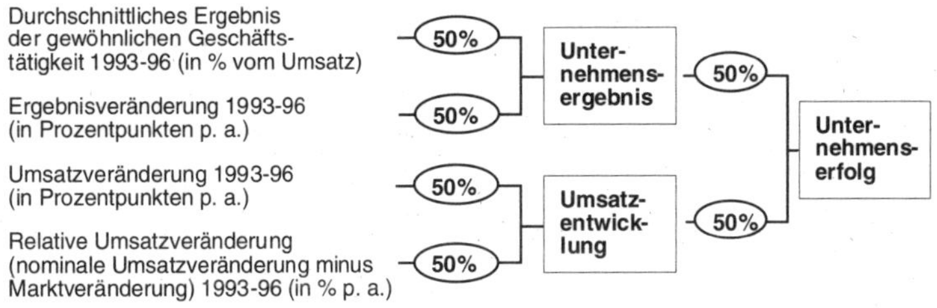

Quelle: McKinsey & Company, Inc. **Schaubild II**

Der Entwicklungsprozeßindikator

Die Indikatoren für den Entwicklungsprozeß greifen auf übliche Bewertungskriterien der Entwicklungsleistung zurück (Schaubild III).

Aufbau des Indikators für die Entwicklungsleistung

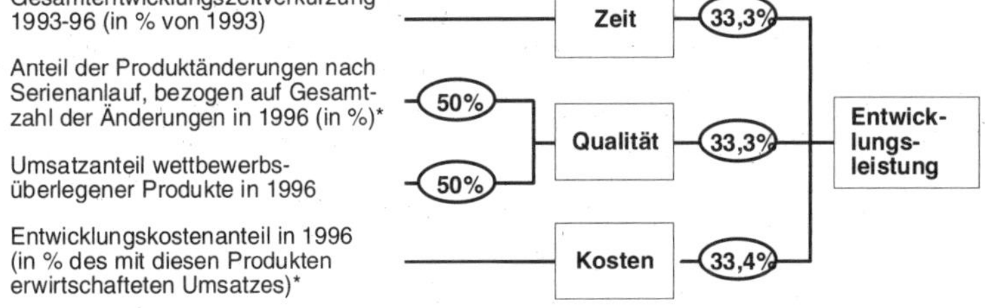

* Ziel der Unternehmen sollte es jeweils sein, diesen Anteil möglichst gering zu halten

Quelle: McKinsey & Company, Inc. **Schaubild III**

Indikatoren für den operativen Kernprozeß

In den operativen Teilprozessen wurden für jeden Teilprozeß – Vertrieb, Auftragsabwicklung und Service – unterschiedliche Indikatoren gebildet (Schaubild IV).

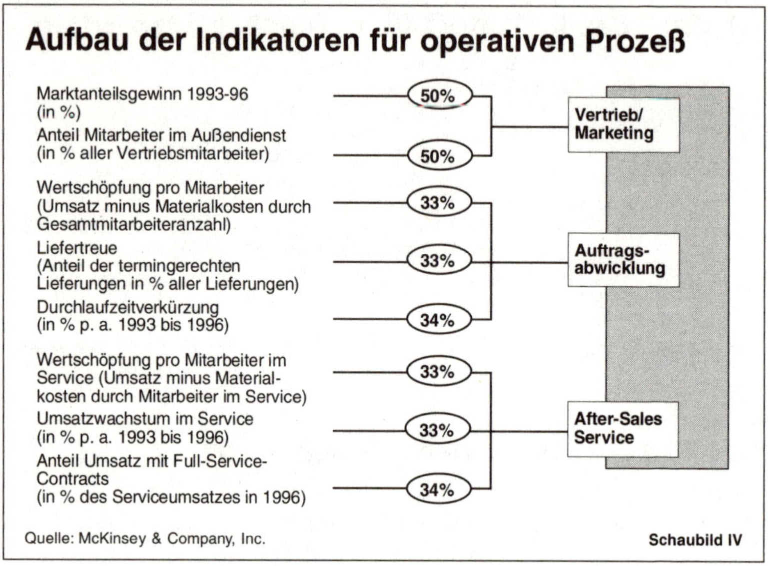

A.3 Der Indikator für die Leistung des Informationsmanagements

Der Indikator für das Informationsmanagement setzt sich aus einer Effizienz- und einer Effektivitätsdimension zusammen.

Die *Effizienz* wurde durch drei Kennzahlen gemessen: IT-Kosten in Prozent des Umsatzes, Abweichung der Durchführungszeit von IT-Projekten und Abweichung in den Projektkosten (Plan versus Ist). Die *Effektivität* der IT setzt sich aus der Effektivität in den einzelnen Kernprozessen zusammen, wobei die administrativen Prozesse aufgrund des geringen Einflusses auf den Unternehmenserfolg mit geringerem Gewicht eingehen (Schaubild V, Seite 227).

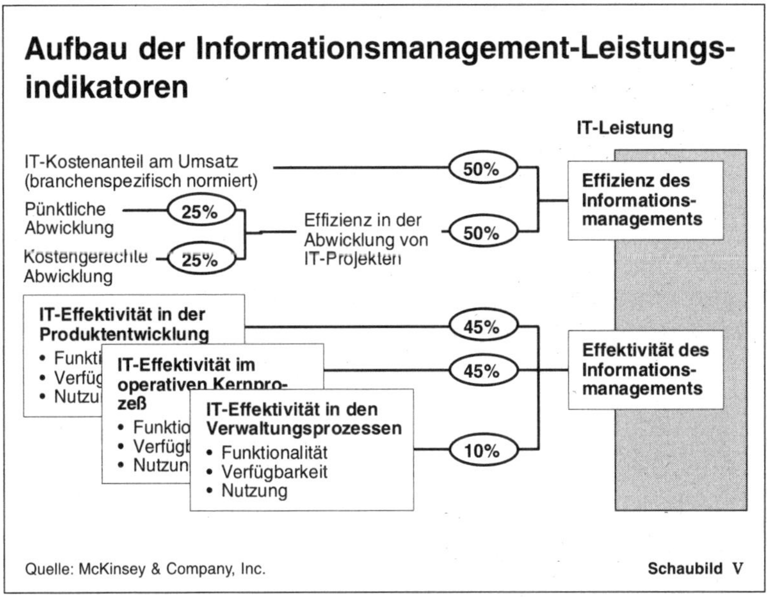

Die Effektivität je Kernprozeß setzt sich aus den Größen Funktionalität, Verfügbarkeit und Nutzungsgrad der Systeme zusammen. Beispiele für Größen, die hier eingehen, sind:

- *Funktionalität:* Anzahl IT-unterstützter Funktionen/Vorgänge im jeweiligen Prozeß. Entscheidend ist hier die Funktionalität, welche die jeweiligen Systeme bieten, nicht die Frage, ob diese Funktionen auch angewendet werden.
- *Verfügbarkeit:* Informationsverfügbarkeit aus Nutzersicht. Diese wird bestimmt durch die Verfügbarkeit einzelner Systeme (niedrige Ausfallraten, schnelle Antwortzeiten, Anzahl Terminals/PCs pro Nutzer), Datenqualität (Konsistenz, Vollständigkeit, Fehlerfreiheit) und Integrationsgrad. Beim *Integrationsgrad* wurde unterschieden zwischen der internen Integration der Systeme (bereichsübergreifende Verfügbarkeit) sowie der externen Informationsverfügbarkeit (unternehmensübergreifend mit Entwicklungspartnern, Zulieferern und Kunden.

- *Nutzungsgrad:* In dieser Kategorie wird bewertet, in welchem Umfang die bereitgestellten Funktionalitäten genutzt werden, ob die Nutzung auf die Verbesserung der Gesamtprozeßleistung zielt, wie hoch die Akzeptanz, Zufriedenheit und der Schulungsgrad der Nutzer ist.

Schaubild VI listet einige Beispiele für Kenngrößen auf, die zur Bewertung der IT-Effektivität herangezogen wurden.

Der IT-Effektivitätsindikator mißt jeweils Funktionalität, Verfügbarkeit und Nutzung

	Funktionalität	Verfügbarkeit	Nutzung
IT in den Produkt-entwicklungs-prozessen	• CAD-Funktionalität • Umfang Berechnungs-/Simulationssysteme • Knowledge-Management in F&E	• Bildschirmarbeitsplätze je Entwickler • Verfügbarkeit von Daten von Entwicklungspartnern • Vernetzung Workstations	• Zeichnungsanteil auf CAD • IT-getriebener Produktstandardisierungsgrad • Schulungsgrad der Anwender
IT im operativen Kern-prozeß	• Funktionsumfang PPS-System • Analysemöglichkeiten im VIS • Einsatz von Telemetrie im Service/"intelligente Produkte"	• CAD-PPS-Integrationsgrad • Verfügbarkeit von Produktkonfigurationsinformationen im Vertrieb • Verfügbarkeit von Feldinformationen	• Schulungsgrad PPS-System • Anwendungsgrad mobiles Büro • Nutzung von Marktanalysen zur Planung • IT-gestützte Kundenkommunikation
IT in der Verwaltung	• Analyse-Tools im MIS • Funktionalität im Cash-Management • IT-Unterstützung bei Bewerberauswahl	• Integration der Verwaltung zu anderen Funktionen • Systemverfügbarkeit in der Verwaltung	• Anwendung EIS • Nutzungsgrad der angebotenen Funktionalitäten • Schulungsgrad operative Systeme

Quelle: McKinsey & Company, Inc. **Schaubild VI**

Glossar

Business Engineer (BE), auch als Dynamic Enterprise Modeling (DEM) bezeichnet: Werkzeuge zur einfachen und flexiblen Modellierung von Geschäftsprozessen direkt am Computer. Hauptnutzen liegen in der Verfügbarkeit von erprobten Best-practice-Referenzprozessen und -Funktionsmodellen für die Geschäftsprozeßoptimierung sowie in der beschleunigten Implementierung der integrierten Standardsoftware SAP R/3 (BE) bzw. Baan IV (DEM) durch eine sog. „Mapping"-Funktion. Diese ermöglicht eine direkte Abbildung der im BE/DEM definierten Workflows in der Basissoftware R/3 bzw. BaaN IV. Experten schätzen, daß die Implementierungszeit für integrierte Standardsoftware durch Werkzeuge wie BE/DEM um 40–60 % verkürzt werden kann. Außerdem erlaubt das Mapping eine einfachere Anpassung der Geschäftsprozesse auch während der Nutzungszeit der Basissoftware, so daß ein kontinuierlicher Verbesserungsprozeß unterstützt wird. Die Vollständigkeit aller Arbeitsschritte und laufende Prüfung der Ergebnisse sind Garant für eine hohe Qualität.

Computer Aided Design (CAD): CAD-Systeme sind Workstations/Hochleistungs-PCs mit speziellen Grafikprogrammen, Eingabemasken, Scanner etc. Mit ihrer Hilfe lassen sich Produkte/Einzelteile am Bildschirm konstruieren.

Computer Aided Software Engineering (CASE): CASE umfaßt eine Vielzahl von IT-Tools und Prozeduren, die entscheidend zur Verbesserung der Arbeitsproduktivität von Programmierern und Systemanalytikern beitragen sollen. CASE-Systeme, in der Regel Workstations/Hochleistungs-PCs mit Applikationsgeneratoren, ermöglichen grafikorientiert eine Front-End-Automatisierung des Software-Entwicklungsprozesses.

Computer Integrated Manufacturing (CIM): Sammelbegriff für sehr heterogene IT-Anwendungen zur Integration sämtlicher Fertigungsabläufe: Groupware-Systeme, Informationssysteme, Fabrikautomatisierung etc. Gemeinsam ist ihnen das Ziel, unterschiedliche Systeme und Funktionen, die eine effektive Produktion ermöglichen, elektronisch zu verknüpfen.

Componentware/Component Software: Neue Anwendungssoftware-Releases in immer kürzerer Zeit, zu niedrigeren Kosten und in höherer Produktqualität zu entwickeln zählt heute zu den größten Herausforderungen der Software-Entwicklung. Grundprinzip ist dabei, Anwendungssysteme nicht mehr jeweils vollständig neu zu programmieren, sondern aus schon bestehenden Komponenten neu zusammenzustellen. Solche Komponenten sind Software-Module, die beliebig wiederverwendbar sind und in unterschiedlichsten Betriebssystemen, Netzwerken sowie Hardware-Konfigurationen eingesetzt werden können. Am komfortabelsten lassen sich Komponenten mit Hilfe objektorientierter Programmiersprachen erzeugen.

Concurrent Engineering (CE): CE meint die zeitgleiche, parallele Durchführung früher sequentieller Design- und Enwicklungsarbeiten als normale Arbeitspraxis. Wesentliche Voraussetzungen sind professionelle IT-Unterstützung und interfunktionelle Zusammenarbeit in Projektteams. In die Projektorganisation sollten alle relevanten Unternehmensabteilungen und -funktionen eingebunden sein.

Data Warehousing: Sammelbegriff für eine Vielzahl von Verfahren zur Speicherung, zum Sichten sowie zum Management großer Datenmengen. Ein Data Warehouse (DW) ist eine geordnete, funktions-, evtl. auch unternehmensübergreifende Datensammlung mit mehrjährigem Zeithorizont – in der Regel untergliedert nach Geschäftsfeldern, Regionen, Kunden etc. Neben der Datenmenge umfaßt sie eine Meta-Datenbasis und einen Datenmanager. Die Metadatenbasis verwaltet alle Angaben zu Semantik, Aktualität, Qualität, Quelle und Abfragemechanismus sowie die Angaben zu eventuellen Änderungen des Datenmodells. Der Datenmanager steuert den Datenimport aus operativen Systemen wie dem PPS, aber auch aus externen Datenbasen, z. B. Online-Datenbanken oder WWW. Basis eines DW ist in der Regel ein relationales Datenbanksystem; das Data Warehouse selbst liefert das Datenmaterial für Software-Anwendungssysteme, wie DSS, EIS etc.

Decision Support System (DSS): „Intelligente" DSS der neuesten Generation sind interaktive Software-Tools, die auf Workstations oder Hochleistungs-PCs laufen. Sie sollen Manager und sonstige Entscheidungsträger bei der Entscheidungsfindung in wohlstrukturierten Planungs/Entscheidungssituationen unterstützen. Die konzeptionellen Grundlagen liefern Entscheidungs- und Spieltheorie. Als Parameter für den Entscheidungsprozeß werden zur Verfügung gestellt: Szenarien mit alternativen Optionen, Statusbeschreibungen, Darstellungen von Wechselwirkungen und Präferenzen sowie Einflußdiagramme.

Electronic Data Interchange for Administration, Commerce, Transport (EDI): Gemeint ist der papierlose Datenaustausch – im Stapelübertragungsverfahren – über Netz oder Datenträger zwischen IT-Systemen unterschiedlicher Unternehmen. Übertragen werden können alle Arten von formatierten Dokumenten von Auftrags-/Zahlungsbelegen über Design-Prototypen bis hin zu Produktdaten für die Kooperation mit Entwicklungspartnern. Voraussetzung für EDI sind kompatible Hardware-/Software-Konfigurationen mit standardisierter Vernetzung und wirksamen Zugangs- bzw. Sicherheitskontrollen. Als neutrale Vermittler zwischen Sender und Empfänger treten zunehmend externe EDI-Clearing Center auf. Vor allem bei globalem Datenaustausch übernehmen sie die erforderlichen Übersetzungs- und Standardisierungsarbeiten. Darüber hinaus garantieren sie Datenschutz und Authentizität der Dokumente.

Enterprise Resource Planning (ERP): ERP ist die konzeptionelle Basis für die Produktionsplanungssysteme und MRP-II-Software der neuesten Generation. ERP-Systeme sind „offene" Systeme mit Client-Server-Architektur und verfügen über grafische Benutzerschnittstellen. Neben Standardfunktionalitäten bieten sie Module für Qualitätssicherung, operatives Prozeßmanagement sowie laufende Berichterstattung. Maßgeschneiderte Nutzeranwendungen sind möglich.

Executive Information System (EIS): EIS sollen das Top-Management bei der Planung, Steuerung und Kontrolle wichtiger Leistungskennzahlen effektiv unterstützen. Im Gegensatz zu DSS sind sie speziell auf die Bedürfnisse von Top-Entscheidern zugeschnitten; sie sind weniger detailliert, meist mit Schwerpunkt auf Finanzdaten.

Global Standard of Mobile Communication (GSM): Europäischer Standard für drahtlose Telefone; in Deutschland technologische Basis der Mobilfunknetze D1, D2 etc.

Internet: Das größte Institutionen-übergreifende Computernetz der Welt, entstanden durch die Verknüpfung großer internationaler und nationaler Netze, wie MILnet, NSFnet und CREN sowie zahlloser regionaler und lokaler Internets. Internets sind dabei jeweils sehr unterschiedlich große Netze, die durch Router zu einem einzigen virtuellen Netz verbunden werden. Kennzeichnend für das Internet sind ein einheitliches Adressierungsschema sowie einheitliche TCP/IP-Protokolle.

Intranets: Firmeninterne Netze, die auf der Internet-Technik beruhen, aber sonst völlig separat funktionieren, werden zur Unterscheidung Intranets genannt. Zumeist haben sie Standard-Schnittstellen zum Internet, über die man Zugriff hat auf die verschiedenen Internet-Programme, z. B. Info-Dienste etc.

JAVA: Speziell für die Anwendung im Internet entwickelte Programmiersprache von Sun Microsystems. Mit Hilfe von JAVA lassen sich Programme schreiben, die über Internet sicher und sofort einsatzfähig auf jeden PC geladen und ausgeführt werden können, unabhängig von Betriebssystem oder CPU-Typ.

Product Data Management (PDM): PDM-Systeme lassen sich auf Großrechnern oder Workstations betreiben und kommunizieren mit einer Vielzahl von Software-Anwendungen; auch eine Verknüpfung mit traditionellen Archivsystemen auf Papier ist möglich. Solche Systeme machen alle produktbezogenen Daten durch ein integriertes Datenbankkonzept zugänglich, sie organisieren und sichern sie. Mit ihrer Hilfe kann auch der Lebenszyklus der erfaßten Produkte systematisch verfolgt werden. Sie verfügen nicht nur über Zugangs- und Sicherheitskontrollen, sondern sichern auch bestehende Datenverknüpfungen und unterstützen Regelsysteme zur Beschreibung von Datenflüssen/Prozessen. Darüber hinaus übernehmen sie auch Nachrichten- und Memo-Funktionen.

Produktionsplanungs- und -steuerungssysteme (PPS): PPS-Systeme ist der Sammelbegriff für ältere Material-Requirements-Planning-Systems (MRP I) sowie neuere Manufacturing-Resource-Planning-Systems (MRP II). PPS-Systeme sollen das Management bei der effektiven Planung des Ressourceneinsatzes im gesamten Fertigungsprozeß unterstützen. Dazu stellen sie Informationen bereit und liefern Dispositionsvorschläge. Moderne MRP II, als direkte Weiterentwicklung der MRP-Systeme, verknüpfen heute Geschäftsplanung, Produktionsplanung, Arbeitsvorbereitung, Materialbeschaffungsplanung, Kapazitätsplanung sowie die entsprechenden Durchführungssysteme. Im Idealfall stellen PPS Soll-Stückzahlen für die operativen Einheiten sowie Soll-Erlöse für die Finanzplanungsabteilungen zur Verfügung. Mit einer Simulationsfunktionalität können sie im Prinzip auch einfache „Was wäre, wenn ...“-Fragen beantworten. MRP-Systeme der neuesten Generation sind „offene“ Systeme, die sich zunehmend am ERP-Standard orientieren.

Prognosesysteme: Für die Lösung komplexer Prognoseprobleme, z. B. längerfristige Nachfrage- oder Wettbewerbsentwicklung in reifen Industrien, werden heute spezielle Expertensysteme eingesetzt. Ihre methodische Basis bilden bei zeitreihenbasierten Prognosen in der Regel Markov-Modelle; in Einzelfällen auch Neuronale Netze.

Rapid Prototyping (RP): RP ermöglicht die automatische Erstellung von Prototypen von Teilen bzw. Produkten aus einem 3D-CAD-Datenmodell. Ein bekanntes Verfahren ist z. B. die Stereolithographie.

Realtime System Version 3 (R/3): R/3 ist das aktuelle integrierte Standardsoftware-Produkt der Firmen SAP; es basiert auf einer Client-Server-Architektur. R/3 ist inzwischen nutzbar auf PC mit grafischer Oberfläche, meist unter Windows oder Windows NT. Die Steuerung der Transaktionen läuft auf UNIX-Servern in einer LAN-Umgebung.

Simulationen: Mit Hilfe von Simulationsmodellen können beispielsweise im Entwicklungsprozeß Produkte/Einzelteile unter unterschiedlichen Umfeldbedingungen berechnet, getestet und optimiert werden, mit dem Ziel, die für die Problemlösung optimale Parameterkonstellation zu ermitteln. Dazu wird in der Regel auf Algorithmen oder stochastische Methoden zurückgegriffen. Neben naturanalogen Verfahren wie Evolutionäre Algorithmen oder Simulated Annealing finden neuerdings auch Neuronale Netze sowie Taboo Search als Suchalgorithmen Anwendung.

Virtual Prototyping (VP): VP ermöglicht die Erstellung eines Arbeitsmodells des zu entwickelnden Produkts/Einzelteils in digitaler Form. Anhand des digitalen Prototyps können dann unter Virtual-Reality-Bedingungen erste aussagekräftige Funktionstests vorgenommen werden. Neben Kostenersparnissen, die sich aus dem reduzierten Einsatz physischer Prototypen ergeben, lassen sich so auch die Entwicklungszeiten erheblich verkürzen.

Virtual Reality (VR): VR steht für eine durch Computersimulation geschaffene audiovisuelle Realität. Am bekanntesten sind CAD-Anwendungen aus der technischen Konstruktion und der Architektur. 3D-Erlebnisse ermöglicht ein Integralhelm, der an den Computer angeschlossen und über den Kopf gestülpt wird („Headset"). Der 3D-Effekt wird durch zwei unabhängige Innendisplays erzeugt, die jeweils ein Auge separat mit Bildern versorgen. Die Bewegung des Nutzers in der VR erfolgt durch einen Datenhandschuh; er ersetzt die Tastatur.

Workflow-(Management-)Systeme (WMS): WMS sind Software-Anwendungen, die auf Mainframe- oder Client-Server-Architekturen laufen. Sie steuern, unterstützen und kontrollieren die einzelnen Schritte eines Arbeitsvorgangs (Workflow). Anders als etwa objektzentrierte Anwendungen orientieren sich WMS exakt am jeweils zugrundeliegenden Geschäftsprozeß. Die Computerrepräsentation basiert dabei auf einer speziellen Workflow-Logik: In einem ersten Schritt werden die einzelnen Arbeitsschritte des Geschäftsprozesses – soweit EDV-technisch darstellbar – zunächst grafisch *modelliert.* Endprodukt ist ein programmierbarer, d. h. präzise definierter, vollständiger und konsistenter Workflow. In einem zweiten Schritt wird der Workflow dann *ausgeführt,* d. h. ablauf- wie auch aufbauorganisatorisch interpretiert, digital abgebildet und den zugangsberechtigten Mitarbeitern in Form von *Arbeitslisten* zur Verfügung gestellt. Zu den bekanntesten Workflow-Systemen gehören *Groupware-Systeme* wie Lotus Notes.

World Wide Web (WWW): Das WWW ist ein weltweit verteiltes, öffentliches und multimediales Informationsnetz im Rahmen des Internets. Der Zugang erfolgt über hypermediabasierte Benutzungsoberflächen. Auf diesen Oberfächen sind die Daten jeweils in Knoten organisiert, die über Zeiger – dargestellt z. B. durch Piktogramme, Auswahlmenüs etc. – miteinander verbunden werden. Die Benutzer navigieren durch die Datenbestände (Webseiten), indem sie jeweils von einem Startknoten (Startseite) aus den Zeigern durch „Anklicken" mit der Maus folgen.

Über die Autoren

Dipl.-Wirtsch.-Ing. Ralf Augustin, Darmstadt
Gruppenleiter „Unternehmensstrategie", Institut für Produktionstechnik und Spanende Werkzeugmaschinen, Technische Universität Darmstadt; ab Juni 1998 Consultant, McKinsey & Company, Inc.

Dr. rer. nat. Günter Bulk, Düsseldorf
Quality Leader der GE Capital Information Technology Solutions (Europa); vorher: Projektleiter, McKinsey & Company, Inc., Mitglied der Information-Technology/Systems Praxis und des Assembly-Industry-Sektors;

Dipl. Phys. Christopher Höfener, Düsseldorf
Consultant, McKinsey & Company, Inc., Projektleiter der Studie „Do IT smart", Mitglied des Assembly-Industry-Sektors

Dr.-Ing. Dipl.-Wirtsch.-Ing. Rolf-Dieter Kempis, Düsseldorf
Director, McKinsey & Company, Inc., Mitglied der Leadership-Gruppen des weltweiten Automobil- und Assembly-Sektors sowie der weltweiten Stahlpraxis.

Dr. rer. pol. Dipl.-Math. Jürgen Ringbeck, Düsseldorf
Partner, McKinsey & Company, Inc., Leiter des deutschen Transportation-Sektors, Mitglied der internationalen Informationstechnologie- und Wachstumsstrategie-Gruppen.

Dipl.-Ing. Dipl.-Kfm. Berthold Trenkel-Bögle, Seoul/Tokio
Projektleiter, McKinsey & Company, Inc., Mitglied des Transportation- und Telekommunikations-, IT- und Medien-Sektors

Sachregister

G

I